# Grenzgänge

# Grenzgänge

Stefan Seidel

*Gespräche
über
das Gottsuchen*

 claudius

© Claudius Verlag, München 2022
www.claudius.de
Alle Rechte vorbehalten. Das Werk darf – auch teilweise –
nur mit Genehmigung des Verlages wiedergegeben werden.
Zum Schutz der Umwelt verzichten wir bei diesem Buch
auf das Einschweißen mit Folie.
Umschlaggestaltung: Weiss Werkstatt, München
Gesetzt aus der Adobe Garamond Pro und Myriad Pro
Druck: AALEX Druck Produktion, Großburgwedel

ISBN 978-3-532-62880-5

# INHALT

Grenzgänge wagen
*Einleitung* . . . . . . . . . . . . . . . . . . . . . . . 7

„Wie aus dem Nichts …"
*Gespräch mit Daniela Krien* . . . . . . . . . . . . . . . . . . . 20

Der innere Mensch im Ganzen
*Gespräch mit Marica Bodrožić* . . . . . . . . . . . . . . . . . 31

Die Botschaft des Morgenlichts
*Gespräch mit Iris Wolff* . . . . . . . . . . . . . . . . . . . . 46

„Ich glaube an das Wort"
*Gespräch mit Christian Lehnert* . . . . . . . . . . . . . . . . . 61

„Der Tod hat nicht das letzte Wort"
*Gespräch mit Helga Schubert* . . . . . . . . . . . . . . . . . . 74

Gott geschieht
*Gespräch mit Hanne Ørstavik* . . . . . . . . . . . . . . . . . 82

„Ich kann nicht herausfallen"
*Gespräch mit Carl-Christian Elze* . . . . . . . . . . . . . . . . 94

„God is Reality itself"
*Gespräch mit Patrick Roth* . . . . . . . . . . . . . . . . . . 111

„Dem Unerklärlichen vertrauen"
*Gespräch mit Ingeborg Arlt* . . . . . . . . . . . . . . . . . . 135

„Das Allererste ist das Staunen" –
Zugänge zum „Großen Ganzen"
*Gespräch mit Ingrid Riedel* . . . . . . . . . . . . . . . . . . 148

„Glauben ist für mich ein Abenteuer der Suche"
*Gespräch mit Tomáš Halík* . . . . . . . . . . . . . . . . . . . . . 167

„Folge dem, was dich
lebendig macht!"
*Gespräch mit Tara Hyun Kyung Chung* . . . . . . . . . . . . . 184

„Schon jetzt berühre ich eine
bleibende Wirklichkeit"
*Gespräch mit Br. David Steindl-Rast*. . . . . . . . . . . . . . . 213

Liebe zum Leben
*Gespräch mit Jürgen Moltmann* . . . . . . . . . . . . . . . . . . 224

An eine Liebe glauben,
die größer ist als das Trauma
*Gespräch mit Deanna A. Thompson* . . . . . . . . . . . . . . . 239

„Gott handelt nicht unabhängig
von uns"
*Gespräch mit Elsa Tamez*. . . . . . . . . . . . . . . . . . . . . . . 250

Geborgen und frei
*Gespräch mit Pierre Stutz* . . . . . . . . . . . . . . . . . . . . . . 262

„Sich ausrichten auf die
höchste Liebe"
*Gespräch mit Tord Gustavsen*. . . . . . . . . . . . . . . . . . . . 274

„Ich fühle mich geführt"
*Gespräch mit Herbert Blomstedt* . . . . . . . . . . . . . . . . . 283

*Anmerkungen* . . . . . . . . . . . . . . . . . . . . . . . . . . . . . . 292

*Quellen*. . . . . . . . . . . . . . . . . . . . . . . . . . . . . . . . . . . 294

# Grenzgänge wagen
*Einleitung*

Je länger ich darüber nachdenke und je ehrlicher ich die Sache einzuschätzen versuche, desto deutlicher wird mir: Gott ist den allermeisten Menschen der heutigen Zeit schlichtweg abhandengekommen. Die Rückbindung an ihn (lateinisch: *religio*) kommt nur noch in Spurenelementen vor. Man erfährt an Feiertagen im Jahreskreis etwas über die christlichen Wurzeln dieser Tage, aber es ist ein bloßes Quiz-Wissen, ein schöner Aha-Moment, man ist wieder etwas schlauer – für den Moment. Doch eine innere Verbindung lässt sich darüber meist nicht mehr herstellen. Man betritt vielleicht im Urlaub eine Kathedrale, staunt über die Heiligenfiguren und den phänomenalen Lichteinfall durch die kunstvollen Kirchenfenster, aber es bleibt ein bloßes Gehäuse, ein Kulturgut, interessant. Doch da springt kein Impuls zur Zwiesprache mit Gott mehr über, zur inneren Beheimatung in diesem gehaltenen Ganzen, man fühlt sich im Inneren nicht mehr angesprochen und gemeint. Das Religiöse – das war einmal, das betraf frühere Generationen, eine versunkene Welt, die man heute noch in Artefakten und Resten betrachten kann, der man aber letztlich fremd gegenübersteht.

An die Stelle, die früher die Religion besetzte, ist heute mannigfaltiger Ersatz getreten. Der Religionswissenschaftler Rudolf Otto hat einmal gesagt, die Beziehung des Menschen zum Heiligen äußert sich im *Erschaudern* und *Fasziniertsein*. Dies bieten heute weniger der Gottesdienst, das Heiligengebet oder das Abendmahl, sondern vor allem die Inszenierungen der Unterhaltungsindustrie. Allein was auf dem Gebiet der Film-Serien in den letzten Jahrzehnten auf den Markt gekommen ist, stellt alles, was die Religion einst an Inszenierungen des Geheimnisvollen menschlicher Existenz geboten hat, in den Schatten. Das Rätselhafte des Lebens, die Sehnsucht nach einem unbedingten Geborgensein, der ewige Kampf zwischen Licht und Finsternis, Gut und Böse und die Frage, worauf es im Letzten ankommt, sind die Stoffe der Filme und Serien heutiger Tage, die diese Urfragen des Menschen mit endlos gesteigerten Effekten in Szene setzen – jedoch dabei auch irgendwie äußerlich bleiben, oft ohne Konsequenzen für das eigene Leben, eben bloßer Effekt, bloßes Entertainment.

Auch in der Wellness-Industrie sind zahlreiche einst religiöse Praktiken gekapert und auf ihren regenerativen Effekt für Körper und Geist des gestressten spätmodernen Großstadtmenschen reduziert worden – gewinnträchtig, versteht sich. Meditation, Achtsamkeit, Rituale, Kraftorte und Kraftworte sind längst Teil von Self-Care-Angeboten und dienen oft lediglich der Fitness und der Aufrechterhaltung eines dauerhaft hohen Leistungslevels des Einzelnen. Der einst weitgestreckte Horizont des Göttlichen, der die Kleinheit der eigenen Existenz weitete hin zu einem Bezogensein auf ein größeres Ganzes, endet heute oft schon am allernächsten Horizont, dem des eigenen Egos.

Der menschliche Bedarf nach Sinngebung, nach Deutung des Schicksals, der Erfahrungen und Widerfahrnisse, nach Antworten auf die Fragen des „Wozu" und „Wohin" – einst die unumstrittene Domäne der Religion –, ist heute weitgehend vom therapeutischen Feld absorbiert worden. Seelische Lasten werden zum Psychotherapeuten getragen und Krisen mit einem Coach bewältigt. Für jede

Frage des Menschseins scheint heute ein exorbitantes Beratungsangebot zu existieren. Weisheit ist dabei ein lukratives Marktgut geworden. Vieles, was einst im Weisheitswissen einer Religion gespeichert war und der Berufsausübung eines Priesters vorbehalten war, ist heute gewissermaßen „outgesourced" und schwirrt ungebunden umher – aufgeteilt auf eine Vielzahl spezialisierter Angebote, die es je nach Bedarf einzeln zu buchen und zu bezahlen gilt. Die Feste an den Lebensübergängen übernehmen Hochzeits- und Bestattungsplaner, statt Taufen und Konfirmationen gibt es Geburts- und Jugendfeiern. Auf der letzten Wegstrecke im Leben sind Sterbebegleiter zur Stelle, für die Hinterbliebenen gibt es Trauerbegleiter. Therapeuten vermitteln Methoden und Techniken, um mit Schicksalsschlägen oder Bedrängnissen zurechtzukommen. Und das Internet verführt zu der Vorstellung, für alle je eintretenden Fährnisse ein passendes Lösungsangebot zu finden.

Doch schrumpft der Mensch dabei zu einem kleinen Ichling, der mit aller Raffinesse und allerlei „Wehr und Waffen" sein Existenzlein zu sichern, zu verteidigen und durchzubringen versucht – jedoch eingeschnürt in sich selbst bleibt, wenn er letztlich nur auf aufgerüstete eigene Kräfte baut. So bleibt er letztlich vor allem eines: ein mehr oder weniger geschickter Akteur auf dem Markt, ein „Homo Consumens" (Erich Fromm), der trotz aller aufwändiger Winkelzüge umso brutaler der letzten Tatsache seiner Existenz ausgeliefert ist: dass die Existenz nicht aus eigener Kraft zu leisten und zu halten ist, sondern angewiesen ist auf ein wie auch immer geartetes Eingebettetsein in ein größeres Ganzes, in ein Vertrauen, das eben nicht käuflich und bezahlbar ist, sondern mit so etwas wie Gnade zu tun hat.

Dieses Sich-Überlassen den bergenden, guten Mächten bot einst die Religion. Gibt es heute noch Zugänge zu ihr, die nicht in den Sackgassen der mannigfaltigen Religionsersatz heutiger kapitalistischer Entertainments- und Therapeutenkultur münden? Die Kirchen jedenfalls haben offenbar weitgehend ihre Relevanz und Überzeugungskraft verloren und schrumpfen im Eiltempo auf Minderheitengröße. Sie sind zwar im Bereich des sozialen Engagements nicht wegzudenken aus der Gesellschaft und auch in Momenten gemeinschaftlicher Tragödien bleibend wichtige Orte, an denen Schmerz, Trauer, Angst und Sorge kollektiv ausgedrückt werden können. Doch ihr eigentliches Sinnangebot, die christlich gefüllte Anbindung an das Göttliche, vermögen die Kirchen kaum mehr an den Mann und an die Frau zu bringen. Sie stehen in der Landschaft wie fremde Gestalten einer vergangenen Epoche, die einen kaum mehr zugänglichen Lebensentwurf verwalten und eine oft nicht mehr verstehbare Sprache sprechen. Zwischen dem Alltag, den persönlichen Erfahrungen und Lebensweisen der meisten Menschen und den Sinnangeboten der Kirchen scheint ein tiefer Graben zu klaffen, der zwar hie und da durch einen überzeugenden Kirchenvertreter oder durch besondere Erfahrungen überbrückt wird, generell aber schwer überbrückbar scheint. Vielleicht wurde letztendlich auch der Kredit verspielt, ein ehrlicher und überzeugender Weisheits- und Wahrheitsvermittler zu sein – durch die vielen Jahrhunderte kirchlicher Machtausübung, Gängelung, Einschüchterung, Entmündigung, Bevormundung, Unterdrückung und nicht zuletzt geistlichen und sexuellen Missbrauchs. Und dennoch ist der Gehalt des christlichen Weisheitswissens viel mehr als die Kirche. Und hängt doch *auch* an diesem Strom der Überlieferungen, an tragenden Wahrheiten, die in den geprägten Symbolen, Geschichten, Gebeten, Bildern, Formen gespeichert sind und sich in den Erfahrungen von Generationen bewährt haben.

Seit der gemeinschaftliche Kirchgang im Kreislauf des Jahres der Vergangenheit angehört, teilt man auch nicht mehr die immer wiederkehrenden Geschichten, Gebete und Lieder miteinander, verortet man sich nicht mehr in einer gemeinsamen Sinn-Geschichte, die als eine Geschichte Gottes mit den Menschen in vielfarbigen Ausgestaltungen und gemeinsamen Grunderfahrungen gedeutet wurde. Seit diese Grundgeschichten abhandengekommen sind und kein eingeprägtes Gebet, keine in Kindertagen vorgelesene Erzählung, kein Psalm, kein Taufspruch und kein Symbol mehr durchs Leben trägt, ist die Frage nach Gott merkwürdig stumm geworden. Fremd ist alles, was mit Religion zu tun hat ...

Eine Folge davon: Es ist schwer geworden, darüber zu sprechen. Religion gilt als verdächtig, als etwas, von dem man sich emanzipiert hat, das irgendwie mit Entmündigung verbunden ist, mit vorgeschriebenen Dogmen und vorsintflutlichen Verhaltensnormen. Religion gilt weithin als Ideologie, man möchte meist nicht damit behelligt werden, insbesondere nicht, wenn sie in Gestalt einer Institution daherkommt. Die Funktionen, die einst die Religion erfüllte, werden ja längst anderweitig erfüllt: erhebende Ästhetik in der Kunst, Momente der Erhabenheit und des Allverbundenseins in der Natur oder einem besonderen individuellen Erlebnis, ethische Orientierung in philosophischer Reflexion und gesellschaftlichem Diskurs, soziale Fürsorge in den sozialstaatlichen Versorgungsangeboten, Bildung in den entsprechenden staatlichen oder privaten Einrichtungen, Seelsorge vom Therapeuten, Rituale von Sport- und Wellnessangeboten. Sinn wird in der Selbstverwirklichung gesucht. Religion kann in diesem Zusammenhang ein Faktor sein, sei es als Kirchenmitgliedschaft oder als persönlich zugeschnittenes Patchwork-Religionsexperiment. Doch sowohl die Selbstverständlichkeit einer verbindlichen und alle verbindenden Religion ist obsolet geworden als auch eine gemeinschaftliche Form des Austauschs und der Verständigung über Religiöses. Dies scheint einer Art Tabu anheimgefallen zu sein, vielleicht so, wie es in vergangenen Jahrhunderten das Thema Sexualität gewesen ist. Weder gibt es eine gemeinsame Sprache für religiöse Themen noch offensichtlich ein Interesse oder Bedarf, tiefer in Religiöses einzudringen. Äußerliche Informationen über geschichtliche Hintergründe religiösen Brauchtums scheinen zu genügen – alles andere wird strikt in den Raum der privaten Wahl und persönlichen Vorliebe verwiesen.

Man scheut Grenzgänge. Oder dieses im Menschen angelegte Streben, an die Grenzen der Fragen zu gehen, wird ausgelebt in den Inszenierungen von Grenzgängen jeglicher Couleur in der filmischen Unterhaltungskultur oder im persönlichen Event, mit denen die Grenzen des Möglichen immer weiter hinausgeschoben werden.

Die ernüchternde Diagnose lautet: Da das traditionell Religiöse in den vergangenen Jahrzehnten in einem historisch beispiellosen Erosionsprozess als gemeinschaftliche „Sinnkultur" so gut wie verloren gegangen ist, herrscht auf diesem Gebiet heute eine große Fremdheit, Stummheit und Hilflosigkeit. Man lehnt die Religion meist nicht mehr so kategorisch und ideologisch-prinzipiell ab wie in vergangenen Phasen eines kämpferischen Atheismus, als es noch galt, im aufklärerischen Interesse die einengende Vormacht der institutionellen Religion zu brechen. Die Religion hat hierzulande vielmehr mittlerweile einfach das Schicksal weitgehender Bedeutungslosigkeit ereilt. Sie ist Sache einiger Weniger und den meisten derart gleichgültig, dass sie nicht mehr Gegenstand gemeinschaftlichen Gesprächs ist – das Vokabular und die gemeinschaftlichen Koordinaten für eine Verständigung sind abhandengekommen. So fristet die Religion ein randständiges Nischendasein.

Doch die Frage ist: Wie kann ein Tasten nach dem Transzendenten und ein Gespräch über das Göttliche heute aussehen? Wie können die Widerfahrnisse des Lebens auch mittels des alten Weisheitswissens der Religion gedeutet, getragen und bewältigt werden?

Wie kann man heute die engen Grenzen des Ichs weiten und zu einem Weltvertrauen, zu einem Gottvertrauen finden? Was verliert der Mensch, wenn er sich dem Bezogensein auf ein größeres Ganzes entwindet und den Austausch über Gott und Welt, Himmel und Erde verliert? Wie könnte ein Gespräch am Lagerfeuer, wo wohl einst die biblische Religion geboren wurde, heute aussehen?

Eine solche Frage stand am Beginn dieses Gesprächsbuches. Es ist ein Versuch, der Stummheit in der Verständigung über das Göttliche zu entkommen und ein Feld zu eröffnen, in dem Anteil gegeben wird an persönlichen Erfahrungen mit „Gott" und gewonnenen Erkenntnissen über diese entzogene und zugleich erfahrbare, erahnbare, erkundbare Dimension des Lebens. Vielleicht trägt dieses Buch dazu bei, ein wenig über die Schamgrenze zu springen und wieder ein Gespräch darüber in Gang zu bringen, was den Menschen übersteigt und ihn im Letzten angeht; darüber, was das Leben des Einzelnen als hineinverwoben in ein größeres Ganzes erscheinen lässt. Diese Gesprächs-Grenzgänge dienen dazu, dem permanenten Kreisen um sich selbst zu entkommen und sich als das umfängliche Beziehungswesen zu erkennen, das man eigentlich ist – bezogen nicht nur auf die unmittelbar nächste Umwelt, sondern eben auch bezogen auf ein größeres Ganzes, dessen Teil man ist: das Leben, die Natur, das Vorher und das Nachher der eigenen Existenz und auch eine unnennbare größere Kraft, die einen angeht, bewegt und bereitet und jenseits der Grenze des Ichs, des Bekannten, der Angst, dem Für-möglich-Halten liegt. Der Erkundung dieses Bereichs soll dieses Buch dienen. Es lässt Ahnungen aufscheinen von einem Vertrauen, das aus dem Raum des Unvertrauten entgegenkommt und als eine Kraft in der Seele fassbar werden kann, die durch Krisen, Ängste, Traumata hindurchträgt. Es ertastet die uralte Sehnsucht des Menschen nach Rückgebundensein (religio), nach einem Bezogensein auf etwas Größeres, das wir jetzt nur undeutlich wie in einem halb blinden Spiegel erkennen können und erst am Ziel in klarem Licht sehen werden – „von Angesicht zu Angesicht" (frei nach 1. Korinther 13,12).

Da ich von meinen Gesprächspartnerinnen und Gesprächspartnern oft auch sehr persönliche Erfahrungen mit dem Göttlichen erfragt habe, möchte ich an dieser Stelle auch kurz selbst davon schreiben, was meine eigenen „Rückbindungen" sind an das, was mit dem traditionellen Begriff „Gott" versucht wird zu benennen. Mir wurde der Gottesglaube in die Wiege gelegt. Aufgewachsen in einem großväterlichen und väterlichen Pfarrhaushalt sind mir die biblischen Geschichten, das abendliche vertrauensvolle Gebet, das Loben und Preisen Gottes in Liedern, das innerliche Sich-Ausrichten auf die göttliche Instanz und das gemeinschaftliche Leben in der Geschichte Gottes von früh an vertraut. Beim Versuch, mich an meine früheste Vorstellung von Gott zu erinnern, stoße ich auf dieses Bild: Am fernen Ende der Straße, in der mein Zuhause ist, wo die Straße eine starke Biegung nach links macht und in einen von zu Hause aus nicht mehr einsehbaren Bereich führt, steht eine übergroße Gestalt in rotem Gewand, ein Stab und eine Laterne in der Hand, mit dem einen Arm eine öffnende Bewegung machend, sodass das Gewand sich weitet: Gott. Es ist nicht auszuschließen, dass dieses Bild zurückgeht auf eine bildliche Darstellung des „guten Hirten" aus Psalm 23, die mir im Kindergottesdienst begegnet ist. Dennoch erstaunt es mich, dass sich dieses Bild so tief in meine Seele eingegraben hat, sodass ich unvermittelt auch heute noch dieses Bild vor Augen habe, wenn ich mir Gott vorzustellen versuche. Dieses Bild sagt: Am Ende der von mir damals bekannten Welt, an der Biegung der Straße, steht Gott als beschirmende und beschützende Größe. Jetzt, da ich mir dieses Bild noch einmal näher ins Gedächtnis rufe, erkenne ich, dass die ausladende Armbewegung in die Richtung des unbekannten Gebiets nach der Kurve weist. Laterne und Stab verweisen auf Führung, Schutz und Leitung. Es ist ein Vertrauen stiftendes Bild, das sagt: Hab keine Angst vor dem Ende des dir Bekannten, vor dem Ende deiner Welt, ich warte am Übergang und leite und begleite dich weiter. Die riesenhafte Übergröße der Gestalt verweist außerdem darauf, dass wohl kaum etwas, das einem auf dem kommenden unbekannten Terrain begegnet, größer und stärker sein wird als Gott.

Gott sei Dank, so will ich im Rückblick meinen, ist das Gottesbild, das zutiefst in mir eingewachsen ist, eines, das von Gottes Güte und schützender Kraft kündet. Das ist offenbar auch so grundlegend und unverwüstlich, dass ihm die später kennengelernten Erzählungen von einem strafenden und richtenden Gott, der die Sünden missbilligt und verfolgt und Andersglaubende ausschließt, nichts Grundsätzliches anhaben konnten. Vielleicht ist das auch ein Grund dafür, warum „Gott" für mich lebenslang eine prägende Bezugsgröße geblieben ist, eine Dimension des Welt- und Lebenszugangs, die ich nicht wegzudenken vermag und die mich immer wieder herausfordert, die Welt *auch* im Licht Gottes zu sehen – und diesem Geheimnis nachzuspüren und in ihm zu leben zu versuchen.

Ich kann nicht von übernatürlichen Erfahrungen berichten, in denen mir in einer Art himmlischer Offenbarung etwas von Gott erfahrbar wurde. Wohl aber erschließt mir mein grundsätzliches Bezogensein auf die „göttliche Dimension", das mir offenbar unverlierbar in der Frühe meines Werdens eingestiftet worden ist, einen erweiterten Blick. Für glückliche Fügungen oder Bewahrungen in meinem Leben bin ich dankbar und tue sie nicht als zufällig ab; in Krisen versuche ich, auf gute Kräfte in meinem Leben und der Welt zu trauen, die größer sind als die eigenen und die mich durchzutragen vermögen; ich halte mehr für möglich als das, was ich mir erklären kann und versuche, für mich und für andere an einer Hoffnung festzuhalten, die – manchmal gegen den „objektiven" Schein der gerade vorfindlichen faktischen Wirklichkeit – mit Heilendem und Rettendem und Unvorhergesehenem rechnet; unverwüstlich baue ich auf die Kräfte des Guten und der Güte und gebe den Glauben an ihre Macht nicht auf; ich betrachte den Tod nicht als letzte, auslöschende Realität, sondern erahne auch bei dieser Grenze wie auch immer geartete Durchlässigkeiten und ein schlussendliches Eingehen in ein größeres Ganzes, in Gott.

Wenn ich versuche, mir über mein Bezogensein auf das Göttliche und meinen Glauben Rechenschaft zu geben, stoße ich auf zwei Bilder: Gott als früh eingetragener selbstverständlicher Horizont der Welt- und Lebenswahrnehmung, ein Horizont der Horizonte, der die Existenz grundsätzlich öffnet in eine Weite, die durch das Vorfindliche hindurchscheint und es vertieft – alles wird dann in einer Art geistiger Mehrdimensionalität betrachtet, in der neben dem Materiellen, dem Raum und der Zeit eine Tiefe ist, die unnennbar und alles durchdringend ist, sich entziehend und doch mitlaufend; eine Art Tiefenschärfe der Welt, die sich je und je eröffnet – als Sinndeutung, als Anrührung von anderswoher, als Trost, als Vertrauen, als Erfahrung der Liebe. Bezogensein auf Göttliches heißt für mich, sich grundsätzlich in diesen größeren Zusammenhängen zu verstehen, eben auch in den spirituellen. Und diese gewissermaßen vibrierenden Resonanzen des Bezogenseins sind das zweite Bild für meine Gottbezogenheit: dass es eine unnennbare Verbundenheit mit anderem Leben gibt, unmittelbare Gefühle des Verwoben- und Verantwortlichseins, des unbedingten Impulses, Schmerz, Leid und Tod von anderen so fernzuhalten wie von einem selbst; die Befähigung zu Empathie, Mitleid und tätigem Mitgefühl über den engen Kreis der direkten Verwandten hinaus, eben das Hineingenommensein in eine größere Liebe. Das ist für mich eine Spur, die mir das Geheimnis erschließt, dass Gott als die Kraft der Liebe in der Welt ist und sie damit durchströmt und durchwirkt und wir – mit unserem Herzen, mit unserem inneren „göttlichen Funken", mit dem unverlierbaren Teil in uns, in dem wir gehalten sind von der Gott-Kraft – in dieser Liebe rückgebunden (*religio*) sein können an das Göttliche, an das Heilige, an das größere Ganze, das schicksalhafterweise in dieser Welt nur unvollendet und bruchstückhaft präsent ist, eine Lichtspur.

Ich glaube – aus einer Art elementarer Urevidenz heraus –, dass es Kräfte zum Guten und Kräfte zum Destruktiven gibt. Bis zu einem gewissen Maß obliegt es den eigenen Entscheidungen und Haltungen, ob man nach dem Guten strebt, nach dem, was Leid mindert und Leben fördert. In diesem Streben, die Kräfte der Liebe zu stärken, so meine ich, nimmt man gewissermaßen teil an Gott, der von vielen religiösen Traditionen vorgestellt wird als die universale Kraft zum Ganzsein, zum Heilen, zum Verbundensein. Insofern ist die Aussage aus dem Neuen Testament „Gott ist die Liebe" gleichermaßen die umfassendste wie präziseste Beschreibung Gottes. So könnte man auch sagen: Gott ist, dass wir lieben; er ereignet sich im Lieben.

Die Liebe führt in ein Weltverhältnis, das im Letzten mystisch begründet ist. Denn Gott ist mehr als Moral oder Ethik, mehr als das Programm eines rücksichtsvollen und sozial verantwortlichen Lebens, nämlich eine Dimension des Aufgehobenseins in etwas Größerem. Mystischsein oder Religiössein heißt dann, in einer Art Tiefenresonanz zu dieser Quelle des ewigen Seins zu stehen und sich mit seiner Kreatürlichkeit dank seines heiligen Kerns, dem „göttlichen Funken", unendlich gehalten und aufgehoben zu wissen – *ergeben*. Und gleichzeitig auch dazu *gerufen*, selbst teilzunehmen an der Gotteskraft, wiederum mit seinem heiligen Kern und ureigenem Wesen, in der urtümlichen Gewissheit, darin ein Teil von Gott zu sein – und so auch teilzunehmen an den Bewegungen zum Heilen, Rettenden, Leidmindernden. Sich also als *gehaltener* und *gerufener* Teil des Göttlichen zu begreifen, ist für mich „Glauben", ist Kern aller Mystik, die sich in so vielen individuellen Formen des eigenen *Verbundenseins* mit dem Göttlichen und des *Gerufenseins* durch Gott ausdrücken kann.

Der Mystik geht es nicht um ein vollständiges Verstehen des Göttlichen, nicht um ein rationales Durchdringen Gottes, sondern um ein Sich-hineinnehmen-Lassen in das Geheimnis Gottes, um ein Teilwerden dieses Geheimnisses – durch Teilnehmen an der größeren Liebe und dem tieferen Vertrauen. Ich darf mich im Letzten als unendlich passiv, eben als *gehalten* verstehen und gleichzeitig als dazu *gerufen*, mit meinem eigenen, unverwechselbaren Sein teilzunehmen an der Liebe Gottes in dieser Welt – und der Welt meine Farbe, meinen Geschmack, meinen Ton hinzuzufügen. Glaube erscheint mir auf diese Weise als ein tiefenschichtiges Resonanzphänomen, das in einem grundlegenden *Angebundensein* und einem *Gerufensein* zur je eigenen Antwort der Liebe wurzelt.

Und so denke ich, dass wir uns untereinander auch mitteilen sollten, welche Bilder, Erfahrungen, Präsenzen und Resonanzen diese göttliche Tiefe der Wirklichkeit in uns erzeugt hat. Damit das Vertrauen, die Trostkräfte und die Lichtspuren gestärkt werden, ohne die es kalt und karg und hart wäre zu leben. Früher leistete diese Verortung im größeren Ganzen die traditionelle Religion. Heute braucht es dafür offenbar wieder viele einzelne, unorthodoxe, kreative Stimmen, die – gewissermaßen als Mystikerinnen und Mystiker von heute – die Sicht auf den Horizont der Horizonte wiedereröffnen und einem dabei helfen, in einem tieferen Verbundensein mit allem zu ankern. Das Bezogensein auf die größere Wirklichkeit des Göttlichen hat unendlich viele Farben und Formen – und möglicherweise kommt es einfach darauf an, grundsätzlich dafür „sehfähig" und „resonant" zu werden, auf welchen Wegen auch immer.

Gewissermaßen sitzen wir in diesem Buch beieinander an dem uralten Lagerfeuer und erzählen die Geschichten aus unserem Leben, auf die sich ohne „Gott" kein Reim zu machen wäre. Es werden neue Erzählkränze gewoben, die Resonanzen auslösen und immer mal wieder auch überraschende Verbindungen zu traditioneller Religion eröffnen. Diese erscheint dann plötzlich – wie neu verstehbar – in einem das Leben erhellenden Licht. Und jede Geschichte ist anders und jede Geschichte ist wahr. So scheint es mit dem Gottsuchen zu sein: Jede Suche hat ihre eigene Geschichte, Farbe und Form, eben weil jeder Mensch anders ist und auf seine je eigene Weise in der Welt und bezogen auf das größere Ganze ist. So ergibt sich ein vielfarbiger und „vielfädiger" Teppich des Gottsuchens heute, der noch lange nicht fertig gewebt ist, der aber zeigt, dass die Geschichte Gottes mit den Menschen nicht zu Ende ist. Auf ihre je eigene Art stiften die Gespräche bei mir ein tieferes Vertrauen und eine größere Liebe, was insbesondere während der Zeit der Corona-Pandemie, als die meisten der Gespräche auf schriftlichem Weg geführt wurden, von unschätzbarem Wert war. Möge dies auch auf die Leserinnen und Leser überspringen. Damit das so merkwürdig stumm gewordene Gespräch über Gott und über das, was uns im Letzten angeht, ein Stück wiederbelebt werden kann.

Von ganzem Herzen möchte ich allen meinen Gesprächspartnerinnen und Gesprächspartnern danken – dafür, dass sie sich eingelassen haben auf diese sehr persönlichen und schwierig zu beantwortenden Fragen, und dafür, dass sie eine so inspirierende und tröstende Energie freisetzen und auf so offene und faszinierende Weise Grenzgänge wagen.

# „Wie aus dem Nichts …"
*Gespräch mit Daniela Krien*

Daniela Krien zählt seit ihrem fulminanten Debütroman *„Irgendwann werden wir uns alles erzählen"* (2011), der in 15 Sprachen übersetzt wurde, zu einer der erfolgreichsten deutschsprachigen Schriftstellerinnen. In ihren Werken ist sie nicht nur eine genaue Chronistin der Zeit mit ihren Brüchen, Zwängen und Prägungen, sondern viel mehr noch eine, die das Innere erkundet und das Leiden an Härte, Liebesunfähigkeit und Sehnsucht beschreibt – und dabei immer wieder auch Auswege, kleine Siege der Liebe und Versuche des wahren Lebens im falschen erschließt. Gewissermaßen setzt sie dem Marx'schen Diktum „Das Sein bestimmt das Bewusstsein" etwas entgegen und schneidet bei aller schmerzhaften Anerkenntnis der Macht der Realität kleine Luftlöcher einer Trotzdem-Hoffnung in die Abgeschlossenheit dieser Weltsicht und verteidigt die Erfahrung, dass bisweilen auch das Bewusstsein das Sein bestimmen kann, dass – um ein altes Sprichwort zu zitieren – Gott auch auf krummen Linien gerade schreiben kann. Wenn sie etwa in ihrem erfolgreichen Roman *„Die Liebe im Ernstfall"* (2019) mit glasklarem Blick die weitverbreitete Bindungs- und Beziehungsunfähigkeit dieser Zeit vor Augen führt, tut sie das nicht in einem fatalistischen Sich-Weiden am Schmerz der Gegenwart, sondern mitfühlend, in der Hoffnung, dass es nicht umsonst ist, dieses Leiden aus seiner Stummheit zu führen, es (mit-)teilbar zu machen und nicht zuletzt auch kleine Spielräume zu eröffnen, in denen die Liebe doch möglich wird.

Vielleicht hängt diese Fähigkeit, hinter den Dingen noch Möglichkeitshorizonte zu erhoffen und zu erfassen, auch mit Religiosität zusammen. Am deutlichsten klingt dieses Thema in der Erzählung *„Muldental"* an, die 2014 im gleichnamigen Erzählungsband erschienen ist. Darin wird die Geschichte von Marie erzählt, die die Frau des zu DDR-Zeiten erfolgreichen Künstlers Hans ist und in zahlreiche Zwänge geführt wird. Da ist vor allem die dunkle Last einer brutal erpressten inoffiziellen Mitarbeiterschaft für die Staatssicherheit und die Sorge um die Zukunft des Sohnes Thomas, die zu diesem Schritt führte. Und da ist das zunehmende Leiden unter der Verbitterung und Rohheit ihres Mannes, der schwer an Multipler Sklerose erkrankt und zunehmend zum Tyrannen geworden ist. Doch diese starke Frau lässt sich nicht brechen, von welcher männlichen Macht auch immer, und erkämpft für sich und ihren Sohn Wege und Möglichkeiten. Sie nimmt ihr Schicksal an, hadert nicht und kürzt es auch nicht durch Abbrüche oder Fluchten ab. Sie kämpft, sie bestreitet ihr Leben an der Stelle, an die sie nun einmal gestellt wurde, sie erträgt Demütigungen und Sorgen, um die elementare Aufgabe zu erfüllen, dem Kind in dieser unwirtlichen Welt einen Weg und Raum zu eröffnen. Als einige Jahre nach der Wende ihre Stasi-Zuträgerschaft offenbar wurde, kam es zur Aussprache mit ihrem Mann: „Was soll ich jetzt tun?', hatte sie Hans am Ende jenes Tages im Jahr 1993 mit tonloser Stimme gefragt. Und Hans hatte ihr ohne Zögern geantwortet. ‚In Demut dienen', sagte er. Und noch einmal: ‚In Demut dienen'. (...) Sie leugnete nichts. Sechs Jahre lang hatte sie jeden Monat einen pünktlichen und anfangs belanglosen Bericht an die Staatssicherheit geschickt. Thomas wusste Bescheid, ihm hatte sie sich bereits Monate vorher anvertraut. ‚Wenn es einmal herauskommt', hatte sie zu ihm gesagt, ‚musst du wissen, dass ich es nur tat, um dich zu schützen.' Aber Hans wollte nichts hören. Nichts von der Angst um den Sohn, nichts von der Einschüchterung, nichts von ihrer Verzweiflung, als man ihr die Belanglosigkeit ihrer Berichte vorwarf und sie zwang, konkreter zu werden. Nichts von ihren quälenden Schuldgefühlen. Keine Entschuldigungen und keine Bitten um Vergebung." Und so setzte sich ihr Martyrium in gewandelter Form fort und ihr weiteres Leben wurde zur Abbüßung einer Strafe. Tagtäglich und des Nachts quälte sie ihr mittlerweile an den Rollstuhl gefesselter Mann, der ihr das Leben zur Hölle macht. Doch in diesen Tunnel aus Bedrückung und Beschädigung, aus diesem „In-Ketten-Liegen" entwickelt sich eines Tages eine Resonanz zum christlichen Glauben, den Marie für sich entdeckt. Plötzlich formt sich ihre innere Stärke und ein Weg zum Wiederfinden von Würde, von einer tieferen Liebe, die stärker ist als alle Verletzung und Schuld, ein Weg, der von einer unnennbaren Geborgenheit in der göttlich-liebenden Macht zeugt. Eine innere Verwandlung hebt an: „In der Nacht vor ihrem Kircheneintritt hatte es stark geregnet. Die große Flut lag erst einige Monate zurück. Innerhalb weniger Stunden hatte das Wasser der Mulde die Aue in ein nasses Grab verwandelt. (…) Noch einmal las sie die Geschichte, die den Wunsch in ihr geweckt hatte, sich taufen zu lassen und sich mit Gedanken zu befassen, die für sie neu und hilfreich waren. *Wovon lebt der Mensch*, hieß sie. Marie hatte sich viele Sätze angestrichen, einer aber war doppelt markiert: *‚Und der Engel sprach: So erkannte ich nun, dass nicht die Sorge um sich selbst und um ihr Wohlergehen die Menschen dem Leben erhält, ich begriff, dass der Mensch allein durch die Liebe zu leben vermag.'* Am Morgen hatte sie aus dem alten, blau gestrichenen Kleiderschrank einen langen schwarzen Rock und eine weiße Rüschenbluse geholt. Kurz nach Sonnenaufgang war sie fertig angezogen aus der

Haustür getreten und bis zum Rand des Weizenfeldes gegangen. Es war kühl, regnete aber nicht mehr; die Sonne stand hinter den Baumwipfeln am Horizont, und über den Feldern waberte seltsam vielfarbig der Morgennebel. Sie schloss die Augen und hörte den Vögeln zu. (...)"

Meisterhaft wird in dieser Erzählung von tieferen Verwandlungskräften gesprochen, von Gnade, von Mut, von einem größeren Vertrauen und dem rettenden Sich-Beziehen auf eine (göttliche) Wirklichkeit außerhalb einengender, tyrannischer, entmündigender Verhältnisse.

Über ihren eigenen Glauben hat Daniela Krien kurz in einem Interview mit der *Frankfurter Rundschau* Auskunft gegeben, in dem sie sagt: „Als Kind hatte ich einen tief verankerten Glauben an Gott. Er wurde zweifelhaft in dem Moment, in dem ich angefangen habe, zu rationalisieren und nach Beweisen oder Gegenbeweisen zu suchen. Dadurch verlor ich für eine Weile meinen Zugang zu Gott. Ich gewann ihn erst wieder, als ich mich auf eine frühere Gewissheit zurückbesann, die sich der Ratio entzieht. Manches versteht man am besten, wenn man nicht darüber reflektiert."[1] Es könnte sein, dass die Literatur eine Form darstellt, die diese „Falle der Rationalität" zu umgehen versucht, um auf einer anderen Ebene auch von dem zu handeln, was einen im Innersten wie von anderswoher angeht. Und so gelingt es Daniela Krien immer wieder, in allem Niederdrückenden der real existierenden Verhältnisse kleine Schneisen der Hoffnung zu schlagen und die Sehnsucht nach Liebe, nach einem geborgenen Leben ins Recht zu setzen und in kleinen, aufblitzenden Stückchen auch als möglich erscheinen zu lassen.

\*\*\*

**Daniela Krien, wie ist das, was man allgemein als „Glauben an Gott" bezeichnet, für Sie zu einer persönlich überzeugenden Wahrheit geworden? Und was heißt das für Sie, zu „glauben"?**

**Daniela Krien:** Als Kind hatte ich ein kleines Büchlein mit Gebeten. Morgens hatte ich meistens keine Zeit, aber am Abend habe ich das Beten nie vergessen. Mein liebstes Gebet war dieses: „Bevor ich mich zur Ruh begeb', zu dir oh Gott mein Herz ich heb'. Ich sage Dank für jede Gabe, die ich von dir empfangen habe." Mit diesem Dankgebet beendete ich meine Tage, und immer fühlte ich mich danach besser als vorher, weil es mir bewusst machte, dass ich tatsächlich jeden Tag gute Gaben empfangen hatte. Besonders nach weniger schönen Tagen war ich oft erstaunt, was das Gebet bewirken konnte, wie es mich besänftigte und versöhnte. Das Hinwenden zu Gott half mir schnell und direkt, und dadurch fiel es mir leicht, zu glauben.

Später war es nicht mehr so einfach. Mit der Pubertät kamen die Zweifel, das Problem der Theodizee. Wenn es Gott gab, wie konnte er zulassen, dass es derart viel Schreckliches in der Welt gab? Nein, es konnte keinen Gott geben, sonst wäre die Welt eine bessere. Aber wirklich überzeugend war die Nichtexistenz Gottes für mich auf Dauer auch nicht. Wieder zweifelte ich, nur diesmal in umgekehrter Richtung. Zur wiedergefundenen Wahrheit wurde der Glaube an Gott für mich nach einer Woche in einem französischen Kloster. Ich war 18 oder 19 und mit zwei Pfarrern und einer Gruppe junger Leute aus meiner damaligen Berufsschule auf diese Reise gegangen. Es gab dort Momente, in denen ich die Anwesenheit von Gott tatsächlich spüren konnte – während der Gebete, der Gesänge und während des schweigend eingenommenen Essens. Rational kann ich das nicht erklären. Jedenfalls wurden meine Zweifel an Gott dort sehr leise.

**Was bezeichnet das Wort „Gott" für Sie?**

**DK:** „Gott" ist in meiner Vorstellung kein alter Mann mit weißem Bart. Für mich steht das Wort „Gott" für die Kraft und die Macht, die größer ist als der Mensch und der wir untergeordnet sind. Sie ist ewig und grenzenlos.

**Wie Sie sagen, stehen oftmals das Denken und die Vernunft in Konflikt mit dem Glauben, da ein Bezogensein auf ein Entzogenes rational schwer begründbar ist. Wie gehen Sie damit um? Benötigt es zum Glauben einen „Sprung", wie Kierkegaard meinte, von der Angst in das Vertrauen in Gott, ein Verstehen der menschlichen Freiheit als Möglichkeit, sich mit dem Ewigen zu verbinden?**

**DK:** Den Versuch, Gott rational zu erfassen, habe ich aufgegeben. Vermutlich braucht es wirklich den Sprung, wie Sören Kierkegaard meinte, dieses Sich-Einlassen auf das Ungewisse, ohne permanentes Reflektieren. Es genügt mir mittlerweile, dass Gott nicht widerlegt werden kann und dass immer wieder Gutes und Schönes entsteht, selbst in schwärzesten Zeiten. Ich erinnere mich an eine Episode in der Autobiografie von Joachim Fest „Ich nicht". Da kommt ein befreundeter Pfarrer und erzählt, er habe den Gottesbeweis gefunden: Mozart. Dass Mozart als kleines Kind bereits vollkommene Musik komponiert habe, sei der Beweis für die Existenz Gottes. Eine schöne Idee. Tatsächlich empfinde auch ich manche Musik als überirdisch. Es gibt im Übrigen viele Künstler, die beschreiben, dass sie sich beim Schaffen oft als Medium fühlen. Etwas geht durch sie hindurch und manifestiert sich, aber woher es kommt, können sie nicht sagen. Das sind zwar keine Beweise, aber Hinweise auf Gott.

**Sehen Sie bestimmte Möglichkeiten, wie man zu diesem „Sprung" in ein größeres Vertrauen ansetzen könnte, wie man diese Erfahrung, mit etwas Größerem verbunden zu sein, vielleicht herbeiführen könnte?**

**DK:** Ich denke, es bedarf für den „Sprung" eines bestimmten Erlebnisses. Das kann eine Begegnung sein, eine Lektüreerfahrung, ein Zeichen, das man empfängt. Voraussetzung ist die Empfänglichkeit und damit meine ich tatsächlich auch eine sinnliche Empfänglichkeit. Wer nicht offen ist für Gott, wer sich kategorisch verweigert, dem wird auch kein Zeichen helfen, weil er es nicht als solches wahrnehmen wird.

Ich habe im Laufe meines Lebens zahlreiche Momente erlebt, in denen mir Gott auf unterschiedliche Weisen begegnete. Oft in der Musik, vor allem bei Bach und da besonders in der Matthäus-Passion. Aber auch in sogenannter weltlicher Musik, die in bestimmten Momenten das Göttliche zum Ausdruck bringt. Ein paar Mal begegnete mir das Göttliche als rettendes Moment in einer ausweglos scheinenden Situation. Wie aus dem Nichts kam zum Beispiel einmal ein Mensch in mein Leben zurück, den ich seit vielen Jahren nicht mehr gesehen hatte, und half mir, aus einer wirklich verzweifelten Lage herauszukommen. Der „Sprung" bestand dann darin, das Ganze nicht für einen glücklichen Zufall zu halten, sondern für das Rettende, das von Gott kommt.

**Welche Einflüsse oder Personen sind für Sie auf dem Weg des Gottsuchens besonders wichtig geworden?**

**DK:** Besonders wichtig war für mich die Lektüre der Texte des Philosophen Robert Spaemann. Aber auch viele autobiografische Texte, in denen andere von ihrem Glauben berichten, haben mich bestärkt. Zum Beispiel *„Ostpreußisches Tagebuch"* von Hans Graf von Lehndorff. Als Arzt erlebt er den Einmarsch der Russen in

Ostpreußen. Er muss Entsetzliches mitansehen und am eigenen Leib ertragen. Was ihn stabilisiert und überhaupt am Leben erhält, ist in vielen Momenten einzig sein Glaube daran, dass Gott nichts Unmögliches von uns verlangt.

Viktor E. Frankls „*... trotzdem Ja zum Leben sagen*" hat mich ebenfalls enorm beeindruckt. Er schreibt darin aus psychologischer Sicht über seine Zeit im Konzentrationslager, über das Sterben der Menschen, über Grausamkeit und Brutalität, aber eben auch über die enorme innere Stärke mancher Lagerinsassen, die über sich hinauswuchsen, anderen beistanden, die ihr Schicksal als Geschenk empfanden, dem sie sich als würdig erweisen wollten. Wer die innere Freiheit selbst in einem KZ zur vollen Entfaltung bringt, der muss mit etwas verbunden sein, das größer ist als er selbst.

Die Berichte dieser Menschen, ihre eigenen Glaubenserfahrungen waren für mich prägend und überzeugend.

**Was genau hat Sie bei Robert Spaemann so angesprochen, zu welchen Erkenntnissen hat er Ihnen verholfen?**

**DK:** Das allererste Buch von Robert Spaemann, das ich gelesen habe, war eher ein Büchlein: „*Moralische Grundbegriffe*". Gleich zu Beginn geht es um die Frage, ob „gut" und „böse" relativ sind. Spaemann verneint das. Er sagt, dass das „Gute" eine absolute und eine allgemeingültige Bedeutung habe. Jedes Kind wisse das, wir alle wüssten es, aber nur so lange, bis wir ausdrücklich zu reflektieren begännen. Erst mit der Reflexion käme der Zweifel. Woher aber sollte diese ursprüngliche Gewissheit kommen? Sie kann meines Erachtens nur von Gott kommen.

**Ist Schreiben – und auch Lesen – für Sie ein im weitesten Sinne religiöser Vorgang, in dem man sich selbst übersteigt, deutet, weitet – und möglicherweise nicht zuletzt auch tröstet?**

**DK:** Beim Schreiben geht es mir zuweilen so, dass ich mir selbst nicht erklären kann, was genau da geschieht, und vor allem, woher es kommt. Oft setze ich mich hin und schreibe irgendeinen Satz auf. Daraus folgt dann ein zweiter, ein dritter und so weiter. Figuren kommen manchmal ganz plötzlich hinzu. Sie treten sozusagen ins Bild, ohne mein Zutun. In diesen Momenten fühle auch ich mich mit etwas verbunden, das außerhalb meiner selbst liegt. Dabei übersteige ich mich tatsächlich selbst. Aber ich würde es nicht als religiösen Vorgang bezeichnen. Ich denke vielmehr, Schreiben ist das Resultat einer geschärften Weltwahrnehmung. Wenn ich viel von der Welt in mir aufgenommen habe, dann muss ich wieder etwas loswerden, weil es mich sonst zerreißen würde. Dort beginnt das Schreiben. Dieser Vorgang ist zwanghaft und zugleich rettend.

**Welche Rolle spielen für Sie äußere Formen der Religiosität wie Rituale, Gebete, Traditionen oder auch der Bezug zur institutionellen Kirche? Wie sehr braucht das Innere auch die äußere Form?**

**DK:** Ich persönlich brauche nicht zwingend die Institution Kirche, wohl aber das Gebet und bestimmte religiöse Traditionen, die mir Halt und Struktur geben. So zum Beispiel das Feiern der religiösen Feste. Auch die täglichen Gebete gehören zu meinem Alltag dazu und sind für mich schon lange zu einer Notwendigkeit geworden.

**Im Neuen Testament steht der Satz „Gott ist die Liebe; und wer in der Liebe bleibt, der bleibt in Gott und Gott in ihm. (…) Furcht ist nicht in der Liebe, sondern die vollkommene Liebe treibt die Furcht aus" (1. Johannes 4,16b.18a). Könnte das ein Brückenschlag in die Gegenwart sein, in der vielen Menschen**

Gott fremd geworden ist, dass man in der Liebe oder im Lieben eine Verbindung zu Größerem aufnimmt und Anteil bekommt am Göttlichen, das viele Facetten und Gestalten der Liebe annehmen kann?

DK: Das wäre schön, aber wir leben in einer Zeit und in einer Gesellschaft, in der ich mir schwer vorstellen kann, dass es ein neues Hinwenden zu Gott geben wird. Das vorherrschende technokratische Menschenbild, der Anthropozentrismus, der extreme Individualismus, der Machbarkeits-Wahn in der westlichen Welt deuten nicht darauf hin, dass Menschen in der Liebe und durch die Liebe zu Gott finden. Da bin ich leider pessimistisch.

**Eine zentrale Frage des Menschen, die vermutlich auch zur Ausbildung der Religion geführt hat, ist die Frage nach dem Tod. Darf ich fragen, wie Ihr Verhältnis dazu ist? Was ist der Tod für Sie und welche Bedeutung hat der Glaube an die Auferstehung für Sie?**

DK: Ohne den Tod ist alles wertlos. Nur der Tod verleiht allem Bedeutung. Er schenkt mir die Freude an allen Dingen, da ich weiß, ich werde sie nur für eine begrenzte Zeit genießen dürfen. Aber natürlich fürchte ich mich auch vor dem Sterben. Oder anders: Ich fürchte nicht das Sterben, sondern ich fürchte mich davor, am Ende zurückzublicken und zu erkennen, nicht richtig gelebt zu haben. Dinge, die ich tun wollte, nicht versucht zu haben. Denn wie auch immer sich eine Wiedergeburt gestalten könnte – ich werde nicht mehr der Mensch sein, der ich war. Ich werde nicht mehr in meinem sozialen Gefüge sein. Mein Leben, so wie ich es heute führe, ist einzig und begrenzt. Was danach kommt, hat nichts mehr damit zu tun. Nach wie vor fällt es mir schwer, die Auferstehung wörtlich zu nehmen, das heißt, tatsächlich zu glauben, Jesus, der gekreuzigte, der gestorbene Jesus, sei körperlich auferstanden und habe sein Höhlengrab verlassen. Ich nehme diese Geschichte als Symbol für die Überwindung des Todes, als Metapher für die Ewigkeit des Lebens. Jesu Worte, seine Lehre, sein Glaube und sein Geist verbreiten sich nach seinem Tod. Dadurch lebt er in uns weiter.

# Der innere Mensch im Ganzen
*Gespräch mit Marica Bodrožić*

Die aus Dalmatien stammende Schriftstellerin Marica Bodrožić vermag mit ihren Büchern enge Räume zu weiten. Buchstäblich ist ihr das mit dem Buch „*Pantherzeit. Vom Innenmaß der Dinge*" gelungen, das inmitten der Zeit der Pandemie den Zugang zu inneren Kräften und größeren Verbundenheiten eröffnete, um der Lähmung dieser Zeit etwas entgegenzusetzen. In diesem Essay aus dem Corona-Jahr 2020 beschreibt sie, wie Rilkes berühmtes Panthergedicht, das vom Abgeschnittensein von der Außenwelt und dem Rückzug in die Innenwelt handelt, sie mit einer größeren Kraft verband. Gemeinsam allabendlich auf dem Balkon mit anderen rezitiert, wurde es zu einer Art Gebet. In der Umkehrung der Blickrichtung von außen nach innen – mithilfe des Gedichts – eröffnet sich ein Zugang zum Herzen als oft überlagerte und vergessene, dennoch entscheidende Mitte und Kraft des Lebens. So beginnen innere Kraftquellen sich miteinander zu verbinden und eine Gegenbewegung zur Beklemmung und Lähmung der Corona-Wochen zu entfalten. „Ein unsichtbares Netzwerk der Freundlichkeit arbeitet auf seine Weise am Gleichgewicht der Welt", schreibt sie. Sehr genau erkennt sie das Anbrechen einer neuen Zeit, in der das immer schnellere kapitalistische Rasen nach immer mehr an ein Ende kommt und inneres Wachstum und bewussteres Leben stärker wird.

Der erste Schritt auf dieses Neue zu liegt ihres Erachtens in einem neuen Verhältnis zur Natur, das sich nicht mehr über Ausbeutung, sondern Verbundenheit bestimmt. „Ein jeder von uns ist eingemalt in das große Gewebe des Seins", schreibt sie. Es gelte nun zu verstehen, „dass auf dieser Erde nichts und niemand voneinander getrennt ist"; „dass hier Schicksale und Leben miteinander verflochten sind und dass wir alle Verantwortung füreinander tragen". Abschied gelte es zu nehmen von der maßlosen Ausbeutungsgier, mit der insbesondere die westlichen Menschen diesen Planeten überzogen haben und in beispielloser Verachtung und Gleichgültigkeit Menschen und Tiere versklavt und die Welt an den Rand des Abgrunds geführt haben. Es gehe darum, die Gewaltförmigkeit und „Herzensbarbarei" des bisherigen Lebens, Konsumierens und Wirtschaftens zu erkennen. Dabei ist die durch Gleichgültigkeit beförderte Gewalt der Ausbeutung und Versklavung von fernen Menschen und Tieren auch als Gewalt gegen sich selbst zu begreifen, als ins Innere wachsende eigene Versklavung: „Unsere Gleichgültigkeit macht uns zu Komplizen einer falschen Welt." Daher solle nun die „alte Normalität der Ellenbogen und der Gleichgültigkeit" und die „strukturelle Ausrichtung auf Konsum in unserer Zeit" überwunden werden. Es gelte, „neue Formen des Miteinanders und der Gemeinschaft zu suchen und uns als in Einheit lebende Wesen zu verstehen".

Durch Bodrožićs von einem tiefen Mitgefühl getragene Sprache wird das Bewusstsein sichtbar, dass alles Leben auf dieser Welt heilig ist. In gewisser Weise erzeugt sie eine Resonanz zur Welt, die aus den Tatsachen der Verbundenheit von allem, was lebt, herrührt und auch zur Quelle für eine geistige Rückbindung an ein größeres Ganzes wird. Sie schreibt: „Die Tiere sind die Seismografen unserer verlorenen Herzen, als ein altes Echo aus dem Zusammenhang unserer Ganzheit erinnern sie uns an das, was wir einmal mit der Heiligkeit des Lebens in Beziehung brachten."

Ein freiwilliges Sich-Verbinden mit dem „wirklich Liebenden", dem „wahrhaft Bescheidenen und Schönen" stellt eine „innere Eroberung" dar, die das Durchleiden des Schmerzes und eine innere Autonomie voraussetzt, wie es die Mystikerinnen und Mystiker zeigen. Diese „innere Eroberung" „ist das Fundament eines eigenen sakralen geistigen Gebäudes, das der Doktrin äußerer Gottesvorstellungen und Gotteshäuser offenbar als Gefahr erscheint". Letztlich geht es um das, was an Liebe in Leben übersetzt wird und an Veränderung auf das Neue hin verwirklicht wird. „Denn Religion wäre eben genau das: zur Tat schreiten, wo wir gebraucht werden, und nicht zu viel über das nachzudenken, wer wir sind, welchen Beruf wir eigentlich haben oder wer wir noch alles sein wollen, sondern einfach einander zu helfen, solange Hilfe vonnöten ist."

*\*\**

**Marica Bodrožić, Ihr Buch „Pantherzeit" handelt vom „Innenmaß der Dinge". Darin schreiben Sie auch von dem, was man altertümlich „Glauben" nennen könnte. Sie schreiben etwa davon, dass die betenden Hände der frommen, stillen Menschen Ihrer Kindheit einen starken Eindruck auf Sie machten und Sie bis heute ins Innere rufen, wo Sie sich auch in Notlagen auf Gott beziehen können. Wie prägend sind Ihre Erfahrungen der Glaubensvermittlung für Ihr Leben gewesen?**

Marica Bodrožić: Die betenden Hände, die ich in meiner Kindheit sehen, also Anteil an ihrer Kraft haben durfte, das waren auch immer arbeitende Hände einfacher Menschen, die mit der Erde verbunden waren, von der ihr Leben abhing. Meine Beziehung zum Inneren war wohl deshalb immer ein Gespräch mit dieser Erde, zudem in einer Karstgegend, die den Raum der Dankbarkeit auch für die allerkleinste Blume noch mehr öffnet. Denn im Karst ist alles Beschriftung des Wunders, ein Ereignis, eine Lektüre. Als Kind habe ich die Natur als eine fortgesetzte Zeichnung des Himmels empfunden, die sich mir mitteilt als eine verlängerte Sprache Gottes, die mir in allem begegnete, ein Lächeln, ein Tier – alles barg diese Gegenwart in sich, die sich gegen eine Benennung wehrt.

**In Ihrem Buch „Pantherzeit. Vom Innenmaß der Dinge" beschreiben Sie ein einschneidendes Erlebnis, dass Sie sich in einem Wald bei Paris verlaufen haben, verloren schienen, den richtigen Weg nicht mehr fanden und plötzlich aber von einer inneren Gewissheit erfüllt wurden, dass Sie nicht nur zu dem Bahnhof zurückfänden, sondern dass es auch ein neues Zuhause, ein neues Ziel in Ihrem Leben geben würde und der Weg dorthin Sie tragen würde. Sie schreiben: „Ein vertieftes Vertrauen lenkte mich ab diesem Augenblick, und ich ging einfach los, schaute zwar immerzu nach Lichtungen, aber zum ersten Mal in meinem Leben überwog in mir ein mich leitender Gedanke der Zuversicht, dass der Weg mich kennt und dass ich ihn nicht zu kennen, sondern nur zu gehen brauche, um dort anzukommen, wo etwas Neues auf mich wartete." Würden Sie das als einen Schlüsselmoment für Ihren Glauben bezeichnen?**

**MB:** Dass der Weg uns kennt und nicht wir den Weg, das ist für mich immer verbunden gewesen mit dem größeren Raum des Vertrauens, der Hoffnung, dass das Leben mich nicht vergisst, weil ich selbst Leben bin, also das, was inwendig mein Sein beatmet. Der Verstand ist kein guter Begleiter, um dem Neuen zu vertrauen, der Verstand hat immer Gründe, der Angst zu folgen. Es ist sehr schwer, dem Vertrauen die Richtung zu überlassen. Aber immer, wenn es mir gelingt, denkt es in mir: Das war das einzig Richtige, und so bin ich auch zum Schreiben gekommen. Ein Geistesblitz, eine Sekunde Leben, der darin bestand, das Gesicht meines Großvaters zu beschreiben, es in Sprache zu bergen, es so vor dem Vergessen zu retten, hat mich zu einem schreibenden Menschen gemacht. Dabei wollte ich Kulturanthropologin werden und habe auch alles dafür getan, damit das möglich wird. Weil ich diesem Wunsch gefolgt bin, konnte das Leben mich aber korrigieren. Dieser Korrektur zu vertrauen, ist vielleicht Glauben. Ich habe aber keine Definition davon. Immer wenn ich etwas definiere, geschieht etwas, das mich von der Definition wegbringt. Vielleicht leben wir, um uns in diesem Sinne zu korrigieren, uns zu lassen und noch mehr zu lassen, so wie es Meister Eckhart sagt. Das Noch-mehr-Lassen, das erzieht mich, das macht mich, um im Bild des mystischen Nach-Innen-Gehens zu bleiben, zu einer winzig kleinen Pflanze auf einem großen weiten Feld, und das Grün weiß mehr, als meine Verstandesfarben je wissen können.

**Können Sie sagen, was Sie unter „Gott" verstehen?**

**MB:** Im Grunde nimmt mir Gott immer alles weg, was ich glaube von Gott verstanden zu haben. Ich habe etwas sehr Schönes bei Ilse Aichinger über Gott gelesen, das ist eine Gedankenbrücke zu dem, was es für mich manchmal im Unterwegssein in sich selbst ist: „Gott, für den tausend Jahre wie ein Tag sind, sieht uns aufschießen, stehen und in uns zusammensinken, sieht die Schönheit in der Bewegung, nicht in der Blüte." Diese Bewegung ist es, dieses Drängen ins Neue, das für mich verbunden ist mit Sanftmut, das bringt mich in Veränderung, in einen neuen Zustand des Sehens. Immer öfter kann ich sehen, wie das Harte, das ein Teil der Welt ist, von mir abfallen will, damit die Sanftmut übernimmt. Dieses Drängen, dieser Druck ist sehr beharrlich und will in Bewegung bringen. Die Blüte selbst ist wohl das Auge, das uns sieht und über das die Bewegung möglich wird.

**Bei Ihren Beschreibungen des „Innenmaßes der Dinge", das es insbesondere in Zeiten der Krise neu auszuloten gilt, erinnerte ich mich an das Wort von Paulus: „Darum werden wir nicht müde; sondern wenn auch unser äußerer Mensch verfällt, so wird doch der innere von Tag zu Tag erneuert" (2. Korinther 4,16). Er verwies auf die innere Verbindung mit dem auferstandenen Christus, die auch durch Leiden hindurchtragen kann. Wie verhalten sich für Sie das Menschliche und das Göttliche zueinander?**

**MB:** Das Unzerstörbare, da ich so viel Zerstörung, vor allem menschlicher Art, erlebt habe – hat mich immer magisch angezogen, als Gedanke, als Kraft, als Ort der Erneuerung. Maurice Blanchot hat, in Anlehnung an Kafka, über das Unzerstörbare nachgedacht. Kafka sagt: „Theoretisch gibt es eine vollkommene Glücksmöglichkeit: an das Unzerstörbare in sich zu glauben und nicht zu ihm hinstreben." Ich denke, dass dieses *glauben* in allen mystischen Traditionen der Welt am Ewigen webt, das wir in uns tragen und das mit der vertikalen Zeit, dem Wunder der Zeit verbunden ist. Dieser Funke, der in uns zum Tragen kommt, kann in einer Sekunde in uns wirksam werden und ein ganzes Leben verändern. Und ein verändertes Leben verändert, berührt und vollendet manchmal auch andere Leben. In sich zu sein, das heißt auch anwesend zu sein, bei diesem Funken zu sein und zwar ohne Ziel. Manchmal denke ich, mein Leben ist so ein fortwährendes Von Funke-zu-Funke-Gehen und wenn alles in der Zeit vergeht, bleibt dieses Licht. Wir kommen als Menschen zur Welt und sterben als Menschen. Pässe, Ideen, Religionen, Vorstellungen, alle Formen von Identitäten reichen nicht an dieses mit dem Funken verwandte Menschsein heran. Wir gehen, der Funke bleibt.

**Sie zitieren auch Vladimir Jankelevitch, der einmal von der „punktuellen Wahrhaftigkeit einer Sekunde" schrieb, die sich auch oder vielleicht gerade inmitten einer Bedrängnis ereignen kann und eine Verbindung zu tieferen Kräften herstellen kann. Sehen Sie diese „punktuelle Wahrhaftigkeit einer Sekunde" auch als Offenbarungen des Göttlichen – so wie es auch oft in der Bibel beschrieben wird?**

**MB:** Diese punktuelle Wahrhaftigkeit einer Sekunde ist jenseits der Zeit und doch kommt sie aus der Zeit heraus in uns zum Tragen. Wenn es mir gelingt, dies zu lesen, der Reibung nicht zu erliegen, sondern sie als Buch zu verstehen und danach zu handeln, dann bin ich der Sprache des Funkens gefolgt, dann reicht auch die Sprache der Stille, um Gott ohne ein Wort Gott sein zu lassen. Ich habe das in meinem Leben, in dem ich Gewalt, Hunger und Not erlebt habe, immer mit dem Göttlichen in Verbindung gebracht. Es ging nicht anders, ich faltete die Hände und das war das Einzige, das mir Rettung verschaffte. Meine Eltern haben mich geschlagen und gepeinigt, alleingelassen und verwildern lassen in der Kindheit, aber die Offenbarung des Größeren konnten sie nie in mir zerstören. Es war immer da. Als Kontrast zu ihrer Gewalt. Manchmal habe ich heute das Gefühl, so konnte ich es sehen, dieses andere Leben, das Wissen um das Falsche und um das Richtige. Und dass es der Freundlichkeit bedarf zwischen den Menschen. Das ist für mich nicht an eine Konfession gebunden, das Leben selbst ist die große Lehrerin, die mich nicht zu einem Mitglied von etwas macht, weil ich selbst ja Leben bin und das Leben mir reicht als Rahmen meines Eingeatmetseins in das Vollständige.

**Sie beschreiben auch das innere Bild der Jakobsleiter, das Sie insbesondere auch in bedrängenden Situationen wie zum Beispiel auch der Covid-Krise leitet und das der Gefahr entgegenwirkt und „unkontrollierbares, wildes, richtiges Leben" befördert. Was bedeutet Ihnen das Bild von der Jakobsleiter? Und könnten solche inneren Bilder eine mystische Form des Gottglaubens heute sein?**

**MB:** Die Jakobsleiter ist meine Brücke, mein Bild für das lebendige Gespräch zwischen dem Sichtbaren und dem Unsichtbaren. Ich glaube, dass es wichtig ist, diese Bilder für sich und in sich selbst zu finden, ihnen zu vertrauen. Das lässt sich lernen, aber nicht wie eine Formel, sondern nur dort, wo wir, wie es bei Rilke so schön heißt, „tieftiefes Leben" empfinden, uns also aussetzen – der Rand, an dem wir beben.

**Auf der biblischen Jakobsleiter, die dem schlafenden Jakob im Traum erscheint, wandeln Engel auf und ab und verbinden Himmel und Erde miteinander. Welche Vorstellung haben Sie von diesen „Mächten Gottes", von den Engeln – oder welche Erfahrungen? Einmal schreiben Sie, dass Ihnen Ihre schlafende Tochter zum Engel wurde, da sie eine tiefe Ruhe verströmte. Sind wir vielleicht blind geworden für die vielen kleinen Zeichen am Wegesrand des Alltags, die uns von einer bergenden, tieferen Wirklichkeit erzählen?**

**MB:** Ja, meine Tochter erzählt mir durch ihr bloßes Dasein von den wundersamen Verbindungen, die in uns allen für uns alle in den Menschen unseres Lebens mitgehen. Die äußeren Augen können das nicht wahrnehmen, die wollen das auch nicht. Es geht um das Auge hinter dem Auge, um das, was uns sieht – und zwar die ganze Zeit, selbst dann, wenn wir vollkommen blind dafür sind. Das Erschütternde ist ja diese Erkenntnis, dass die allwaltende Geduld des Lebens *fortwährend* da ist, dass sie uns nie verlässt. Manchmal empfinde ich einzelne Menschen als Engel oder Botschafter dieses größeren Lebens. Einmal habe ich in Ägypten eine Frau gesehen, die irgendwo in den Untiefen Kairos als Reinigungskraft in einer öffentlichen Toilette gearbeitet hat. Als sie mich ansah, schmolz mein Herz dahin, etwas in mir sah ihre *Vollständigkeit* und ich liebte sie in diesem geerdeten Hohelied des Lebens über alles, weil sie mir das erzählt hat, dass es das gibt – dieses Ganzsein, das von nichts abhängt, auch nicht von der Rolle, die die Gesellschaft uns zuweist. Ein anderes Mal, das war auch in Ägypten bei einem anderen längeren Aufenthalt dort, habe ich eine Frau kennengelernt, die unfassbarerweise eine Hausangestellte als Sklavin „besaß" – sie erzählte mir, dass diese „Sklavin" ihr vermacht worden war, dass die Familien sich seit Generationen Frauen hielten, die für sie arbeiteten und die nie ein anderes Schicksal haben durften als das ihnen zugewiesene. Diese Frau (die man mir als „Sklavin" vorstellte) sollte eines Tages, als wir mit dem Zug von Kairo nach Alexandria fuhren, auch meine Sachen, also meinen Koffer, meinen Rucksack usw. tragen. Die der begüterten Frau und ihres Kindes ebenso. Ich verweigerte das, ich wollte nicht, dass diese Frau auch noch meine Sachen trug, das konnte ich gut allein. Die Frau bemühte sich dennoch, mir wurde gesagt, das sei ihre Aufgabe. Aber der Moment, in dem ich nur einen Menschen in ihr sah, es ablehnte, dass sie auch für mich eine „Sklavin" sein sollte, in diesem Moment sah sie auch mich und mein Menschsein. Und das war so erschütternd, dieser Augenblick, in dem wir einander als freie Wesen erkannten, das ist für mich ein reinstes Engelserlebnis, ein Engel in Gefangenschaft stand mir gegenüber, der mir so viel über die Freiheit erzählt hat, die sich keiner Rolle fügt. Noch heute ist dieser Blick wie eine Harpune Gottes in mir wirksam und noch heute muss ich darüber weinen, wie tief das Menschsein mir begegnet ist und nicht die Gefangenschaft, obwohl es sich umgekehrt verhielt. So etwas ist permanent Teil der Welt. Nur wir sehen es nicht, weil wir in Kategorien denken. In der inneren Sammlung geschieht noch viel mehr. Oder genauer: Im Schreiben bündelt sich das alles in mir und ich kann es mit inneren Sinnen fassen.

**Kierkegaard sprach von einem „Sprung", der nötig sei, um aus der Angst in das Vertrauen, in den Glauben zu gelangen. Auch Sie beschreiben eindrücklich die Angst, die wohl nackter und stärker in den Tagen der Covid-Krise auf viele Menschen übergreift. Wie gelingt Ihnen der „Sprung" aus der Angst – aus dem „Eisenring der Sorge" – hinein in ein größeres Vertrauen?**

**MB:** Manchmal ist der Druck der (äußeren) Zeit so stark, dass es keine andere Wahl als das Vertrauen für mich gibt. Und ich fühle, dass mir nichts anderes helfen kann und auch nicht helfen wird. Die Angst ist so gemacht, dass sie uns verschlingt, wenn wir nicht springen. Irgendwann müssen wir springen. Zwischen der Angst und dem Sprung ist der Todesgedanke. Ihm nicht zu verfallen, ihm nicht zu erliegen, heißt *das Leben zu wählen*. Und man kann das Leben nicht wählen, ohne zu vertrauen. Es ist ein langer innerer Weg und verlangt nach dem ganzen Menschen. Joseph Beuys hat einmal gesagt, die einzige Genialität, die er besitze, sei die, sich mit dem Druck der Zeit zu bewegen, während andere sich dagegenbewegen. Daran denke ich sehr oft, wenn der Druck stark wird. Ich kann es dann gestalten und in einem Text formen, was mir als Druck erscheint. Das war im ersten Lockdown am Anfang der Pandemie so, ich bin im Inneren fündig geworden und habe versucht, ins Schöpferische einzutreten, ein neues Muster, einen neuen Text zu erschreiben und nicht gegen das zu kämpfen, was nun einmal da ist, sondern im Gegebenen bei mir zu bleiben.

Manchmal hatte ich das Gefühl, mein ganzes bisheriges Leben sei eine Vorbereitung für diesen inneren Sprung gewesen. Und so ist es auch bei uns allen, das Leben bereitet uns immer auf das vor, was uns als Herausforderung begegnet, die uns an eine äußerste Grenze bringt. Und es gibt kein halbes Leben. Und deshalb auch keine halbe Herausforderung. Es geht immer um das Ganze.

**Sie beziehen sich immer wieder auf Mystikerinnen und Mystiker. Inwiefern haben diese Ihr Denken und Glauben geprägt und was wäre von ihnen heute, da viele institutionelle Formen der Religionen keine Resonanz mehr finden, zu lernen?**

**MB:** Mystikerinnen und Mystikern ist es eigen, dass sie immer einen sehr eigenen Weg gehen, etwas in die Welt geben, das der Welt als Reibung begegnet. Oftmals ist dieser seherische Weg (oder der ins innere Hören führende Weg) mit Schmerzen verbunden, mit einer Art Außenseitertum, das zur Grundlage ein eigenständiges Sehen und Erhören hat. Eine innere Verbindung zu unbeweisbaren Stimmen und Welten, die sich *nur in uns* ereignen. Dieses Nach-innen-Reisen kann eine Institution nicht schenken. Die Reise ist uneinnehmbar ans Individuelle gebunden und bedarf einer Kraft, die man sich nicht nehmen kann, da man in sie hineinwächst oder von ihr in die Lehre genommen wird. Diese unglaublich beharrliche Erziehung zum inneren Blick haben Mystikerinnen und Dichterinnen wie Mechthild von Magdeburg immer auch mit Sprache verbunden, die radikal ist, weil sie auf alles im Wissen Erworbene verzichtet und sich auf das Nichts einlässt. Auch hier geht es um den Sprung ins Ungewisse. Um das Aufgeben von Kontrolle.

**Welche Rolle spielen für Sie äußere Formen der Religiosität wie Riten, Gebete, Traditionen oder auch der Bezug zur institutio-**

**nellen Kirche? Wie sehr braucht das Innere auch die äußere Form?**

**MB:** Rituale können sehr hilfreich sein. Ein Gedicht zu einem bestimmten Zeitpunkt jeden Tag laut zu lesen, das kann auch eine Art von Gebet sein, ein Momentum, in dem etwas geschieht, dem wir sonst keinen Raum geben, und der geöffnete Raum fängt an zu sprechen. So bin ich zu meinem Buch „Pantherzeit. Vom Innenmaß der Dinge" gekommen, weil ich im ersten Lockdown der Corona-Pandemie Rilkes „Der Panther im Jardin des Plantes" drei Monate lang jeden Abend laut auf dem Balkon gelesen habe. Dieser geöffnete Raum ist wichtig. Für mich ist es nie an eine äußere Institution gebunden, ich gehöre auch keiner Religionsgemeinschaft an, aber glaube und weiß noch aus meinem Studium der Kulturanthropologie und Ethnologie, dass die meisten Menschen sich intuitiv eine Art Altar in ihren Wohnräumen einrichten, manchmal auch ohne es zu merken – es lohnt sich, die eigene Wohnung nach sakralen Stellen abzusuchen. Es gibt das Bedürfnis nach Heiligem, auch bei jenen, die sich Atheisten nennen. Wir richten es fast von alleine ein, dieses Heilige ist der Wunsch nach Übersetzung, nach Erzählung. Das kann jeder beobachten und eine kleine selbstethnografische Exkursion nach innen machen. Unsere Räume erzählen davon, in welcher Beziehung wir zu Traditionen, Sehnsüchten und Riten stehen – wir leben nicht im Leeren, wir sind immer Teil von etwas, das uns vorausgegangen ist, wir folgen innerlich diesen Ideen, selbst wenn diese Ideen, wie es Proust sagt, Sorgen sind. Ich kenne niemanden, der nicht betet, die meisten bemerken das nur nicht und würden das auch nie so sagen. Eine einfache Frage wie die im Stillen formulierte „Was mache ich denn bloß jetzt?", wenn wir beispielsweise in einer Situation der Not sind oder einfach nur Ratlosigkeit unser Sein bestimmt, mündet automatisch in einem Gespräch mit etwas anderem als uns selbst.

Was ist dieses andere? Mit wem sprechen wir da? Was erhoffen wir uns davon? Augenscheinlich hat Sprache diese Funkenkraft der Wirklichkeitsstrukturierung und ich bitte in diesem Moment um einen Beistand. Wir fragen. Etwas geschieht. Eine Antwort kommt. Oder sie kommt nicht. Wenn sie nicht kommt, ist das auch eine Antwort. Ist das alles Beten? Vielleicht.

**Eine wichtige Spur, die Sie aufzeigen, ist die Wiederentdeckung der Heiligkeit allen Lebens. Sie kritisieren die Gleichgültigkeit gegenüber dem massenweisen Leid der Tiere. Wäre die Wiederentdeckung eines universellen Mitgefühls, gewissermaßen eine Überwindung der Taubheit der Herzen, und das Bewusstsein einer großen Verbundenheit allen Lebens ein Weg zum Göttlichen, zum Wiederentdecken des Heiligen heute?**

**MB:** Die Heiligkeit des Lebens gilt für alles, was uns umgibt, nicht nur für uns selbst. Erst wenn wir lernen, dass alles, auch jeder Gedanke, den wir in die Welt geben, eine Wirkung hat, dann sehen wir auch, dass diese Wirkung allumfassend ist – und auf uns zurückstrahlt. Alles, was wir tun, ist verbunden mit uns und allem, was lebt. Das Heilige ist das Ganze und das Ganze spricht immerzu und fortwährend. Von Kindheit an denke ich darüber nach, was es damit auf sich hat, wie die Menschen die Tiere behandeln. Es ist dabei eine Spiegelung innerseelischer Verhältnisse im Spiel. Wir können nur niemandem etwas vorschreiben. Jedes Leben geht in seiner Autonomie einen eigenen Weg. Es auszuhalten, dass Wege so anders ausfallen können, ist manchmal nicht leicht für mich. Aber ich denke, es ist sehr wichtig, dass wir selbst all die guten Dinge leben, an die wir glauben, und uns fragen, wie viel von unseren Überzeugungen tatsächlich welthaltig sind. Denn auch das geht hinaus in die Weiten der alles verbindenden Gedanken, der Sprache, der Handlungen – so entsteht auf lange, lange

Sicht Gewaltfreiheit, auch in den Sätzen, die wir laut aussprechen. Wenn wir zudem verstehen, wie tief entfernt ein Mensch von sich selbst ist, der innerlich ertaubt ist, wissen wir sehr genau, dass er – durch Erziehung und viele andere Gründe – nicht in der Lage ist, jedenfalls vorläufig, besser zu handeln. Das Gute in jedem Menschen nicht aus den Augen zu verlieren und zu versuchen, ihn so zu sehen, wie er vom Leben gemeint ist, das ist eine große Aufgabe. Auch darin würde ich das Mitgefühl einbegriffen sehen. Auch der böseste Mensch ist ein Mensch, er stirbt als Mensch – dazu ein Beispiel: Als Gaddafi starb und mit seinem Totenschädel spaßeshalber Fußball gespielt wurde, wurde mir schlecht. Dass Gaddafi so war, wie er war, das wissen wir – was aber sagt es über jene, die so mit den Überbleibseln seines Körpers umgegangen sind? Was wir tun, ist das, was wir sind. Universelles Mitgefühl geht in alle Richtungen. Wir müssen da wohl alle noch üben, uns einüben in die tiefere Welt oder in das, was vielleicht der Blick Gottes ist. Einmal musste ich in der Kindheit mit ansehen, wie mein über alles geliebter Großvater einen Esel in eine Karsthöhle stieß, ich hörte, wie das Tier unten in der Tiefe weinte – dort verendete es. Das Aufblitzen von böser Wildheit im Blick eines mir so vertrauten Menschen, der ein Tier solcherart in den Tod stieß, konnte ich nie vergessen.

**Welche Haltung haben Sie dem Tod gegenüber? Sie schreiben an einer Stelle, dass Sie keine Angst vor ihm haben. Wie ist Ihnen das möglich? Und: Was bedeutet Ihnen der Glaube an die Auferstehung? Welche Hoffnung haben Sie über den Tod hinaus?**

**MB:** Der Tod ist für mich eine Brücke, Teil eines größeren Gesprächs, vielleicht auch einfach nur die andere Seite der Zeit, der Ewigkeit. Ich habe schon als Kind Tote gesehen, geliebte Menschen, die mich, kurz bevor sie ins Ganze zurückgingen, an ihr Totenbett riefen. In ihren Gesichtern war so viel zu lesen, ich müsste ein ganzes Buch schreiben, um den Ausdruck jenes Wissens in Worte zu fassen, das ihr geliebtes Gesicht mir erzählt hat. Ein Verwandter hat mir beispielsweise einen Satz im letzten Moment seines Hierseins dagelassen, aus dem fast ein ganzer Roman entstanden ist, er sagte: „Das Leben ist eine Orange, meine Kleine, vergiss das nicht." Oder hat sein Gesicht mir das gesagt? Etwas hat es gesagt und das größere Gedächtnis hat es in mir verlebendigt. Das Einzige, was mir schwerfällt, ist die Vorstellung, dass ich meiner Tochter nicht mehr helfen kann, falls sie mich braucht und ich nicht mehr da bin. Aber dann denke ich, sie wird das können, ich kann es ja auch, mir helfen, mir helfen lassen, bitten, beten, fragen, warten, in die Antworten hineinleben. Solange wir leben, haben wir die Kraft zu leben. So einfach, wie sich das anhört, so komplex ist es auch. Wir vergessen, dass wir *leben.* Aber wir leben auf den Tod hin. Und wir lernen vor dem Horizont des Todes, wer wir sind – der innere Mensch im Ganzen.

# Die Botschaft des Morgenlichts
*Gespräch mit Iris Wolff*

Die 1977 im rumänischen Siebenbürgen geborene Schriftstellerin Iris Wolff debütierte 2012 mit dem Roman „Halber Stein" und erlangte mit ihrem 2020 erschienenen Roman „Die Unschärfe der Welt" breite Aufmerksamkeit. In diesem beeindruckenden Erzählstück über Heimat und Aufbruch, Wurzeln und Neuanfänge, Sehnsucht und Entbehrung, Träume und Enttäuschungen, Bindungen und Brüche, Liebe und Verlust, Freundschaft und Familie erzählt sie die Geschichte von vier Generationen einer Familie in der siebenbürgischen Region Banat durch das 20. Jahrhundert hindurch. Eindrücklich beschreibt sie, wie die Macht äußerer Verhältnisse in individuelle Lebensläufe und Familien hineinwirkt und welcher Wert die grundlegende Erfahrung von Bejahung, Bindung und Liebe ist. Und wie das, was war, nicht zwingend als verloren gelten muss, sondern als Kraft der Erfahrung und glühender Kern einer Sehnsucht zu einer bleibend lebendigen Größe werden kann. Dabei wird der Schmerz, den etwa der Heimatverlust bedeutet (die Autorin ist 1985 als 8-Jährige mit ihrer Familie nach Westdeutschland ausgewandert), nie verleugnet. Auch die Brüchigkeit und Ambivalenz familiärer Bande wird ins Licht gerückt. Und die Sehnsucht nach verlorenen Werten – etwa des einfachen und solidarischen Lebens in einer Großfamilie und Dorfgemeinschaft. Auch der Druck des kommunistischen Regimes wird in diesem

Roman mehrfach angedeutet, das harte Bedrängen unangepasster Menschen und das gnadenlose Verdächtigungs- und Denunziantensystem.

Immer wieder wird in „Die Unschärfe der Welt" auch das Thema „Glauben" verhandelt, schließlich ist eine der Hauptfiguren – Hannes – ein evangelischer Dorfpfarrer im Banat. Wie die fremde Welt des in der Vergangenheit versunkenen Dorflebens dringen durch den Roman auch Splitter des alten Glaubens, der einst den Jahres- und Lebenslauf der Menschen so selbstverständlich prägte, in die Gegenwart des Lesers. Und es wird deutlich, wie schwierig es ist, über diesen Glauben Zeugnis abzulegen. Als ein Kind (namens Echo) im Dorf stirbt, muss Hannes, der Pfarrer, die Beerdigung halten und den verwaisten Eltern beistehen. Er spricht darüber mit seiner Frau: „„Auch mir fällt es schwer, die richtigen Worte zu finden. Soll ich ihnen von der Sinnhaftigkeit eines so frühen Todes erzählen, davon, dass sie Echo eines Tages wiedersehen werden?' ‚Glaubst du denn nicht daran?' Hannes fixierte einen Punkt in der Dämmerung. Die Stundung war aufgehoben, jetzt schwand alles schnell, das Licht, die Wärme. ‚Glauben ist Gnade. Man kann nicht glauben wollen, das wäre lächerlich. Ich kann mir nicht vorstellen, dass das Jenseits ein Ort ist, an dem wir einfach wieder auftauchen, dass es dort ein Erkennen gibt, wie es auf der Straße ein Erkennen gibt.'" Und etwas später heißt es, als Hannes der trauernden Mutter Ruth gegenübersteht: „Hannes hätte Ruth gern gesagt, dass es leichter war, in dem, was geschah, Gottes Willen zu akzeptieren als die Tatsachen selbst. Dass es jetzt nicht darauf ankam zu verstehen, sondern daran zu glauben, dass man trotzdem geliebt wurde. (…) Die Worte waren da, aber es war unmöglich, sie auszusprechen, sie würden verkehrt herauskommen, und Ruth würden sie nichts nutzen. Erneut kam Wind auf, doch er war in jenem Moment etwas, das Hannes sanft berührte. Ein Eulenfalter setzte sich auf seinen Unterarm. Vorsichtig hob ihn Hannes auf Augenhöhe. Ruth und er betrachteten die Flügel des Falters, ein wellenförmiges, schwarzes Muster, das an den Rändern in ein helles Türkis spielte. Als Ruth sich abwandte, hatte sich ihr Gesichtsausdruck verändert, und Hannes meinte (vielleicht wünschte er es sich auch nur), dass es die Andeutung eines Lächelns gewesen war." Von ferne klingt hier die Geschichte der Gottesbegegnung des Propheten Elia an, wie sie im alttestamentlichen 1. Buch der Könige (Kapitel 19) erzählt wird: „Der Herr sprach (zu Elia): Geh heraus und tritt auf den Berg vor den Herrn! Und siehe, der Herr wird vorübergehen. Und ein großer, starker Wind, der die Berge zerriss und die Felsen zerbrach, kam vor dem Herrn her; der Herr aber war nicht im Winde. Nach dem Wind aber kam ein Erdbeben; aber der Herr war nicht im Erdbeben. Und nach dem Erdbeben kam ein Feuer; aber der Herr war nicht im Feuer. Und nach dem Feuer kam ein stilles, sanftes Sausen. Als das Elia hörte, verhüllte er sein Antlitz mit seinem Mantel und ging hinaus und trat in den Eingang der Höhle." Und auch jene tiefe mystische Weisheit klingt an, die der Apostel Paulus ausspricht und mit der er die Grenzen aller Worte und alles Sagbaren in Bezug auf das Wirken Gottes markiert: „Denn wir sind zwar gerettet, doch auf Hoffnung. Die Hoffnung aber, die man sieht, ist nicht Hoffnung; denn wie kann man auf das hoffen, was man sieht? Wenn wir aber auf das hoffen, was wir nicht sehen, so warten wir darauf in Geduld. Desgleichen hilft auch der Geist unserer Schwachheit auf. Denn wir wissen nicht, was wir beten sollen, wie sich's gebührt; sondern der Geist selbst vertritt uns mit unaussprechlichem Seufzen" (Römer 8,24–26).

Und so bewahrt die Poesie die Sehnsucht nach dem auf, was war, und nach dem, wie es werden könnte. Und unterwegs stoßen die, die so geduldig sich sehnen und ihre Hoffnung und ihr

Vertrauen behalten, auf Spuren – in einem Windhauch, in einem Wort, in einer Berührung, in einer Erfahrung, in einer Erkenntnis –, die die Seele gewissmachen, dass keine Träne umsonst geweint, nichts verloren und alles wunderbar geborgen ist …

\*\*\*

**Iris Wolff, welche Bedeutung hat der Glaube an Gott für Sie und können Sie beschreiben, wie er eine überzeugende Dimension in Ihrem Leben geworden ist? Wie wurde der Glaube vermittelt, beziehungsweise wie haben Sie ihn erlebt und was war aus Ihrer Sicht möglicherweise ausschlaggebend dafür, dass er auch über das Kindesalter hinaus eine sinnhafte Bezugsgröße geblieben ist?**

**Iris Wolff:** Ich bin auf einem Pfarrhof im Banat aufgewachsen. Was mich prägt, ist die Landschaft, die Häuser und Höfe, das Gefühl, zugehörig zu sein, zu einer Gemeinschaft, zur Natur. Als Tochter des Pfarrers durfte ich fast überall ein und aus gehen; dieses Grundgefühl, alles sei um meinethalben da, führte etwa dazu, dass ich eines Tages lautstark an die Kirchentür klopfte, als mein Vater gerade mitten im Gottesdienst predigte. Ich wollte ihn sprechen, und der Kirchenraum war ein selbstverständlicher Teil meines Lebens.

Geschichten waren wichtige Erfahrungswelten: Daniel in der Löwengrube, Elias, wie er von einem Raben gespeist wurde, Josef im Brunnen – mein Vater hat mir diese biblischen Geschichten erzählt und auch gemalt. Darüber hinaus wurden Märchen vorgelesen, Gullivers Reisen, Deutsche Heldensagen und Odysseus' Irrfahrten. Heute denke ich, dass mir dadurch zwei Dinge früh deutlich wurden: die Zeichenhaftigkeit der Welt, und dass mein Leben ohne den Bezug auf etwas Größeres unvollständig ist. Mein Grundgefühl bis heute ist: Meine Tauglichkeit fürs Leben kommt nicht von mir. Ich brauche die Natur, ich brauche Geschichten, ich brauche Menschen, die mich lieben und das Beste in mir stärken. Ich möchte so durchlässig wie möglich sein, für die Schönheit der Natur, die Not anderer, für die Liebe. Bis heute helfen mir Geschichten – seien es biblische Geschichten, erzählende Literatur oder Gedichte –, in diesem Sinn zu wachsen, mir selbst nicht genug zu sein. Meine Erfahrung ist immer begrenzt, mein Verstand will unterscheiden, wissen, einordnen. Geschichten lassen mir Raum für eigene Deutungen, stärken meine Vorstellungskraft, mein Mitgefühl, geben keine eindeutigen Antworten, sondern machen Ambiguität erfahrbar.

**Welche Ereignisse, Erfahrungen, Personen oder Bücher haben Sie bei Ihrer Auseinandersetzung mit der Frage nach Gott geprägt und beeinflusst?**

**IW:** Vor allem zunächst mein Vater, der einen offenen, toleranten, unaufdringlichen Glauben lebt. Alle Freunde, die mich das erste Mal besuchten, waren überrascht, welchen Umgang es in unserem Haus gab. Sie haben sich ein evangelisches Pfarrhaus anders vorgestellt und gaben das auch unumwunden zu. Aber auch dieses stabile Elternhaus konnte mich nicht davor bewahren, aus allen Sicherheiten zu fallen, als wir ausgewandert sind. Ich schaue nicht oft zurück, weil ich die Hilflosigkeit, die ich damals empfunden habe, immer noch nicht ganz berühren kann. Von einem Tag auf den anderen hatte das Leben ein anderes Gesicht. Von einem Pfarrhof in die Enge eines Übergangswohnheims, aus dem vertrauten Vielklang der Sprachen ins Schwäbische, aus der Einfachheit in eine Welt des Konsums. Ich gehörte mit einem Mal nicht dazu, und es ist, als ob durch dieses Herausfallen aus allen Zusammenhängen andere Fragen und Notwendigkeiten entstanden sind. Es hat dazu geführt, dass ich mich in Büchern beheimate, dass Kunst für mich eine Wahrhaftigkeit und Lebensorientierung bietet, die ich sonst nirgends finde.

Ich erinnere mich, dass ich von meiner Mitbewohnerin im Studium Rilkes *Briefe an einen jungen Dichter* ausgeliehen habe. Ich las es, strich Passagen darin an, und wusste, ich kann es nicht zurückgeben. Der Zauber des ersten Lesens war nicht wiederholbar, es musste dieses Buch sein, ein vergilbter Druck der Spamerschen Buchdruckerei in Leipzig. Gertrud Leutenegger hat das „Raubtierinstinkt"[2] genannt, als sie ein anderes Buch als das ihr eigentlich zugehörige entwendete. Es bleibt bis heute das einzige Diebesgut in meinem Bücherregal, zeigt aber etwas an, das sich nicht verändert hat: Ich verleibe mir Bücher ein, schreibe hinein, hinterlasse Markierungen, damit ich entscheidende Stellen wiederfinde. Bücher sind Gedächtnisse meines Lebens, meiner Verwandlungen.

Durch das Studium der Religionswissenschaft hat sich die Faszination gegenüber der Religion gefestigt. Besonders asiatische Religionen und der Islam waren Schwerpunkte. Wichtig war in der jüngsten Zeit die Begegnung mit einem Sufi-Meister. Seine Betrachtungen zum Leben, zum Glauben, seine humorvolle, zugewandte Weise, die spürbare Liebe zu ganz unterschiedlichen Menschen, hat mich dazu angeregt, mich wieder tiefer mit meinem Glauben auseinanderzusetzen.

**In Ihrem Roman „Die Unschärfe der Welt" wird Samuel beschrieben als ein tief in sich ruhender Mensch, der wie einen eigenen Kompass in sich hat, sodass er nicht durch die Irrungen und Wirrungen des Lebens allzu leicht aus der Bahn geworfen werden kann – eine Mischung aus Langmut, Gelassenheit, tiefem Vertrauen und der Fähigkeit zu unbedingter, absichtsloser Liebe. Wäre diese Haltung etwas, was Sie unter „Glaube" verstehen würden?**

**IW:** „Das Gute wird das sich selbst Verströmende genannt."³ Ich kann mich nur verschenken, wenn ich ein Gefühl dafür habe, wo ich stehe, wer ich bin; wenn ich mich frei, wenn ich mich teilhaftig fühle. Glaube bedeutet in diesem Sinn für mich, dass ich mein Licht nicht unter den Scheffel stelle, dass ich, wie jeder andere Mensch, Gaben habe, die wertvoll für andere sein können. Das hat nichts mit Egoismus und Geltungssucht zu tun, im Gegenteil. Gott ist ein verborgener Gott, also muss auch ich ein wenig verborgen sein, mich selbst vergessen, sonst kann ich mich nicht verschenken. Der Glaube stiftet mich an, mich zu sammeln. Um wie vieles leichter ist es, sich täglich zu zerstreuen, in tausend Aufgaben, Begehrlichkeiten, Hoffnungen, Zielen.

Verströmen, verbergen, sammeln – schließt sich das nicht aus? Wie soll etwas Verborgenes verschenkt werden? Wie soll etwas verströmt werden, das gesammelt werden soll? Für mich umfasst das die Mehrgestaltigkeit, die Uneindeutigkeit, die das Leben uns zumutet und die nur mit einer transzendenten Bezugsgröße ein sinnvolles Ganzes ergibt. Samuel sieht von sich selbst ab, er versucht, seinen Freund Oz zu retten, und gibt für ihn die Verbindung zu seinen Eltern, seiner Freundin auf. Er spricht nicht viel, weiß jedoch, rasch zu handeln. Diese Gegenwärtigkeit ist es, die ihn zu einem Anker, einer Quelle für andere macht. Glaube ist vielleicht das sich selbst Verströmende, die Fähigkeit der Übereignung, des Loslassens, des Absehens von sich selbst. Die Gewissheit, dass ich allein mich nicht vollenden kann, dass es dafür immer ein Gegenüber braucht. Es ist die Fähigkeit, in allem, was geschieht, Gnade zu erkennen.

**Gibt es für Sie ein inneres Bild, wie diese irdische Welt und die ewige Welt Gottes miteinander verbunden sind, wie Welt und Gott aufeinander bezogen sind?**

**IW:** Das Licht. Der Schriftsteller Andrzej Stasiuk schreibt: „Schon seit langem scheint mir, das einzige, was zu beschreiben lohnt, ist das Licht, seine Abarten und seine Ewigkeit. Handlungen interessieren mich weit weniger."[4] Das gehört zur Magie der Bücher, man liest etwas, und es ist eigentlich ein Wiedererkennen. Als ich noch im Deutschen Literaturarchiv Marbach als Museumspädagogin gearbeitet habe, beauftragte mich meine Chefin, Bilder der neuen Dauerausstellung zu machen. Als sie das Ergebnis sah, sagte sie, ich hätte weniger die Objekte fotografiert als die Epiphanie des Lichts. Auch in meinen Büchern wird oft beschrieben, wie das Licht fällt. Vielleicht dienen alle Handlungen und Gespräche nur als Füllmaterial für die Szenen, in denen ich wieder über das Licht schreiben darf. Da meine Figuren immer mit dem verbunden sind, was sie umgibt, der Natur, den Räumen, erhalten die Leserinnen und Leser dadurch Hinweise, wie es um sie steht.

Licht ist eine Tür zur Ewigkeit, das Morgenlicht eine Wiederholung des großen Anfangs.

Jeden Morgen werden wir daran erinnert, dass wir uns neu ausrichten können. Dass wir „jenen vollen Klang der Welt, die unsichtbar sich um uns weitet"[5], wahrnehmen können. Muss man nicht immerzu staunen über das Licht? Die Spur aus abertausend Goldplättchen, wenn die Sonne im Meer untergeht, die Tautropfen auf einer Kapuzinerkresse, die Magie der Blauen Stunde.

**Wie wäre heute vom „Wirken Gottes" zu reden? Wie wären heute Wunder oder Engel oder das Eingreifen Gottes vorstellbar? Wäre es für Sie zum Beispiel vorstellbar, die umwälzenden Befreiungserfahrungen der Revolutionen 1989 im Ostblock auch als Wirken Gottes zu beschreiben?**

**IW:** Ich habe Schwierigkeiten, politische Ereignisse mit dem Wirken Gottes in Verbindung zu bringen. Wo war Gott bei den furchtbaren Verwüstungen der beiden Weltkriege? Ich fürchte, hier sind wir mit allen Gräueltaten und allen (verschwindend wenigen) guten Entwicklungen auf uns allein gestellt. Der Zusammenbruch des Ostblocks hat für die Siebenbürger Sachsen das Ende bedeutet. Weil sie das Land verlassen haben, in dem sie achthundert Jahre lebten, wird es ein Fortbestehen, im Sinne eines gelebten Lebens jenseits von Musealisierung, auf lange Sicht nicht geben. Wenn Gott hier am Werk war, wollte er, dass ihre Zeit vorbei ist.

Für mich wirkt Gott im Kleinen, in der Güte der kleinen Handlungen. Es gibt eine Szene am Beginn des Romans *Die Elenden* von Victor Hugo, die beschreibt, was ich meine: Der Protagonist Jean Valjean wird nach neunzehn Jahren Haft freigelassen, er war wegen Diebstahls eines Brotes inhaftiert. In einer Stadt nimmt ihn der Bischof auf. Valjean stiehlt dessen Silber und schlägt den Hausherren nieder. Doch die Flucht misslingt, er wird von der Polizei eingefangen und zurück in das Haus des Bestohlenen gebracht. Der Bischof behauptet, er habe Valjean das Silber geschenkt, und überreicht ihm dazu noch zwei Kerzenleuchter. Er kauft ihn mit diesem Silber frei, gibt ihm die Möglichkeit, ein anderer Mensch zu werden, die Vergangenheit loszulassen – ein wenig so wie die Botschaft des Morgenlichts.

Das Prinzip der Macht ist immer auf Vergeltung bedacht. Verliert man, muss man an anderer Stelle gewinnen, wird man gedemütigt, muss man einen anderen demütigen. Jemand, dem Schmerzen zugefügt werden, wird sehr wahrscheinlich dieses Leid weitergeben. Wie können wir angesichts dieses Wissens auch nur einen einzigen Menschen leiden lassen – ganz abgesehen davon, wie wir mit diesem Planeten und mit den Tieren umgehen? Es ist leicht, jenen Menschen mit Wohlwollen zu begegnen, die gut zu uns sind. In der Bergpredigt gibt Jesus zu bedenken: „Denn wenn ihr liebt, die euch lieben, was werdet ihr für Lohn haben?"[6] Er ruft uns zu einer größeren Vollkommenheit auf, und eben hier kann ich das Wirken Gottes erkennen, in den kleinen Gesten der Liebe. In Handlungen, in denen die lange Reihe an Untaten, Grauen, in einer einzigen Geste, in einem Satz beendet wird.

**Wie hängen für Sie innerer Glaube und äußere Formen zusammen? Sind bestimmte Rituale oder das Festhalten an Traditionen notwendig oder ist „Glaube" zuvorderst eine innere Angelegenheit des Einzelnen, eine Kultivierung des eigenen Bezogenseins auf Transzendenz?**

**IW:** Ich glaube an die äußere Form. Als Autorin wäre alles andere kaum vorstellbar. Ohne äußere Form gäbe es keine Kunst. In dem Buch: *Häresie der Formlosigkeit* stellt Martin Mosebach die provokante These auf, dass die Kirche durch den Bruch mit ihren großen Traditionen sich selbst ihrer Substanz beraubt. Was hier für die Alte Messe der katholischen Kirche beschrieben wird, kann auch für die evangelische Kirche gelten. Wenn alles immer weiter angepasst wird, wird zuletzt nicht viel übrig bleiben. Wenn es im Gottesdienst immer stärker um politisch-soziale Themen geht, unterscheidet sich dieser Raum, die Sprache und Atmosphäre nicht mehr von den sonstigen öffentlichen Diskursen.

Eine bestimmte Form gibt Sicherheit. Man denke nur einmal daran, wie sehr uns sprachliche Codes tragen. Ich muss, wenn jemand gestorben ist, nicht jedes Mal darüber nachdenken, was ich sage, ich kann mit: „Herzliches Beileid" beginnen. Ich kann, wenn ich jemandem begegne, das Gespräch mit: „Wie geht es dir?" eröffnen. Bestimmte tradierte Formen ersetzen nicht die individuelle Suche nach Wahrhaftigkeit. Wenn ein Gespräch bei der Eröffnungsformel stehen bleibt, wird es nicht in die Tiefe gehen. Es braucht die Ausdifferenzierung, die Bemühung eines eigenen Standpunkts.

Ich selbst neige zu Innerlichkeit, meine Suchbewegungen im Feld des Glaubens mache ich zumeist mit mir selbst aus. Durch das Studium der Religionswissenschaften habe ich gelernt, Religion als kulturelle Ausdrucksform des Menschen zu begreifen, ich sehe die Wahrhaftigkeit verschiedener Religionen: Die Weisheit des Buddhismus, die Schönheit der muslimischen Kalligrafie. Aber wenn Religion zu einem großen Selbstbedienungsladen wird, in dem ich mir aussuche, was meinem Weltbild entspricht und was nicht, besteht immer auch die Gefahr, dass es eine rein verstandesmäßige Suche bleibt. Bringt es mich näher zu Gott, wenn ich auf äußere Formen, Rituale, Traditionen verzichte? Wenn ich meinen Glauben nur mit mir selbst ausmache, ohne Gemeinschaft, ohne Kirche?

**In Ihrem Buch „Die Unschärfe der Welt" heißt es an einer Stelle „Glauben ist Gnade". Ich kenne viele Menschen, die sagen, sie würden gerne glauben, könnten es aber einfach nicht. Wie könnte ein Anfang aussehen?**

**IW:** Mir kommt es so vor, als sei der fortschreitende Verlust religiöser Traditionen an den wachsenden Wohlstand gebunden. Das Glücksversprechen liegt jetzt im Leben, jede und jeder Einzelne ist berufen, aus seinem Leben das höchste Glück zu destillieren.

Die Untauglichkeit dieser Konzepte tritt immer dann zutage, wenn das Leben in seiner Existenz bedroht ist, wenn etwas geschieht, auf das man keinen Einfluss hat. Jedes Mal, wenn wir leiden, ist das eine Einladung zum Sprung. Ich muss springen, wenn ein Lebenskonzept scheitert; ich muss springen, wenn ein geliebter Mensch stirbt; ich muss springen, wenn jemand erkrankt und der Tod plötzlich näher rückt. Alle Religionen sagen, dass sich Leid verwandelt, wenn man es trägt. In allem, was vordergründig vermeidenswert ist, steht die Einladung eines neuen Anfangs. In den oben erwähnten Briefen Rilkes heißt es: „[…] aber dass wir uns zu Schwerem halten müssen, ist eine Sicherheit, die uns nicht verlassen wird."[7]

Ich kenne niemanden, der angesichts der Diagnose einer lebensbedrohlichen Krankheit nicht aufhört, alles einzuteilen, Zeit, Zugewandtheit, Liebe. Mit einem Mal wird klar, dass man das Maß übertreffen muss, das notwendig ist. Der Sprung gelingt immer dann, wenn ich meine eigenen Belange überwinde, wenn ich mich in den Dienst eines anderen Menschen stelle, wenn ich nicht das Leichte suche, sondern das Schwere. Liebe ist nur möglich, wenn ich mir meiner eigenen Verletzlichkeit bewusst bin.

Ich weiß aber, dass ich ohne Glauben nicht auskomme, dass alles in meinem Leben darauf hindeutet, meine Prägung, meine Interessen, mein Beruf, bis hin zu meinem Mann, der ein zutiefst religiöser Mensch ist. Ich versuche, mich selbst immer besser kennenzulernen, aber ich versuche genauso, dem Dunklen, Unbegreiflichen Raum zu geben, zu akzeptieren, dass ich nicht allein zuständig bin für das Glück und Unglück meines Lebens. Mir gefällt Simone Weils Terminus des „hoffnungsvollen Wartens"[8]. Solange der Glaube keine Gewissheit geworden ist, bin ich eine hoffnungsvoll Wartende.

**Wie hängen für Sie Kunst und Religion zusammen? Wäre das möglicherweise heute ein Weg, sich dem Geheimnis Gottes zu nähern und eine Bezogenheit zur Transzendenz zu kultivieren, dass man sich Erfahrungen der Kunst oder auch speziell der Poesie und Literatur aussetzt und selbst in diesen tastenden Bereich hineingeht und offen wird für Erfahrungen des ganz Anderen? Der Dichter Kurt Marti hat einmal geschrieben: „Vielleicht hält Gott sich einige Dichter, damit das Reden von ihm jene heilige Unberechenbarkeit bewahre, die den Priestern und Theologen abhandengekommen ist." Und möglicherweise**

wurzelt die Kultur auch im Kultus, in der Feier religiöser Verehrung ... Hat für Sie Kunst oder speziell die Literatur auch eine solche spirituelle Qualität?

**IW:** Für die Dichterinnen und Dichter der Frühromantik war die ganze Welt eine Mitteilung, auch Dinge, deren Sprache wir nicht verstehen, Wasser, Vögel, Steine. Dass wir die Sprachen der Natur nicht verstehen, zeigt unser Getrenntsein von Gott an. Es gab, so die Frühromantiker, eine Zeit, in der Mensch und Natur verbunden waren. Die Poesie erzählt nicht von jener Zeit des Einsseins, sondern sie stellt diese her.

Man muss sich diesem Gedanken eine Weile widmen, um seine Radikalität zu begreifen. Wir erkennen die Welt nicht so, wie sie ist, sondern Sehen und Bezeichnen lässt sie in einem gewissen Sinn erst entstehen. Was für eine Verantwortung erwächst daraus für all jene, die schreiben, und welche Bedeutung gewinnt das Lesen, die Sprache, die Wahl unserer Worte!

Es gibt immer mehr als eine Wahrheit, eine Deutung, und ein guter Text fügt der eigenen Wahrnehmung der Welt Nuancen hinzu, verändert, verwandelt uns. Das ist vielleicht jene heilige, heilsame Unberechenbarkeit, die in Kurt Martis Worten anklingt.

Wenn die Welt durch Poesie verändert werden soll, müssen die Leserinnen und Leser kooperieren. Ein guter Text ist im Sinne der Romantiker wie ein Samenkorn, das in fruchtbare Erde fällt. Wir leben in einer Zeit, die ihre Schwierigkeiten mit Utopien hat. Aber ich denke, wir brauchen Utopien als Richtung unseres Gehens, wir brauchen Texte, die unsere Gewissheiten hinterfragen, einen Raum öffnen für das, was über uns hinausführt.

In der Musik, in der Kunst mache ich immer wieder ganz unvermittelt die Erfahrung von Transzendenz. Und als Schriftstellerin weiß ich, dass meine Texte nicht allein aus sich heraus möglich sind; etwas schreibt immer mit, das größer ist als ich.

**Wie ist Ihre Haltung dem Tod gegenüber? Wie bewältigen Sie das Wissen um das Sterbenmüssen und die Verluste von Menschen? Was ist Ihre Hoffnung über dieses Leben hinaus?**

**IW:** Ich erlebe das Leben organisch, begreife es im Zusammenspiel mit meinen Ahnen, den Beziehungen zu anderen Menschen, zur Natur. Wenn ein Faden reißt, wenn ein Leben endet, bleibt der Faden eingewoben in ein größeres Bild.

Auch mein Erleben von Zeit ist nicht linear, sondern eher so, wie W. G. Sebald es beschrieben hat: als gäbe es keine Zeit, sondern nur ineinander verschachtelte Räume, zwischen denen die Lebenden und die Toten hin und her gehen können.[9]

Irgendwann wird meine Weltaneignung, dieses Schauen, Verstehen, und all die Dinge, die mir etwas bedeuten, einfach fort sein. Ich habe Kristallgläser aus Rumänien, mit denen wir ausgewandert sind und die selbst die Willkür der Grenzer überstanden haben; ich besitze das Schleifmesser meines Großvaters mütterlicherseits, der sich nach seinen sechs Jahren in russischer Gefangenschaft als Wollfärber selbstständig gemacht hatte; ich habe ein Gemälde meines Großvaters väterlicherseits, der sich das Malen selbst beibrachte und es zu einer solchen Perfektion gebracht hat, dass orthodoxe Priester Marienbilder bei ihm in Auftrag gegeben haben; dann meine Korrespondenzen, Bilder, meine Bibliothek mit all den Spuren und Anstreichungen – wer wird diese Dinge nach meinem Tod in Ehren halten, wem werden sie etwas bedeuten? Meine Großeltern leben weiter in meiner Erinnerung, mit mir reißt diese Präsenz jedoch ab, das schmerzt mich mehr als mein eigenes Ende. Vielleicht kann ich etwas davon in meinen Büchern bewahren, obgleich nicht zu sagen ist, ob sie in zehn, zwanzig, fünfzig oder hundert Jahren noch gelesen werden.

Das alles zeigt, wie sehr ich an diesem Leben, an meinen Erinnerungen hänge. Ich müsste es weniger lieben, ich müsste es, wie Teresa von Avila, als Nacht in einer schlechten Herberge[10] betrachten. Denn: Quid hoc ad aeternitatem? Was ist für immer? Manchmal habe ich Furcht, dass die Stufe meiner Liebe, die ich in der Zeit erlange, die ist, die mir auch nach dem Tod verbleibt. Aber ich hoffe auf Gottes Güte, darauf, dass er mir nicht nur auf halbem Wege entgegengeht.

# „Ich glaube an das Wort"
*Gespräch mit Christian Lehnert*

Es ist ein guter Ort, um sich an diesem Sommertag 2016 mit dem Lyriker und Theologen Christian Lehnert zu treffen: ein urwüchsiger Garten, darin ein Tischchen unter einem alten Kirschbaum, zwei Korbstühle. Wir sprechen über seinen Gedichtband „Windzüge". Der Straßenlärm dringt nur ab und zu gedämpft von ferne herein. Die Vögel im Geäst der Bäume hört man umso lauter. Man sitzt wie in einem von Lehnerts Gedichten. Die bringen sprachmächtig die Natur ins Bild, oft das Unscheinbare, das von vielen kaum mehr Wahrgenommene: die feingliedrigen Mücken im Sommerdunst, die Krähenschwärme im Winter, die den froststarren Boden aufhacken, die Perlmuttfalter aus dem Moor in ihrer flüchtigen Existenz, das Wunder eines Beerenleuchtens. Es ist, als wolle er den Leser verwickeln und verweben in die tausendfachen Farben und Töne der Natur. Es schwirrt und summt, rauscht und raunt in seinen Versen – es ist die ganze Schöpfung mit ihrer unerhörten Vitalität und Vielfalt, mit ihren blendenden Schönheiten und verstörenden Schrecklichkeiten, mit ihrer geheimnisvollen inneren Kraft und stillen Majestät, der Lehnert seine Verse ablauscht. Er taucht tief in diese Wunderwelt der Natur ein und lässt die größeren Zusammenhänge aufleuchten, macht sie durchsichtig für das Verstehen der eigenen Existenz. *„Schmetterlinge erheben sich von den Wiesen, wie Finger / leicht einen Bildschirm berühren,*

*Gesichter ins Leere verfließen. / Geht ein Weben, ein Schauen, das eines mit allem verbindet? / Anblick, woher er auch rühre, verwandelt, wendet die Augen."*

Auch in seinem 2018 erschienenen Gedichtband „Cherubinischer Staub" kreist er um genaueste Naturbeobachtungen, die schlagartig zum Bild werden. Die Apfelblüte, die Herbstzeitlose, der Feuerkäfer – sie sind ihm wie ein Echo von woanders her, von einer großen Kraft, die unsichtbar in allem waltet. Eindrücklich ist seine Beschreibung von Tod und Auferstehung eines Eisvogels, wie dessen Bläue – im Verlöschen und Vorbeiblitzen – eine Botin ist, deren Licht *„einen Lidschlag lang"* von dem großen Geheimnis kündet.

Christian Lehnert selbst bezeichnet seine Gedichte als „kleine Inseln möglichst reinen, klaren, bejahenden Sprechens" inmitten des „von Verneinung und Kritik geprägten modernen Sprachdickichts". Mit seinem strengen Versmaß wolle er einen Raum und Rahmen schaffen für „diese Haltung des Staunens und der Bejahung, mit der man der Natur und anderen Menschen entgegenkommt".

Lehnert gehört zu den wenigen renommierten Lyrikern der Gegenwart, deren Gedichte immer wieder auch um das Göttliche kreisen. Geprägt sei er von der Tradition der Mystik, bekennt er – also von dem Bewusstsein, Gott nie ganz erreichen und doch von seinen Spuren nicht schweigen zu können. Die Mystik stelle das Wirken des Geistes – des Atems, des Windes – über das Wort, erläutert er. Und es scheint, als wolle Christian Lehnert mit seinen bildstarken Gedichten diese Bewegung wieder anstoßen – dieses Wehen des Geistes schöpferischer Suche, die Offenheit für das Andere, für das Göttliche, das sich immer wieder entzieht und einen doch angeht. Ganz im Gefolge mystischer Traditionen dichtet er: *„Wie mich hüllt in stille Scheu / Gottes Aug, eh ich gedacht, / faßt es mich in klarer Nacht, / lang dem Blindgebornen treu. // Eingewoben* *wie ein leiser Faden, / eingesenkt ins Erdreich wie ein Schein, / bin ich in der Nässe sein, / wachse ruhig wie die Wintersaaten ..."* Oder: *„Das Undeutliche, GOtt, kann dies und jenes sein. / Wo immer du IHn suchst, schließt ER dich in sich ein."*

Gott ist in Christian Lehnerts Gedichten ein Fluchtpunkt, eine Tiefendimension allen Lebens. Er wird nie festgelegt auf ein bestimmtes Bild, die Offenheit ist sein Wesen. Gott ist ein Geschehen, ein unnennbares Vibrieren, das sich entzieht und sich aber auch als öffnende, tragende und bergende Kraft je und je ereignet. Doch auch das Dunkle und Unverstehbare, das Verwirrende und Verstörende dieses Lebens bringt Lehnert ins Wort. Gott erscheint auch als eine große Frage. Oft ist er durch Leid- und Todrealitäten verdeckt. Doch der Angst setzt Lehnert Ahnungen entgegen: *„Warum ist GOtt vom Tod so ungewiß verstellt?"*, heißt ein Gedicht: *„Die Antwort darauf ist nicht in derselben Welt. / Sie schweigt und rinnt. / Sie neigt sich hin, / wiegt sich mit einem Zweig, der wächst und bricht und fällt."*

Christian Lehnert kann kaum zwischen Gedicht und Gebet unterscheiden. Denn wie das Gebet sei das Schreiben „eine Art spirituelle Bewegung: „Ich taste mich hinein in ein Geheimnis, über das ich noch nichts sagen kann, wo die Worte erst werden im Schreiben", erläuterte er im Gespräch. Dieses Ausstrecken nach dem größeren Zusammenhang im Tasten nach Worten und Echo-Bildern klingt zum Beispiel so: *„Schwebefliegen schwirren, ich hocke, fühle / Flügel wachsen zwischen den Schulterblättern: / Leicht und wach, ich weiß nicht, was Namen klären, / habe in allem / GOttheit, habe Stille gewonnen. (...) Beten ist Wandlung, Summen, ist ein Wittern hin zur Vollkommenheit, wo / Wildbienen weiden."* Nicht selten erscheinen seine ringenden Verse einem Psalmgebet ähnlich: *„Es ist des Gottes Tun, das ich nicht fasse / und das mich birgt, das um mein Leben ringt."*

Immer wieder bringt Lehnert auch das Unverstehbare, das Vergängliche, das Verletzliche des Lebens ins Wort und hält es hinein in den Raum des großen Geheimnisses, um von dort auch göttliche Gewissheitssplitter zu empfangen. Wie der Weber in den Teppich plötzlich einen andersfarbigen Faden einschießt, trägt Lehnert Spuren einer tieferen Gewissheit in seine Gedichte: *„Ich lebe, doch nicht ich', es geht ein Atem / in mir, den ich nicht kenne."* Und wie ein Flehen und eine Hoffnung in allem Entschwinden und Verlöschen, Verwehen und Verlieren erscheint die Gedichtzeile: *„und daß ein Atemzug für immer reicht"*.

Immer wieder geht Christian Lehnert auch in seinen Essays den verwehten Spuren des Göttlichen in der Gegenwart nach. In dem Buch „Der Gott in einer Nuß. Fliegende Blätter von Kult und Gebet" (2017) beschreibt er, was Christsein für ihn bedeutet: „Ich begebe mich hinein in einen Strom, der sich durch die Zeit zieht, im Gefälle auf eine kommende Welt zu." Und das gehe nur, indem alles Begreifen überstiegen und man nicht fertig wird mit dieser Welt. Die religiöse Existenz erscheint als ein Sprung ins Ungewisse, aber nicht ins Leere. Lehnert nimmt in allen Glaubensversuchen das Zweifeln und Fragen ernst, denn es erwächst aus den Realitäten des Lebens; doch er kann sie auch eintragen in die Ahnungen und Erfahrungen tiefer Verwandlung: *„Nur eines gilt: Nichts in der Hand zu haben. Ich glaube – ein verwandeltes Weinen."*

***

**Christian Lehnert, können Sie beschreiben, was Sie unter „Gott" verstehen?**

**Christian Lehnert:** Mit dieser Frage und der Bitte um „Beschreibung" wäre ich, wenn ich darauf antwortete, in eine Sprache gelenkt, die der semantischen Lücke, die das Wort „Gott" umkreist, nicht entspricht – ja, jede Antwort müsste verschleiern. Darum will ich mit einem Gedicht antworten, in einer suchenden Sprachform also, die erst erkundet, wofür ich noch keinen Ausdruck habe: *„Der Gott, den es nicht gibt, in mir ein dunkler Riß, / ist meiner Seele nah, sooft ich ihn vermiß."*

**Wie ist Ihnen das Göttliche in Ihrem Leben zu einer inneren, überzeugenden Wahrheit geworden?**

**CL:** Auch dafür bin ich ein schlechter Zeuge, weil das, wonach Sie fragen, mir nur in nachträglichen Deutungen, im Nach-Denken zur Verfügung steht und sich wesentlich darin verbirgt. Wahrheit ist – in diesem Bereich der „letzten" oder „ersten" Dinge – eben vor allem ein Resonanzphänomen, dem man sich begründend oder argumentativ bestenfalls annähern kann. Lassen Sie mich erzählen: Verse waren mir über die Schläfen gestrichen in einer Nacht, *„wenn verlassen sind / die Räume, in denen Antworten erfolgen, wenn / die Wände stürzen und Hohlwege, aus den Bäumen / fliegen die Schatten, wenn aufgegeben ist / unter den Füßen das Gras, / weiße Sohlen betreten den Wind …"* Ich hatte jenes Gedicht am Abend zigfach gelesen und nichts verstanden. Niemanden hatte ich jemals so sprechen hören. So etwas gab es nicht im Literaturunterricht, nicht im Radio, nicht in den Büchern, die ich sonst las. Ich war vierzehn Jahre alt und hatte mir einen Band von Johannes Bobrowski aus dem elterlichen Bücherschrank genommen. Zaubersprüche hatten mich nun eingeholt, unverstandene Vokabeln, die ein Flirren erzeugten, welches mich, plötzlich unsicher meiner selbst und allem gegenüber, was ich zu wissen glaubte, schweben ließ. Was die Verse bedeuteten, konnte ich nicht im Mindesten sagen, kein Zusammenhang erschloss sich zwischen den Geheimnissen, „Hohlwegen", „weißen Sohlen", „aus den Bäumen / fliegen die Schatten".

Die Worte hallten im Schlaf wider, in wirren Träumen. Am Morgen wachte ich auf und hatte eine Frage bestimmend im Kopf, die mit den Versen zunächst nichts zu tun hatte und ihnen doch unerklärlich entsprungen war: Ist ein Gott?

Ich wusste, dass es keinen gab. Die Frage war hundertfach in der Schule erörtert worden: Kirche war eine Vertröstung auf ein Jenseits, um Menschen niederzuhalten in Unterdrückung. Religion hatte keinen Ort im Sozialismus, unter den freien Besitzern der Produktionsmittel, die hier und heute eine bessere Welt bauten. Aber das Wort „Gott" war an diesem Morgen doch wie ein Splitter da in meinem übermüdeten Kopf, so wie die Verse Bobrowskis, die mir nichts sagten und mich nicht losließen, Echos, *„der Dornbusch flammt, / ich hör seine Stimme, / wo keine Frage war, ein Gewässer / geht, doch mich dürstet nicht."* Was für ein Gewässer? Welcher Dornbusch? Wer hätte was fragen sollen?

Wenn ich von dem plötzlichen und unerklärlichen Aufbrechen einer existenziellen Gottesfrage in meiner Jugend erzähle, greife ich oft auf bestimmte Muster zurück, höre mich sagen: Ich interessierte mich plötzlich für die Kirche, weil sie eine Gegenwelt war zu den engen Denk- und Sprachformen in der realsozialistischen Schule. Oder: Kirche war so fern wie New York oder das Amazonasdelta, und ich konnte doch hin. Nur über die Straße musste ich gehen in das baufällige Backsteinhaus, versteckt hinter hohen Bretterwänden, durch das Gittertor in die zwielichtige Zone. Der Hauch des Verbotenen und der Gefahr verlieh den muffigen Gemeinderäumen einen besonderen Reiz. Hier begann das Andere.

All das ist richtig, aber ich erinnere mich noch genauer: Ich war doch aufgewachsen mit strengen gottesdienstlichen Formen, ohne es zu wissen. „Gott" war tief eingelassen in die atheistische Kultur meiner Kindheit. Wenn ich mit meinen Freunden auf dem Schulweg mit der Straßenbahn in den Dresdener Stadtteil Übigau fuhr, über die Brücke des Elbflutgrabens, wenn wir die kleine Plattensiedlung dort auf ewig schlammigen Wegen durchquerten und die 42. Polytechnische Oberschule näher kam, war uns unausgesprochen klar, dass wir uns selbst zurückließen. Noch als die selbstvergessen über den Schulhof jagenden Jungen würden wir Rollen ausfüllen. Die erste Regel des Spiels war: Du bist ein anderer. Die Wirklichkeit war hier eine Liturgie, ein subtiler, feingliedriger und unentrinnbarer Kult vor dem Altar der Partei, der „Vorhut" der Vollendung.

Der Appellplatz: Stillstand, die kindlichen Körper, winters umschwirrt von Schneeflocken, sommers von Mücken. Die winzigen Glieder von Insekten, Außenskelette, und die von halbwüchsigen Menschen, innere Gerüste, bildeten zusammen eine summende *Scola*. Wir warteten auf den Parteisekretär oder den Direktor der Schule. Still – der Nacken, der Hals, der Schultergürtel. Wir Schüler waren geordnet nach Größe. Disziplinierte Geometrie unter strömenden *Faltern und Fahnen. Wir schrumpften. / Kinder fielen in eins, / schwenkten den Kopf in dem dumpfen / Tanz des Kindergebeins.*

Die anfängliche Stille war ein Bekenntnis unserer Schuld, ein *Confiteor* – der verletzten Disziplin, der Faulheit, der Einflüsterungen des Klassenfeindes, des mangelnden Glaubens. Dann wurde gesungen, ein *Introitus*: „Brüder zur Sonne zur Freiheit, Brüder zum Lichte empor ..." Die Lehrer zogen ein, in ihrer Mitte der Schulleiter. Er trat ans Pult und sprach ein *Votum*: „Seid bereit!" Aus Hunderten Kehlen dröhnte es: „Immer bereit!"

Hinter dem Kollegium war ein Hochaltar aufgebaut. Dort stand eine Fahnenwand mit einem großen Bild des Genossen Erich Honecker, blumengeschmückt. Wortverkündigung, Reden und Reden folgten. Ich erinnere sie kaum, wir waren damit beschäftigt, stillzuhalten. Das Gefälle war enorm: Hier unsere zappeligen

Körper, dort der strenge Priester „ohne Gott", der uns den Weg wies in eine andere Welt. Zu Hochfesten gab es Sakramente: Urkunden und kleine Abzeichen aus Gold, Silber oder Bronze für die besten Schulleistungen und die meisten gesammelten leeren Flaschen und Stapel Altpapier. Man war stolz, man war verwandelt.

**In Ihrem Buch „Ins Innere hinaus" beschreiben Sie den alles verändernden „Schritt hinüber" ins Pfarrhaus, in die andere Welt ...**
**CL:** Ich weiß nicht, wie ich dazu fand, an einem herbstlichen Spätnachmittag in der frühen Dunkelheit bei dem mir ganz fremden Ortspfarrer zu klingeln und ihn unvermittelt zu fragen, ob ich konfirmiert werden könnte (ohne dass ich wusste, was genau das sei, ja, nicht einmal, was ich ihn eigentlich hätte fragen wollen, denn das Wort „Konfirmation" war nur eine Chiffre für das mir noch ganz Unbekannte). Waren Verse von Bobrowski über die Straße vorausgeweht? Aber ich verstand sie doch gar nicht. Mittler ohne Botschaft waren sie, nur Auslöser für das plötzliche Gefühl, in mir nicht zu Hause zu sein. Eine *„Stimme / wo keine Frage war"*.

Und später? Eine Gewissheit war da, die mich durchdrang, als sei sie schon immer da gewesen, aber ich wusste nie, wohin mich das Wort „Gott" letztlich wies. Was Kirche war, lag fern und verstaubt und verwickelt in die Begriffe einer altertümlich beherrschten Welt. Wer sollte glauben können, was in ihr gesagt wurde? Ich konnte es nicht, und betrat die Kirche, den unmöglichen Ort, den weglosen Weg – und ich richtete mich aus wie eine zitternde Magnetnadel gen Norden.

Später fand ich Markierungen, deren Eigenheit darin bestand, dass sie höchst subjektiv, unsicher, aber zugleich uralt beglaubigt waren und in günstigen Momenten sich öffnen konnten und Unerwartetes preisgaben: Trost oder gar Sorglosigkeit. Ich las in der

Bibel. Ich empfing die Sakramente, ich verstand, wie noch immer Wahrheit entsteht, indem sie aufruht auf einem grundlosen Vertrauen, „Unvergessenes" (wie der Religionsphilosoph Leopold Ziegler das griechische Wort *alētheia* übersetzte: das der Lethe, dem Fluss des Vergessens Entkommene), und zu einer ruhigen Schwingung wird, wenn sie geschieht.

**Sie verteidigen in Ihren Werken oft die Unerkennbarkeit und Unverfügbarkeit Gottes, verteidigen gewissermaßen seine Transzendenz und Entzogenheit gegen seine allzu schnelle „Eingemeindung" ins Irdische. Doch wie kann aus dieser Betonung der Distanz Gottes zum Menschen und seiner Fremdheit ein Glaube erwachsen, der ein Vertrauensverhältnis ist, ein Rechnen mit der Macht Gottes, ein „von guten Mächten wunderbar Geborgensein" (Bonhoeffer)? Wie könnte die menschliche Freiheit verwendet werden für ein Bewusstsein des Aufgehobenseins in Gott statt für den Schwindel der Angst vor dem Nichts?**

CL: Das erste Gedicht, das ich las, deutete es an: Dort, wo ich Gott vermisse, ist er ja im Grunde genommen erst wirklich da – als Frage, in der Suche. *„Tröste dich, du würdest mich nicht suchen, wenn du mich nicht gefunden hättest."* (Blaise Pascal) Gott ist dort, wo ich ihn gefunden zu haben meine, immer schon verschwunden. Ich habe ihn nicht. Das gehört zu unserer Existenzform in Zeit und Raum. Das hat übrigens nichts mit Distanz zu tun, sondern mit einer Nähe, die tiefer greift als das, was ich als Ich, als mein Selbstbewusstsein erfahre. Gott ist fremd, aber nicht im Sinne einer Entfernung, sondern im Sinne einer alles durchdringenden, verwandelnden Nähe. Vertrauen, Trost kann ich mir nicht selbst zusprechen – ich kann sie nur hören. Deshalb bedingen Fremde und Vertrauen einander – oder wir haben es mit Konstruktionen beziehungsweise Erfindungen zu tun.

**Können Sie sagen, was der Glaube für Sie ist?**

**CL:** Glaube ist kein Für-wahr-Halten von Sätzen, sondern eine Begegnung mit dem Göttlichen, eine Beziehung; er hat nie System, er taugt nie zu einer geschlossenen Welterklärung – der Glaube ist ein großes Abenteuer und Wagnis. Glauben ist ein Vertrauen darauf, dass alles, was ich von Gott erfahren habe, nicht bedeutungslos ist, dass dieser Gott, diese Kraft, die mir entgegengetreten ist, immer wieder mein Dasein verwandeln kann, auch über den Tod hinaus.

**Wie hängen für Sie Dichten und Glauben, Gedicht und Gebet zusammen?**

**CL:** Sie hängen immer enger zusammen. Das Gebet führt über das hinaus, was ich bitten und was ich denken und glauben kann. Es lebt an einer Grenze der Worte, der Bilder, der Klänge, auch der Person, der Seele, auch dessen, was ich von mir weiß. Und genau dasselbe geschieht im Grunde genommen auch im Gedicht. Das Schreiben ist für mich eine Art spirituelle Bewegung. Ich taste mich hinein in ein Geheimnis, über das ich noch nichts sagen kann, und die Wortgestalt entsteht erst.

**Aber diese Lücke des Verstehens und Begreifens kann von Gott her gefüllt werden, so beschreibt die Bibel die Wirkung des Heiligen Geistes. Was ist das für Sie, dieser Heilige Geist?**

**CL:** Er ist eine Art Atem, der dem ersten Wort vorausgeht, eine schöpferische Kraft. Aber er ist auch ein verstörender Geist, der herausreißt aus dem Gewohnten und Erstarrten. Er ist ein Geist, der öffnet. Und er ist ein Tröster, der über den Abgrund der Sinnlosigkeit der Existenz hinwegträgt. Er tröstet, indem er vorausweist: Am Ende werden wir erfahren, was der Sinn all der Spuren des abwesenden Gottes ist.

**Immer wieder klingen auch mystische Motive in Ihren Gedichten an. Ist die Mystik für Sie ein wichtiger Einfluss?**

**CL:** Die Mystik birgt zwei Bewegungen und die sind beide für mich wichtig: Einerseits gibt es in ihr die starke Empfindung, dass alles, was wir von Gott sagen, unzulänglich ist, dass es nur die Oberfläche ist und dass das eigentliche Geheimnis darunter liegt, in Form von Stille oder Schweigen. Auf der anderen Seite spricht die Mystik von starken Gotteserfahrungen, die hochgradig sinnlich sein können. Die Tiefe dieser Erfahrung und das Unvermögen, sie auszudrücken, bedingen einander. Wo ist der Ausweg? Vielleicht in der Poesie, die sich in Bildern an das noch Ungesagte annähert, die eine Bewegungsform in der Sprache ist – wie das Gebet. Poetische Bilder ruhen eigentlich auf einem Urgrund, der nicht aus Worten ist. Aber das Wortlose, dieses Schweigen verwirklicht sich in einer Flut von Bildern. Es ist schöpferisch, es spricht und lässt etwas sehen. Die Mystik ist vielleicht noch in einem dritten Sinn eine der wichtigsten theologischen Strömungen für die Gegenwart, denn sie kann etwas aufnehmen, was den modernen Menschen prägt: eine starke Subjektivität beim gleichzeitigen Zweifel an der eigenen Subjektivität.

**Diese Suche nach einer Verbindung mit Gott an den Grenzen des Selbst prägt auch die Theologie des Paulus. 2013 haben Sie mit „Korinthische Brocken" ein Buch über Paulus geschrieben. Was fasziniert Sie so an ihm?**

**CL:** Mir ist Paulus nah, weil er aus einer Situation schreibt, die meiner religiösen Situation – und der vieler heutiger Menschen – ähnelt. Paulus hat Jesus nie persönlich erlebt, ihm wurde nicht die sinnliche Klarheit einer Heilung oder eines Wunders zuteil. Er lebte vielmehr aus einer verstörenden Begegnung mit Gott heraus, der ihm entzogen blieb und zugleich dennoch in seinem Leben prägend wirksam war. Wie Paulus erwarten auch wir Jesus als den Kommenden. Er ist als Abwesender anwesend, geglaubt, nicht geschaut.

**Heißt das: Eine Rede von Gott ist unmöglich, weil er abwesend ist?**
CL: Nein. Denn es gibt ja die Anrede Gottes an den Menschen, das gerade bezeugt Paulus. Er antwortet darauf, wie jeder gläubige Mensch antwortet. Wenn ich allerdings versuche, den Inhalt der Anrede zu beschreiben, bin ich gezwungen, anders zu sprechen als von den Fakten der Wirklichkeit. Wer von Gott spricht, umkreist mit Worten einen Krater.

**Und wie kann da heute von Gott gesprochen werden?**
CL: Vielleicht in einer Wiederentdeckung der Poesie des Glaubens. Christentum ist kein System von Aussagen. Es geht nicht darum, was man sagen kann, sondern darum, was sich in der Sprache vollzieht, welche Kraft in ihr entsteht. Es geht darum, ein Spannungsfeld in der Sprache zu schaffen, das eine Beziehung zu Gott ermöglicht. Ich will diesen, vielleicht protestantischen Glauben, dass Worte etwas bedeuten und durch ihr pures Dasein die Welt verändern, nicht aufgeben. Wenn etwas ins Wort kommt, wird es gewissermaßen erst wirklich. Das gilt auch von „Gott".

**Wie entstehen Ihre Gedichte, wie finden Sie zu den Worten?**
CL: Am Anfang ist ein Vermissen, etwas fehlt. Dieses bedingt eine innere Energie, eine Spannung und Notwendigkeit zu schreiben. Wann und wie daraus ein Gedicht wird, habe ich letztlich nicht in der Hand, ist immer auch unverfügbar. In der Welt, aus jedem Detail werde ich angesprochen, spricht Gott. Und das Schreiben ist meine Antwort, indem ich Dinge und Bewusstseinszustände

und Begegnungen ver-antworte im Schreiben. Die Offenheit und Weite unserer Welt ist nicht gegeben, sondern sie muss immer wieder angenommen werden. Das geschieht in der Kunst und in der Religion. Das Staunen, die Bejahung sind ein primärer Impuls in beiden.

## „Der Tod hat nicht das letzte Wort"
*Gespräch mit Helga Schubert*

Auf Helga Schubert bin ich – wie viele andere auch – durch ihren spektakulären Gewinn des Ingeborg-Bachmann-Preises 2020 gestoßen. Spektakulär deshalb, weil Helga Schubert zu diesem Zeitpunkt bereits 80 Jahre alt war. Und weil sie 1980 schon einmal eingeladen war, einen literarischen Werkauszug bei dem renommierten Literaturwettbewerb in Klagenfurt vorzutragen, allerdings als damalige DDR-Bürgerin keine Ausreisegenehmigung erhielt. Bevor sie nun völlig zu Recht mit dem Bachmann-Preis ausgezeichnet worden ist, war es viele Jahre lang still um die zurückgezogen in Mecklenburg lebende Autorin geworden, die in den 1970er- und 80er-Jahren in der DDR Kinderbücher, Erzählungen, Drehbücher und Hörspiele veröffentlichte sowie 1982 in der BRD den Erzählungsband „Das verbotene Zimmer". Von 1963 bis 1987 arbeitete die studierte Psychologin als Psychotherapeutin an einer Berliner Klinik und bereitete 1989/90 als parteilose Pressesprecherin des zentralen Runden Tisches die ersten freien Wahlen in der DDR vor. Aus der literarischen Öffentlichkeit zog sie sich danach zurück – bis sie 2020 mit Wucht zurückkam und große literarische Erfolge feierte.

Ein spätes „Happy End", eine späte Genugtuung ist diese hohe literarische Auszeichnung 2020 und der anschließende Bestsellererfolg ihres Erzählbandes „Vom Aufstehen" ganz sicher. Aber liest man Schuberts gleichnamige Erzählung „Vom Aufstehen", für die sie den Bachmann-Preis erhielt, merkt man bald, dass sie in tieferen Kategorien als Karriere und Erfolg denkt, dass es ihr nicht um Vordergründiges geht. In dem autobiografischen Text thematisiert sie viele Brüche, die sie in ihrem Leben hat erleiden müssen, wie den frühen Verlust des Vaters, der 1941 im Zweiten Weltkrieg gefallen ist – da war sie gerade ein Jahr alt –, oder die zeitlebens schwierige Beziehung zu ihrer Mutter, die ihr nie die Anerkennung, Zuwendung, Geborgenheit und Liebe gegeben hat, die sie sich ersehnte. Und dennoch – das ist das Erstaunliche – ist in der Erzählung kein Gran Verbitterung, Schuldzuweisung, Zorn enthalten, vielmehr zeugt sie von Versöhnung, Dankbarkeit, Liebe.

Helga Schubert macht deutlich, dass es oft auf das Akzeptieren des eigenen Schicksals ankommt, auf das Aufspüren von Lebens- und Liebesmöglichkeiten auch inmitten der Wirrnisse des Lebens, auf das Friedenfinden mit dem Gewesenen und Gewordenen. Dann kann das Wunder des Am-Leben-Seins neu aufleuchten – und möglicherweise sogar eine hintergründige Geborgenheit, ein Glaube an eine waltende größere Liebe, an Gott.

Das ist eine der Sensationen der prämierten Erzählung Helga Schuberts und ihres kurz darauf veröffentlichten Erzählungsbandes, dass hier auf eine ganz natürliche und ganz und gar nicht überzeichnete Weise auch gezeugt wird von Glaubenserfahrungen. Da wird zum Beispiel gesehen, was die oft so distanzierte Mutter dennoch gegeben hat: die alten Abendgebete und Abendlieder in ihrer Einfachheit und Tiefe, mit denen die sonst so unnahbare Mutter ihr eine „fremde Wärme" vermittelte, die durch ein nicht einfaches Leben zu tragen vermochte. Diese Wärme, die sie später auch in einer Partnerbeziehung und in der bewussten und dankbaren Wahrnehmung der kleinen und großen Wunder des Lebens finden durfte, gibt sie in ihren Geschichten an die Leserinnen und

Leser weiter. Gerade weil sie nicht schweigt vom Schweren, sondern es in Annehmbares, ja sogar Glückhaftes zu verwandeln vermag.

Der Schlüssel dazu liegt für Schubert im Einverstandensein mit dem, was ist; im Erkennen der Gnade. So kann sie sich am Ende auch mit ihrer Mutter aussprechen, deren Nöte sehen und zu ihr sagen: „Ich verdanke dir, dass ich lebe, es ist alles gut."

In ihren Geschichten geht es Helga Schubert um ein bewussteres Leben, das sie in vielfältigen kleinen Szenen des vermeintlich Alltäglichen aufzeigt. Darin darf sich der Leser mit seinen Lebensfragen wiedererkennen und mithilfe dieser großartigen Autorin reifen und wachsen, dankbarer und vertrauender werden. Dieses Buch ist das, was Helga Schubert in der Erzählung „Vom Schreiben" über das Schaffen von Literatur sagt: ein Geschenk. Für uns. Wir dürfen uns daran wärmen.

Aufgrund ihres beim Bachmann-Wettbewerb vorgetragenen Textes „Vom Aufstehen" hatte ich die Ahnung, dass Helga Schubert auch aus geistlichen Quellen lebt. Woher sollten derart starke Versöhnungskräfte sonst stammen? Ich schrieb sie an und fragte, ob diese Ahnung zutrifft. Und sie antwortete freimütig bekennend, an Gott zu glauben. In dem anschließenden Schreibgespräch gab sie näherhin Zeugnis von ihrem Bezogensein auf das Göttliche, von ihrem Verbundensein mit etwas Umfassenderen, das sie tröstet und trägt. Und auch aus diesem Gespräch erwächst eine Art tieferer Frieden, ein Trost wie von einer anderen Welt …

\*\*\*

**Helga Schubert, welche Rolle hat das Religiöse in Ihrem Aufwachsen gespielt? Wie wurde es Ihnen vermittelt und gibt es Momente, die Sie erinnern, in denen „das Göttliche" auf Sie einen besonderen Eindruck gemacht hat?**

**Helga Schubert:** In meiner Familie war niemand gläubig. Mit der Religion kam ich erst mit sechs Jahren im Religionsunterricht in Berührung. Dabei beeindruckte mich besonders, dass ein so guter Mensch wie Jesus verraten und gekreuzigt wird. Es war wie ein Menetekel mein ganzes Leben lang. Dass es so kippen kann.

Meine Mutter sang mir jeden Abend „Müde bin ich, geh zur Ruh" vor, von ihr war es als beruhigendes Einschlaflied gedacht, auf mich war der Eindruck umfassend Geborgenheit spendend; diese Geborgenheit kam aber nicht von meiner Mutter, sondern von dem lieben liebenden Gott, von dem in dem Lied die Rede war, von dem aber meine Mutter am Tag nie sprach und an den sie auch nicht glaubte. Dieses Lied hat mich gläubig gemacht, obwohl es von meiner Mutter nicht beabsichtigt war. Manchmal sang sie auch: „Weißt du, wie viel Sternlein stehen". Das hatte bei mir als Kind die ähnliche inhaltliche Wirkung. Es war derselbe gute Gott: „Kennt auch dich und hat dich lieb."

**Schon früh hat sich großes Leid und bittere Erfahrungen in Ihr Leben eingezeichnet – der Verlust Ihres Vaters im Krieg, Vertreibung, Flucht. Würden Sie sagen, dass der Glaube Sie durch diese Zeit getragen hat oder ist der Glaube durch diese Erfahrungen brüchig und schwierig geworden?**

**HS:** Nein, mein Glaube ist nie brüchig oder schwierig geworden. Es ist auch heute eine fast kindliche unerschütterliche Überzeugung. In meiner Kindheit waren es die Lieder meiner Mutter an meinem Bett, die mich an einen guten Gott glauben ließen, obwohl ich meine Kissen vor dem Einschlafen so nass weinte, dass ich es umdrehen musste, weil meine Mutter tagsüber so hart zu mir war.

**Könnten Sie versuchen zu beschreiben, was Sie unter „Gott" verstehen?**

**HS:** Gott ist mein immer anwesendes Gegenüber, das mich ansieht und hört, das mir verzeiht und mich annimmt, dem gegenüber ich verantwortlich bin, zu dem ich beten kann. Gott ist das gute konstruktive Prinzip in dieser Schöpfung, das gestört werden kann, das ich als kleiner Mensch unterstützen kann. Es ist ein strukturierendes und ordnendes Prinzip. Allmächtig. Ich kann Gott in mir Raum geben. Das macht mich für andere Menschen gut.

**Und was bedeutet für Sie „Glauben"?**

**HS:** Man muss es nicht beweisen, es braucht keine Beweise. Man ist nicht dumm oder kritiklos, wenn man glaubt. Glauben bedeutet für mich ein Einverstandensein mit dem Leben, mit den Aufgaben und Hindernissen, die es in jedem Leben gibt. Glauben ist auch ein Dazugehören. Zu einem Denken, das die weltliche Macht relativiert und als endlich ansieht.

**Welche Einflüsse oder auch Menschen, Ereignisse, Bücher haben Ihre persönliche Geschichte mit Gott geprägt?**

**HS:** Die Gottesdienste seit der frühen Schulzeit, der Segen am Schluss, auch wenn er vom Fernsehgerät kommt. Ich stehe dann auf, so als ob ich in der Kirche stehe. Die Mutter einer Schulfreundin war gläubig. Eine Freundin meiner Mutter war eine Lehrerin und gläubig. Immer wieder die Kirchen, auch in anderen Ländern, die Bibel mit ihren wunderbaren Gleichnissen. Luther, der Katechismus, ein seelsorgerisches Gespräch als ich 71 war, die Gespräche mit Pastoren, die uns besuchten, die vielen Bücher, die ich las, die Musik Bachs, ich fühle mich in der christlichen Kultur zu Hause, der Kultur der Versöhnung.

**Sie haben in der DDR gelebt. Welche Rolle haben in dieser Zeit der Glaube und die Kirche für Sie gespielt?**

**HS:** Ich fühlte mich zugehörig, dort geschützt, auch gewollt, wurde viel zu Lesungen in Gemeinden eingeladen, zu Buchhändlertagungen im Stephanus-Stift Berlin-Weißensee, zu Studentengemeinden, Kirchentagen.

Ich bin in der Nazizeit getauft worden und in der Stalinzeit konfirmiert. Mir wurde von meiner Mutter mein Besuch der Gottesdienste als Kind nicht verboten.

Für mich war als Berlinerin ja bis zu meinem 21. Lebensjahr, bis zum Mauerbau 1961, der Besuch Westberlins möglich. Und da ich ab 1963, als ich mein Diplom an der Humboldt-Uni Berlin machte, in dem qualifizierten Beruf der klinischen Psychologin arbeitete, fühlte ich mich politisch in der Klinik in Ruhe gelassen. Glaube und Kirche betrachtete ich als die normale Gegenwelt zu der totalitären politischen Welt um mich herum.

**Sie sind Psychologin. In der Psychologie ist die gängige Annahme, dass Gott eine Projektion des Menschen sei, ein in den Himmel versetztes Über-Ich, das letztlich den Menschen nicht richtig reifen und erwachsen werden lässt. Ist „das Göttliche" vor allem auch mit den Mitteln innerseelischer Prozesse zu fassen oder konstelliert sich in der Vorstellung Gottes auch mehr? Gibt es „echte Transzendenz" und wie sähe ein gutes Bezogensein des Menschen auf das Göttliche aus?**

**HS:** Ich kann darauf nur mit dem Titel eines Buchs von Hoimar von Ditfurth antworten: Wir sind nicht nur von dieser Welt. Es gibt etwas, das größer ist als wir, dem wir uns anvertrauen können und dem wir vielleicht auch etwas helfen können, indem wir Hass nicht vermehren, Destruktives benennen.

**Sie sind Schriftstellerin und leben gewissermaßen in Geschichten. Auch die Bibel ist ein Buch von Geschichten des Menschen**

mit Gott. Welche Bedeutung hat die Bibel für Sie? Und sind Geschichten möglicherweise der angemessenste und aussichtsreiche Weg des Gottsuchens und des Sich-in-größeren-Zusammenhängen-Verortens?

**HS:** Die Bibel liegt auf meinem Nachttisch. Ich habe wunderbar illustrierte Bibeln, auch Kinderbibeln und freue mich an ihnen. Die Bibel hat Beispiele für alle Verirrungen der Menschen, für ihre Grausamkeit, für unvermutete und unverständliche Entscheidungen Gottes, über die ich nachdenken kann. Sie wird in so vielen Ländern gelesen, das verbindet mich mit anderen Menschen.

**Ihre Erzählung „Vom Aufstehen" kann als ein großes Plädoyer für die Liebe gelesen werden. Auch Motive des Vergebens, des Vertrauens, des Versöhnens, des Ehrens und eine Haltung des „Trotzdem" sind enthalten. Glauben Sie, dass die Liebe die Kraft hat, erlittenes Bitteres, Leidvolles, Böses zu überwinden?**

**HS:** Ja. Sie schafft das. Und man kann darum beten. Eigentlich ist es Verständnis und die tiefe Überzeugung, dass man nicht einen einzigen Zentimeter über jedem anderen Mitmenschen steht. Das hilft auch schon weiter. Und Humor. Und Relativierung. Und Wohlwollen. Und Bewunderung.

**Viele Menschen haben heute Schwierigkeiten, einen Zugang zur Religion zu finden. Vielfach sind die Verbindungen zu Religionstraditionen schon seit mehreren Generationen gekappt. Thomas Brussig sagte einmal: „Religion ist für mich wie eine Fremdsprache, die ich nicht beherrsche." Und von anderen habe ich schon den Satz gehört: „Ich würde so gerne glauben, aber ich kann das einfach nicht." Was könnten Sie dazu sagen, wie könnte der Sprung in einen Glauben – oder das Erlernen der „Fremdsprache Religion" – heute möglich sein?**

**HS:** Nur durch andere Menschen, die nicht missionieren, sondern durch ihre Haltung Halt geben: Hier in der Nähe hat sich ein 45-jähriger Mann das Leben genommen. Er war der zweite von drei Brüdern. Er, seine Brüder und auch seine Eltern sind nicht Mitglieder der Kirche. Aber die Polizei kam mit einem Seelsorger, und der ältere Bruder rief erst die zuständige Pastorin an, die sofort kam, dann ihren Vorgänger, der sofort kam, und dann dessen Vorgänger, der am folgenden Tag aus einer anderen Stadt kam. In der Not waren diese drei da.

**Welche Haltung haben Sie dem Tod gegenüber? Und: Was ist Ihre Hoffnung über dieses Leben hinaus?**

**HS:** Der Tod hat nicht das letzte Wort. So wie Menschen, die mich liebten und schon tot sind, um mich sind, so werde ich auch in den Gedanken der Menschen sein, die ich liebe, wenn ich tot bin. Es geht auf eine Weise weiter, die sich uns nicht erschließt. Merkwürdig, es sind nur die lieben gestorbenen Menschen um mich, auch solche, die schon lange tot waren, als ich erst geboren wurde in dieses kurze schöne Erdenleben.

# Gott geschieht
*Gespräch mit Hanne Ørstavik*

Die norwegische Schriftstellerin Hanne Ørstavik zählt zu einer der wenigen Gegenwartsautoren, die in ihren Romanen auch zu ergründen versuchen, wie und warum sich die Seele nach Göttlichem ausstreckt und in welcher Weise es zu einem selbst, zum eigenen Wahrhaftigsein führt oder aber von einem selbst weg, in ein „falsches Selbst". Über den Sinn des Schreibens heißt es in ihrem jüngsten Roman „Ti amo" (deutsch: 2021): „Und ich habe vierzehn Romane geschrieben, und wenn es etwas gibt, worum es mir beim Schreiben gegangen ist, dann darum, dass es wahrhaftig sein soll. Das, was ich schreibe, soll wahr sein." Es ist, als teile sie den Anspruch an Literatur, den Franz Kafka einmal so formulierte: „Ein Buch muss die Axt sein für das gefrorene Meer in uns." Literatur als Weg, die Konventionen hinter sich zu lassen, zum Wesenskern hindurchzustoßen, das Angepasstsein hinter sich zu lassen und nach dem zu fragen, was wirklich ist, was im eigenen Inneren Resonanz auslöst und einen in der Tiefe gründet – dort, wo man nicht „man" ist, sondern „ich", ein ungeteilter Einzelner, ein Individuum in seiner eigenen Erdverflochtenheit und Himmelsverbundenheit.

Und so seziert Ørstavik auch den Glauben und das Bezogensein auf Gott und stellt es auf den Prüfstand. Sie will wissen: Was ist übernommener Glaube – und damit der verlängerte Arm der anderen, eine Spielart der Macht und Manipulation und Lenkung – und was könnte so etwas wie ein „wahrhaftiger Glaube", eine ureigne Rückbindung an das göttliche Ganze sein, das in seiner Form und seinem Inhalt stimmt, also innerlich frei macht, das Leben vertieft und es trägt. In wohl kaum einem anderen Roman hat Hanne Ørstavik dies so gründlich durchbuchstabiert wie in „So wahr wie ich wirklich bin" (deutsch: 2018). Darin beschreibt sie die Geschichte der Protagonistin Johanne, die an dem Tag, an dem sie mit ihrer großen Liebe Ivar in die Ferne aufbrechen will, von ihrer Mutter in ihrem Zimmer eingeschlossen wird und die Reise verpasst und den Geliebten verliert. In langen Rückblenden lässt sie ihre letzten Jahre Revue passieren, in denen sie ein Studium aufgenommen und den Aufbruch ins Erwachsenenleben versucht hat. Doch hohe Leistungsansprüche an sich selbst und eine allzu enge Bindung an die Mutter, eine verhängnisvolle Abhängigkeit, erschweren diesen Aufbruch und halten sie in Fremdbestimmung, Manipulationen, Zwängen gefangen. Allerdings erwächst durch die Begegnung mit Ivar eine urwüchsige Sehnsucht – nach Liebe, nach dem eigenen Weg, nach Verbundensein jenseits manipulativer Abhängigkeit, nach Erfülltsein, nach dem Geschmack des Lebens. Dieses Verliebtsein wird immer mehr zum Motor einer harten Befreiungsbewegung – einer Befreiung aus der einengenden, kontrollierenden und normierenden Umschlingung durch die Mutter, einer Befreiung aus falschen Ansprüchen und schließlich auch einer Befreiung aus einem falschen Glauben, aus einer falschen Beziehung zu Gott. Denn immer wieder verweisen ihre dominante Freundin Karin – eine werdende Pastorin – und ihre manipulative Mutter auf Gott, der als eine Art autoritäre Ordnungsmacht im Hintergrund der Welt erscheint, ein verlängerter drohender Zeigefinger, der über den ordnungsgemäßen Lebensweg, ein „richtiges Leben" im Sinne der anderen wacht. Immer wieder sind es gemeinsame Gottesdienstbesuche oder Kirchgemeindeabende, die die Beziehung zwischen Johanne und ihrer Mutter und ihrer Freundin festigen, eine Art ideologisch gewebtes Band zwischen ihnen. So erscheint Gott als letztlich die Seele deformierende Macht. Gott trägt dabei oft die Züge eines strengen Vaters, der alles sieht und Strafmacht besitzt. So heißt es nach der ersten Begegnung zwischen Johanne und Ivar: *„Ich erzählte ihm nicht, dass ich Christin bin, ich hatte Angst, dass er das nicht gut finden würde. Verzeih mir, Vater, dass ich dich verrate."* Aber auch im Erleben von Schönem wird die völlige Abhängigkeit von diesem Übermacht-Gott betont. So heißt es im Rückblick auf erfüllte Zeiten mit Ivar: *„Ich danke meinem Vater dafür, danke, du Quell der Liebe. Für all das Gute, das mich mit einem Mal erfasst hatte, das plötzlich mein Leben flutete."* Damit einher geht eine Art magischer Glaube. So hat Johanne in ihrem Bett immer die Bibel neben sich, damit sie sie beschütze. Oder sie schlägt die Bibel willkürlich an einer Stelle auf und nimmt diesen Bibelvers für ein Zeichen. Auch ist bezeichnend, dass Johanne in Sachen des Glaubens alles richtig machen will und den Glauben dadurch zu einer komplizierten Kopfsache macht. So wird ein Gottesdienst beschrieben, in dem andächtige Musik zur Einleitung gespielt wird: *„Ich versuche, mich darauf zu konzentrieren und mich der Musik hinzugeben. Vater, dachte ich. Vater. Ich versuchte, mir Gott als jenes Licht vorzustellen, das ich in der Musik zu hören meinte. Wo sonst sollte er sein, dachte ich, wenn nicht hier. Dann dachte ich genau das Gegenteil: Ich sollte nicht suchen, es ging nicht darum, zu finden, es ging darum, zu sein, offen zu sein, und dann würde Gott zu mir kommen. Einfach sein, dachte ich, einfach nur sein. Jetzt. Hier."* Und so wundert es nicht, dass Johanne eines Tages den starken Eindruck hat, dass sich während ihrer Aufenthalte in der Natur die Seele weitet und eine neue Unmittelbarkeit Raum greift, gerade dadurch, weil das Fixiertsein auf Gott und den richtigen Glauben etwas gelockert wird. So heißt es: *"Ich sah zum Himmel und der schwachen Herbstsonne hinauf. Es war alles so wirklich. Ein Gedanke schoss mir durch den Kopf, endlich hatte ich etwas Eigenes zu sagen: Wenn ich in der freien Natur bin, erscheint mir der Gedanke an Gott immer etwas seltsam. Auf eine merkwürdige Art und Weise ist er innen, in einem Raum oder in einer Stimmung, deutlicher zu spüren als draußen in der klaren Luft, in den Bäumen, den Wolken."* Doch solche Gedanken führen regelmäßig zu einem schlechten Gewissen, das sie mit Stoßgebeten beruhigen muss: *"Ach je. Vergib mir Vater, und zeige mir den rechten Weg, gib mir die Kraft, ohne Zweifel zu glauben."* Auch die Mutter bringt immer wieder Gott ins Spiel, wenn sie ihre Tochter Johanne dazu bewegen will, auf eigene Wege zu verzichten und die symbiotische Beziehung mit der Mutter fortzuführen. Am Ende verhindert sie auch mit diesem „metaphysischen Druck", dass Johanne ihre Liebe wagt und der Aufbruch zum Geliebten gelingt. Doch Gott wird nach so viel manipulativer und deformierender Erfahrung nicht einfach verabschiedet und lediglich als ein zu überwindendes Produkt der Projektion qualifiziert. Das Schlussbild des Romans eröffnet durchaus ein mögliches „Wiederfinden" Gottes auf dem Weg der Selbstbejahung und der Suche nach dem „wahren Selbst". Als Johanne am tiefsten Punkt ist und anerkennen muss, dass ihr alle Mittel aus der Hand geschlagen sind, sie dem Willen der Mutter ausgeliefert ist und sie ihren Geliebten verloren hat, tauchen noch einmal Gottesgedanken in ihr auf. Und dieses Mal sind es nicht quälend zurechtweisende Gedanken einer strengen Ordnungsmacht, sondern geradezu mystische Gedanken, dass im Gewahrwerden des Getrenntseins von der Liebe, in der Sehnsucht und dem schmerzhaften Auffinden des eigenen, inneren, verwundeten Kerns eine neue Beziehung zum Göttlichen aufscheint, eine Beziehung, die erst dort beginnen kann, wo alle entfremdenden und manipulierenden Stimmen der anderen zum Schweigen gebracht wurden und eine Ahnung von dem entsteht, wer man selbst ist – und dass es eine unendlich bejahende Kraft im Hintergrund der Welt gibt, die *da* ist und die Sehnsucht in wahres Leben und Lieben verwandeln will. Am Punkt des tiefsten Verlorenseins leuchtet plötzlich ein unsagbares noch tieferes Gehaltensein auf, das eine Kraft zur Hoffnung, zum Vertrauen, zum Weitergehen erzeugt: die Erkenntnis, dass Gott eine unendliche Kraft von anderswoher ist, mit der man auf unnennbare Weise verbunden ist, dass es ein Eingegliedertsein in ein rettendes größeres Ganzes gibt, das hier nur bruchstückhaft erfahrbar ist, aber einmal alles in allem sein wird.

*„Der Regen, ich schaue zum Regen hinaus, der in diesem Moment vor meinem Fenster vom Himmel fällt, die Regentropfen bilden auf der Scheibe ein ungleichmäßiges Muster, und das kräftige, satte Grau am Himmel erzeugt ein fantastisches, dunkles Licht. Das Licht lässt mich wieder an Gott denken. Da siehst du es, Johanne, hier schließt sich der Kreis, alles hängt mit allem zusammen, eine identische Spur, alles läuft auf Gott hinaus. Daher brauche ich mich nicht zu fürchten. Ich bin nicht allein. Nein, du bist nicht allein, Johanne, nie allein. Jetzt überkommt es mich wieder, es überkommt mich immer dann, wenn ich mich freue oder getröstet werde, wenn jemand gut zu mir ist, dann fließen die Tränen. Ich schaue aus dem Fenster, es regnet still und gleichmäßig, genau wie die Tränen, die über mein Gesicht laufen. Vielleicht ist Gott im Wasser, denke ich, in den Regentropfen, und ich trete ans Fenster und lege meine Hand an die kalte Scheibe, um ihm so nahe wie möglich zu kommen, um dicht bei ihm zu sein, ohne mich aufzudrängen."*

\*\*\*

**Hanne Ørstavik, ist es Ihnen möglich zu beschreiben, was Sie unter dem Begriff „Gott" verstehen?**

**Hanne Ørstavik:** Bevor ich damit anfange, diese Fragen zu beantworten, möchte ich sagen, dass es mir eigentlich lieber wäre, es nicht zu tun. Dass ich keine Lust habe, irgendetwas davon zu definieren und somit festzuhalten. Was für mich zählt, ist, dass es ist, und dass ich darin sein kann. Ohne sagen zu müssen, was dieses Etwas ist. „Darin sein" bedeutet für mich, bei Gott sein, mit Gott – was das bedeutet, kann ich nicht sagen. Aber ich will es trotzdem versuchen – versuchen, zu sagen, was gesagt werden kann, über etwas, worüber ich eigentlich nichts sagen möchte.

Zur Kirche zurückzukehren, zur Kirche als Raum, nicht als dogmatisches System, wurde für mich möglich, als ich begriff, dass es nicht notwendig war, Gott zu definieren, um an diesem Ort sein zu dürfen. Also ist Gott für mich vielleicht dieser Ort, ein Raum, der etwas in sich aufnehmen kann. Der in sich aufnehmen kann, was größer ist in mir und im Leben, in allem, was ist. Ein Raum, der uns hält, uns umfängt.

Ich weiß nicht, ob ich von mir selbst behaupten kann, gläubig zu sein. Aber ich habe Vertrauen. Vertrauen bedeutet für mich Loslassen und Lauschen. Warten, und dabei beobachten. Und dem, was außerhalb meiner Kontrolle liegt, aktiv zugewandt sein, offen sein für die Möglichkeit, dass das, was ich brauche, zu mir kommt, wenn auch in einer Form, die ich mir vielleicht ganz anders vorgestellt hätte beziehungsweise die ich niemals hätte vorhersehen können. Verantwortlich offen sein, dem Inneren ebenso lauschen wie dem Äußeren, und annehmen.

**Wie haben Sie in dieses Vertrauen hineingefunden?**

**HØ:** Vertrauen zu erlangen, ist für mich ein Kampf gewesen. Als ich 2002 den Roman „Uke 43"[11] herausgab, war ich unbeugsam und kompromisslos, und genau das war der Roman auch; ich hatte klare ethische Vorstellungen über die Wahrheit, in Bezug auf

Literatur ebenso wie in Bezug auf das Leben, darum ging es in diesem Roman. Damals brach ich den Kontakt zu meiner Mutter ab, für zwei Jahre, drei Monate und vier Tage, zog scharfe und endgültige Grenzen, ich verließ meinen Verlag, weil ich der Meinung war, dass die Verlagsphilosophie nicht mehr dieselbe sei wie früher. Aber dann sah ich allmählich ein, während einer tiefen Krise, nachdem ich gesehen hatte, was für Reaktionen „Uke 43" hervorgerufen hatte, dass ich in eine Situation geraten war, aus der mich niemand anderer herausholen konnte als ich selbst. Wenn ich in der Welt sein wollte, bei den anderen, dann musste ich selbst hinausgehen, ich musste mich demütig beugen, wie Kierkegaard in „Die Krankheit zum Tode" schreibt, das ich erst viel später gelesen habe. Zwei Jahre lang lebte ich im Bade meiner eigenen Verwandlung, es fühlte sich an, wie am Meeresboden zu schleifen, in dieser Zeit wanderte ich oft durch den Wald und hörte dabei ein Hörbuch von Ibsens „Brand", denn ich war Brand, und ich wollte nicht, konnte nicht, Brand bleiben, aber ich wusste nicht, was ich tun sollte, ich befand mich in einem Kampf mit der Welt, ohne dass die Welt Notiz davon nahm. Ich las Meister Eckhart, nicht so sehr seine Texte selbst, sondern das hundert Seiten lange Vorwort des norwegischen Philosophen Jon Wetlesen in der von ihm herausgegebenen Eckhart-Anthologie. Ich hörte Mozarts Requiem auf meinen Spaziergängen auf den kleinen Uferpfaden auf Nesodden und las Heideggers „Ursprung des Kunstwerkes", wo er sagt, dass die Wahrheit „im Werk als Streit geschieht". Langsam begriff ich, dass ich einen Weg finden musste, auf der Welt zu sein, der nicht aus Konfrontation bestand, denn in der Konfrontation war ich selbst eine Gefangene. Ich musste in meinem Inneren einen größeren Kreis ziehen, der auch den Gegensatz fassen konnte. Wo Platz für mich und das Andere war. Ich musste diesem Urstreit in mir Raum geben. Und mit dem Roman „Die Pastorin"[12] schrieb ich mich allmählich ans Vertrauen heran: Während „Uke 43" damit endet, dass Solveig ihre Habseligkeiten in zwei schwarze Müllsäcke packt und von allem und allen fortgeht, beginnt „Die Pastorin" damit, dass Liv zurückkehrt, zu den anderen, zur Gemeinschaft, und sich auf ein neues Verhältnis zu den Worten einlässt: „Ich konnte nur warten. Auf sie warten. Darauf warten, dass sie gefüllt wurden. Darauf warten, dass etwas da war. Sein und Warten. Sie annehmen."

**Also bedeutet der Glaube ein Loslassen, eine Öffnung, ein Warten und Erwarten, dass einem etwas von anderswoher erreicht, ganz macht …**
HØ: Für mich sind Glaube und Vertrauen nichts, was sich im Kopf abspielt, es geht weder um Naivität noch um Rationalität, sondern darum, in den Körper zu gelangen, zum Herzen.

Ich glaube, dass mein Widerstand, Gott zu versprachlichen, daher kommt, dass Gott in mir nicht als Sprache „geschieht", Gott ist kein Gedanke, sondern lebendige Nähe, Zärtlichkeit, Gott ist eine permanente Forderung nach einem Leben in Liebe.

Liebe bedeutet, offen zu sein, und um offen zu sein, braucht es Mut, denn im Offenen sind wir verletzlich – aber eben auch erreichbar. Es geht darum, sich sicher genug zu fühlen, um sich nicht festhalten zu müssen, weder in Definitionen noch in Dogmen – so: Wie finden wir genügend Sicherheit in uns selbst, um Vertrauen empfinden zu können? Oder ist es umgekehrt, dass das Vertrauen im Kierkegaard'schen Sprung entsteht, geht es darum, hinauszuspringen in das, was wir nicht wissen – sei es nun Sicherheit oder Verzweiflung, die uns dorthin treibt?

**Es geht bei diesem Sich-Einlassen auf „Gott" also um ein Geschehen, um einen Prozess, an dem man teilnimmt – hin zu**

einer tieferen Verbundenheit, ein Hineinwachsen in ein größeres Lieben …

**HØ:** Ich habe Schwierigkeiten mit dem Begriff Gott, ich weiß nicht, welcher Begriff besser passen würde, Carl Gustav Jung spricht vom Selbst, was für mich dem entspricht, was Jon Wetlesen in seinem Eckhart-Buch mit diesen Worten zusammenfasst: „werden, wer du bist". Jung spricht von Bildern, Bildern in Märchen und Mythen, Traumbildern, inneren Bildern, und im Bild existiert das Paradoxe, das Bild hat keine rationale Logik, das Bild ist Sein. In der Bibel steht, dass wir als Gottes Ebenbild erschaffen wurden, welches für mich das Bild der Liebe ist, und mich diesem Ort in meinem Inneren zuzuwenden, ist ein Versuch, bei Gott zu sein.

Vor acht Monaten ist mein Mann gestorben. Er war Verleger, wir haben uns vor bald fünf Jahren durch unsere Arbeit kennengelernt. Ihm zu begegnen war für mich wie ein Heimkommen, auf eine ganz grundlegende Weise; den Grund der Nacht erreichen, zugehören. Mein Mann war auch Maler. In unserem Wohnzimmer in Mailand hingen vier Selbstporträts, Bleistiftzeichnungen mit Wasserfarben, die ich eingerahmt hatte, sie hingen an der Wand hinter dem Esstisch. Nach seinem Tod hat es unglaublich wehgetan, diese Bilderreihe von ihm dort hängen zu haben. Ich habe sie seiner Tochter geschenkt. Aber diese Bilder, die ich so gemocht habe, die ich immer noch mag, haben eine solche Leere hinterlassen. Und dann habe ich eines Tages einen Film über zwei koreanische Jungs gesehen, die einander lieben. Im Film kommt ein katholischer Priester vor, zu dem einer der Jungen immer geht, wenn er Probleme hat, und im Büro des Priesters gibt es eine Wand, die mit Bildern behängt ist, Bilder von Jesus und Maria und Gott. Und da habe ich gewusst, dass ich auch eine solche Wand haben wollte, hinter dem Esstisch, mit solchen Bildern, Bildern, wie wir sie als Kinder überm Bett hängen hatten, Jesus und die Lämmer,

Maria und das Kind, Gott mit Engelscharen und Glorie. Und natürlich kann man das Kult und Kitsch nennen, und für manche Besucher ist es das bestimmt auch, wenn sie zu mir kommen und diese Bilder sehen. Aber das ist nicht der Grund, weshalb ich sie hier haben wollte. Ich wollte sie aufhängen, weil in den Bildern mehr liegt als das Motiv selbst, diese Bilder öffnen einen Raum in mir, einen Raum, in dem ich sein kann, ein Raum der Liebe. Und dass es diesen Raum gibt, egal mit welchen Wörtern ich ihn bezeichne, gleichgültig ob ich und wir alle sterben werden. Es gibt Vertrauen. Lasset die Kinder zu mir kommen und wehret ihnen nicht! Und auch ich bin ein Kind, all die kleinen Mädchen, die ich einmal gewesen bin, sind immer noch in mir, sind immer noch ich, all dies ist in mir, und es heißt: denn solchen gehört das Reich Gottes.

**Ist das Schreiben, das Suchen und Finden von Wörtern, das Sich-Aussetzen einem Schreibprozess, das Leben in Geschichten etwas, das Sie mit „Gott" verbindet, das Sie hineinfinden lässt in diesen größeren Raum, den „Raum der Liebe", in dem es dieses bedingungslose Gehaltensein gibt?**

**HØ:** Zum Schreiben muss ich jenem Ort in mir zugewandt sein, der mehr weiß als ich, ich muss offen sein und empfänglich – für mich ist das dieselbe Haltung wie jene, die ich gegenüber dem Gottes-Raum habe, und diese Haltung besteht nicht darin, zu befehlen und zu fordern und zu wollen, sondern mich dem, was geschrieben werden soll, zur Verfügung zu stellen, auf dieselbe Art und Weise, wie ich mich auch dem Leben selbst, dem Lebendig-sein, dem der Liebe (oder Gott) zugewandten Leben, zur Verfügung stellen muss, es in mir und mit mir geschehen lassen und es annehmen.

Ich weiß nicht, ob ich glaube, dass das Schreiben mich mit Gott verbindet, aber wenn das Schreiben wirklich geschieht, dann komme ich etwas nahe, das ich als Kern erlebe, einen Kern aus Kraft und Sinn und Wahrheit und Licht, und all das sammelt sich in der Sprache, aber es ist mehr und etwas anderes als Sprache, es ist das, was durch die Sprache ausgelöst wird, in was sie sich verwandelt, und das denke ich gerade zum ersten Mal, aber vielleicht ist es möglich, zu sagen, dass dieses Mehr, das sich nicht einfangen und festhalten lässt, dass darin, dass es geschieht – dass darin Gott geschieht. Oder – ich kann wohl ebenso gut sagen, dass Liebe geschieht.

**Oft erscheinen Liebe und Tod als Gegensätze. Wie gehen Sie mit dem Tod um? Mit dem Bedrohtsein von Verlust, von Angst? Und gibt es etwas, das Sie über den Tod hinaus erhoffen?**
**HØ:** Mein Mann starb am 14. Juni letzten Jahres. Er war lange krank gewesen, und ich hatte gewusst, dass er sterben würde. Ich hatte versucht, mir den Tod vorzustellen, den Augenblick des Todes, als er sich näherte. Ich konnte es nicht. Und als es schließlich geschah, war sein Sterben nicht anders als irgendetwas anderes, es war einfach. Er lebte, er schlief ein, er schlief, er röchelte, blutete aus dem Mund, und schließlich hörte er auf zu atmen. Ich saß bei ihm und begriff nicht, dass er tot war, denn es war nicht anders als gerade eben, als er noch gelebt hatte, es war nur still geworden. Er war noch warm. Ich legte mich auf unser Bett neben ihn und hielt seinen Kopf, hielt ihn an mich gedrückt. So lagen wir lange. Beziehungsweise ich lag lange so da, mit ihm. Für mich war sein Tod schwierig, nicht für ihn, und erst als er nicht mehr warm war, musste ich mit meinem Denken begreifen, dass er nicht mehr da war.

Ich habe mich nie besonders für den Tod interessiert, habe nicht über ihn nachgedacht, bevor mein Mann krank wurde, für mich hat das ganze Gerede von Todesangst und Todesbewusstsein immer etwas Affektiertes gehabt. Ich habe so sehr darum gekämpft, lebendig zu sein, in Körper und Herz Liebe empfinden zu können und in der Liebe zu einem anderen lebendig zu sein. Warum sollte ich mich um den Tod kümmern, wenn ich nicht zuerst gelebt hatte? Und damit meine ich: geliebt hatte!

Und dann habe ich den Mann kennengelernt, den ich lieben konnte, und er ist gestorben.

Ich denke nicht oft an den Tod und ich glaube nicht, dass ich Angst vor dem Sterben habe. Ich habe auch keine Vorstellungen von einem Leben nach dem Tod. Ich glaube, dass das Leben Liebe ist, dass sie im Hier und Jetzt ist, während wir leben, und dass sie größer ist als alles andere. Dass wir deshalb Gott haben, um uns ein Bild von dieser Liebe machen zu können, die größer ist als wir, und die existiert, und die wir erreichen können, sie verfehlen, und die wir dann wieder und wieder und wieder erreichen. Und wenn ich etwas über den Tod sagen soll, dann muss es dies sein: Wenn wir sterben, dann trennt uns nichts mehr von dieser Liebe, ich denke, das muss es sein, was es bedeutet, zu Gott zu kommen.

*Aus dem Norwegischen von Andreas Donat*

## „Ich kann nicht herausfallen"
*Gespräch mit Carl-Christian Elze*

Carl-Christian Elze, geboren 1974 in Berlin und aufgewachsen in Leipzig, hat insbesondere durch seine originelle Lyrik auf sich aufmerksam gemacht. Diese ist unter anderem erschienen in den Bänden „ich lebe in einem wasserturm am meer, was albern ist" (2013), „diese kleinen, in der luft hängenden, bergpredigenden gebilde" (2016), „langsames ermatten im labyrinth. Venediggedichte" (2019) und „panik/paradies" (Verlagshaus Berlin 2022). Sein Vater war Leipzigs langjähriger Zootierarzt, wodurch er einen großen Teil seiner Kindheit im Leipziger Zoo verbrachte. Erinnerungen daran hat er in dem 2018 erschienenen Prosaband „Oda und der ausgestopfte Vater. Zoogeschichten" veröffentlicht. Carl-Christian Elze nahm nach einem zweijährigen Medizinstudium ein Biologie- und Germanistikstudium auf und war von 2004 bis 2009 Student am Deutschen Literaturinstitut Leipzig. Zuletzt ist sein erster Roman mit dem Titel „Freudenberg" (2022) erschienen. Für seine literarische Arbeit wurde er mehrfach ausgezeichnet, unter anderem mit dem Lyrikpreis München (2010), dem New York-Stipendium der Max Kade Foundation (2010), dem Joachim-Ringelnatz-Nachwuchspreis (2014), dem Rainer-Malkowski-Stipendium (2014) und einem Stipendium im Deutschen Studienzentrum Venedig (2016). Elze gehört zu der seltenen Spezies von Gegenwartsautoren, die immer wieder auch Religiöses intonieren und in den Gedichten auch die Suche nach dem Göttlichen thematisieren. Sogar im Titel einer seiner Gedichtbände hat er einen Bibelbezug hergestellt: „diese kleinen, in der luft hängenden, bergpredigenden gebilde". Diesem 2016 erschienenen Buch hat er ein Zitat des Physikers Hans-Peter Dürr vorangestellt: *„Im Grunde gibt es Materie gar nicht. Primär existiert nur das Verbindende ohne materielle Grundlage. Wir können es auch Bewusstsein (kosmischer Geist) nennen. (…) Was wir Diesseits nennen, ist ja eigentlich die Schlacke, die Materie, also das, was greifbar ist. Das Jenseits ist die umfassende Wirklichkeit, das viel Größere. Das, worin das Diesseits eingebettet ist. Insofern ist auch unser gegenwärtiges Leben bereits vom Jenseits umfangen."* In diesem Geist der Umkehrung der üblichen Blickrichtung – weg vom bloßen Starren auf das Diesseitige, hin zu den Durchlässigkeiten auf ein größeres Ganzes hin – sind auch viele der Gedichte des Bandes verfasst. So heißt es programmatisch zu Beginn: „Herr! Gib uns blöde Augen/ für Dinge, die nichts taugen,/ und Augen voller Klarheit/ in alle deine Wahrheit." Und wenig später in dem Gedicht „ich denke an die zerbrechlichkeit aller körper": „wir müssen anders blicken! Halb vergessen … aber nicht ganz/ nicht ganz vergessen … aber wie? … sag mir *wie?*".

Immer wieder ringt Carl-Christian Elze mit der Angst, jener namenlosen Weltangst, die im Menschen steckt und so viele Gesichter und Gestalten annehmen kann; die im Grunde Todesangst ist, Angst vor dem letztendlichen Verloren- und Verlassensein, Angst vor dem Verschwinden und Ausgelöschtsein. Und gegen diese namenlose Angst schreibt Elze an und setzt ihr Spuren eines größeren Vertrauens entgegen: „vielleicht hilft uns der gedanke, dass wir niemals getrennt/ waren, und niemals zu trennen sind (…) wir waren niemals getrennt und werden es niemals sein/ auch dieser gedanke ist aus den gleichen molekülen/ gemacht. Wie deine frühere und deine zukünftige/ schwebende, nur erfundene leiche –".

Eine besondere Rolle spielen dabei der Blick der Kinder, das Staunen, das unverkopfte Vertrauen – und die Tiere. Die „bergpredigenden gebilde" sind Hunde, die Carl-Christian Elze zu seinen Gefährten und Lehrern erkoren hat: „alles hab ich von hunden gelernt:/ alles, was mich wegbringt von mir/ und zu anderen hin; wie ein zärtlicher trick/ nur von hunden beherrscht. schon als kind/ haben mir hunde gedient, ihre liebe/ geschenkt, ihre kleinen, wie in der luft/ hängenden herzen, ohne zu fordern/ ohne ununterbrochen zu fordern:/ *gib mir deins!* Wie konnte ich ahnen/ dass sie alle belohnt werden würden/ diese kleinen, in der luft hängenden/ bergpredigenden gebilde/ belohnt werden würden für ihr fernsein/ von sich (…)". Carl-Christian Elzes Gedichte können auch gelesen werden als moderne Gebetsversuche, die den alten Klang der Gottgeborgenheit auf neue Weise intonieren, manchmal regelrecht beschwören und in das Heute zu retten versuchen – durch die Brechung des Überlieferten und dessen Neu-Zusammensetzung, durch Sprachgerüste, die die Spuren des Heute tragen und sich gleichsam zu verbinden suchen mit den Synapsen des Ewigen – Rückbindungsversuche … So heißt es in einer Art Neuintonierung des Vaterunser: „**vater im luftraum**, nimm uns die angst/ vor jeder verwandlung, öffne den schaltkreis/ in unserm gehirn, der dich sieht/ noch während wir atmen/ noch während wir klagen/ erscheine uns lächelnd und klar./ unsere gefährten: mütter und väter/ brüder und schwestern und hunde/ jetzt liegen sie da, erstarrt/ und erwachen nie wieder./ wir kannten sie nur in bewegung/ und sprechend. Jetzt liegen sie da/ wie die steine. **vater im luftraum**/ lass uns die steine sprechen hören/ in unserer größten not, nimm uns die angst/ vor jedem verlust, zeig uns das leben/ hinter der stille –".

Und so gelingt Elze auch ein Ausgreifen auf eine Wirklichkeit, die dieses Leben übersteigt und umfasst, ja, ihm gelingt sogar eine lyrische Reformulierung der Auferstehungshoffnung: „**wir werden auferstehen**/ ohne bewusstsein/ auferstanden zu sein.// wir werden aufblühen/ ohne zu spüren/ dass wir blühen.// wir werden auf sein/ ohne zu fühlen/ ohne jedwedes gefühl."

Religiössein erscheint in diesen Sprachversuchen als ein großes Abenteuer der Sehnsucht, als ein Sich-Hineinhalten in den größeren Raum, der früher mit dem Begriff „Gott" bezeichnet wurde, um sein kleines Ich zu erlösen von der ewigen Angst um sich selbst – und um sich neu zu empfangen: als Geborgenes.

***

**Carl-Christian Elze, Ihr Gedichtband „*diese kleinen, in der luft hängenden, bergpredigenden gebilde*" (2016) kreist sehr um das Thema Tod. Er scheint Sie sehr erschreckt zu haben. Gab es einen konkreten Anlass für das Buch?**

**Carl-Christian Elze:** Ja, das war der Tod eines sehr guten Freundes vor einigen Jahren. Er ist im Markkleeberger See ertrunken. Vielleicht ein Unfall, vielleicht auch nicht. Das hat mich tatsächlich über alle Maßen erschreckt. Es war auch der erste mir so vertraute Mensch, der in meinem Alter gestorben ist. Das hat dazu geführt, dass ich wie immer versucht habe, meine größten Ängste im Schreiben zu bannen. Schreiben wird dann auch zum Gebet. Aber leider fehlt es an bleibender Beruhigung. Ich muss sie mit nahezu jedem Gedicht neu erschreiben beziehungsweise erbitten, erbeten.

**Auch der Tod Ihres Vaters taucht in den Gedichten auf …**

**CCE:** Ja, er ist vor 20 Jahren gestorben. Das hat mich immer wieder im Schreiben beschäftigt. Jetzt, da ich selbst Vater bin, hat sich aber noch einmal eine andere Art von Gedichten oder besser Gedichtgesprächen entwickelt, wie man in dem neuen Band sehen kann. Ich erzähle meinem Vater von meinen Kindern, bin innerhalb der Gedichte ganz davon überzeugt, dass er mich hören kann, überhaupt dass die Toten uns, die Lebenden, hören können. Aber diese Überzeugung ist scheinbar nur im Text erlebbar, ich habe sie deutlich gespürt, als ich den Text schrieb, und ich spüre sie noch heute, wenn ich den Text lese. Sobald der Text aber weg ist, bin ich mir mit all diesen Dingen gar nicht mehr so sicher. Ich verstehe das selbst nicht, aber das bestätigt mich zumindest darin, dass meine Gedichte für mich auch wie Gebete sind. Innerhalb des Gebetes, innerhalb des Gedichtes, fühle ich mich geborgener, beschützter.

**Was ist der Tod für Sie?**
CCE: In meinen dunkelsten Stunden ist er der große Beender und meine größte Angst. Ein Großteil meiner Texte in diesem Buch kämpft gegen diese Angst an. In den helleren Stunden ist der Tod ein Geheimnis, das mich in größtmögliches Staunen versetzt. Und wenn ich staune, dann bin ich viel ruhiger. Deshalb heißt eine Kernzeile meines Buches auch „nur dein staunen kann dich noch retten". Es ist tatsächlich so: Wenn ich staune, brauche ich keine Gewissheiten mehr, bin ich nahezu gerettet. Das Staunen ist ein Zustand, wo ich nicht mehr an meinem Nichtwissen leide. Ein Zustand, der mich glücklich macht.

**Das klingt schon ein wenig nach religiösem Trost …**
CCE: Ja, vielleicht. Einmal hatte ich auch eine ganz konkrete religiöse oder eher mystische Erfahrung.

**Können Sie diese Erfahrung näher beschreiben?**
CCE: Das war nach dem plötzlichen Tod meines Vaters. Er ist umgefallen wie ein Baum, nachdem ihm die Bauchaorta geplatzt

war. Ich hatte das erste Mal nach langer Zeit wieder starke Angst vorm Verschwinden, war auf einmal wieder der kleine ängstliche Junge, der gar nichts verstand. Wie konnte man nur von einer Sekunde zur nächsten verschwunden sein, und ohne ein einziges Abschiedswort? Ich war monatelang ein ständiger Gottessucher, wollte mit 100-prozentiger Sicherheit wissen, wo all die Toten hinkommen, wenn sie uns Lebende verlassen, aber niemand konnte es mir sagen. Natürlich nicht. Die vielen Menschen, die ich fragte, immer wieder fragte, bis es einigen von ihnen sogar lästig wurde, konnten mir nicht mehr weiterhelfen. Die Antwort, die ich am nötigsten hatte, konnte mir kein einziger Mensch auf dieser Welt geben. Nie wieder habe ich die Begrenztheit menschlichen Wissens so intensiv und schmerzhaft empfunden wie damals. Ich ging viel spazieren in dieser Zeit, der Leipziger Auwald blühte bärlauchweiß, und vor allem dieses Weiß war es, das mir ein bisschen guttat in den Augen. Und dann geschah es. Als ich in meiner größten Not dort umherirrte, mich vollkommen in die Ecke getrieben fühlte, vollkommen verzweifelt war, hatte ich dieses Erlebnis. Es war wie ein Geschenk. Ich weiß nicht, wie lange es dauerte, ich weiß nur noch, dass ich auf dem Boden hockte und eine Ameisenstraße beobachtete und plötzlich, sekundenhaft, ein klares Signal empfing, dass mir nichts passieren kann und dass ich mit allen Dingen verbunden bin, dass ich, auch wenn ich sterbe, nicht aus diesem System herausfallen kann, und dass ich glücklich sein soll, ein Bestandteil dieses perfekten Systems zu sein. Das war eine klare, großartige Beruhigung für mich.

Rein äußerlich betrachtet ist das Erlebnis im Wald nur ein Hinknien gewesen am Wegrand, ein Betrachten von einem Stück Waldboden, einer Ameisenstraße, dann ein Wiederaufstehen. Und doch war es viel mehr für mich, eher ein Wiederauferstehen. Ich glaubte plötzlich und glaube es noch immer, dass alles, was mir jemals an (Seelen-)Ruhe erreichbar ist, mir dieser eine Moment am Waldboden aufgezeigt hat, von dem ich nicht sagen kann, wie lange er andauerte – eine Sekunde, eine Minute, eintausendmal länger? Die Zeitfrage war nicht mehr wichtig, nicht mehr relevant, vergleichbar mit dem Bruchteil einer Sekunde vor einem epileptischen Anfall, wo ein Herausspringen aus der Zeit erfolgt, wie es in Dostojewskis „Idiot" eindrucksvoll beschrieben ist. Ein Gefühl von Perfektion, nur ein Gefühl, das sich anfühlt wie Gewissheit, eine schlaglichtartig aufblitzende Scheingewissheit, einer Art Weltmechanik nicht ausgeliefert zu sein, sondern ihr anzugehören, Teil eines perfekten Ablaufs zu sein, bei dem der Tod nicht das Herausfallen aus der Ordnung bedeutet, sondern nur ein anderes Drehmoment darstellt. Plötzlich war Angst unmöglich geworden. Angst wovor, vor der Perfektion einer perfekten Drehung? Lächerlich!

Ich versuchte damals über dieses Erlebnis zu schreiben, versuchte, es in der Verdichtung erfassbar und wieder erfühlbar zu machen, spürte ich doch klarer als je zuvor: Es nicht zu verdichten, es nur nacherzählen zu wollen, hieß, es undeutlich zu lassen. Ich versuchte also in verschiedenen Gedichten die Idee darzustellen, die in diesem Erlebnis plötzlich aufgetaucht war, ich kann nicht sagen, die ihm folgte, denn schon während des Erlebens war ich von der Idee durchdrungen gewesen. Einer dieser damaligen Gedichtversuche, der mich zwar nicht zufriedenstellt, der aber der Idee zum Teil auf die Spur kommt, heißt: *gedicht*. Es war mir bisher nicht möglich, einen anderen Titel zu finden, und ich habe den Verdacht, ich darf es auch gar nicht.

**gedicht**

schau es an mit etwas licht
um ruhiger zu werden
das ist
alles, was ich weiß von oben –
einmal im wald nach meinem ersten toten
der mir weh tat in den augen
den ich wiedersehen wollte
was nicht ging –
einmal im wald, ich sagte schon
vielleicht in einem andern ton als jetzt
jetzt sage ich, ich saß im wald
auf einem boden, lehm und ton
und sah sehr weit von oben her
als säß ich nicht, als schwebte ich
mit augen wie mit augen nicht –
und sah doch alles vor mir stehen
mit aller klarheit, kühnheit
und sah doch nur auf lehm
und sah doch deutlich: nichts bestimmtes

(2001)

**Können Sie sich das im Nachhinein erklären?**
**CCE:** Nicht wirklich. Ich glaube, der Begriff *Gott* war nicht in meinem Kopf in diesem Moment. Man kann es vielleicht als Erfahrung eines kosmischen, allumfassenden Bewusstseins bezeichnen. Auf jeden Fall wurde das Gefühl in mir erzeugt, dass der Tod nicht der große Beender ist, dass ich im Sterben nicht über irgendeinen Rand ins Nichts falle, sondern weiterhin und immerfort

in diesem einzigen System verbleibe, das man auch Gott nennen kann. Das Einzige, was ich lernen muss, ist, mein *Ich* freizugeben. Das schien mir in diesem Moment möglich zu sein, gar nicht mehr schwer, obwohl es mir kurz vorher noch als die schwerste Sache der Welt vorgekommen war. Und was mir noch bewusst wurde: Diese Sekunde war mir erst in dem Moment geschenkt worden, als ich diese Sekunde am allernötigsten hatte, die Verzweiflung am größten war, ich ganz am Boden war, auch wortwörtlich mit dem Gesicht am Boden war, auf dem Waldboden.

**Wie hat Sie das Erlebnis verändert?**

**CCE:** Von dieser Sekunde habe ich sehr lange gezehrt. Sie hat mich sehr lange beruhigt, vielleicht Jahre. Aber es gibt eben immer wieder Situationen, wie der Tod meines Freundes, wo ich vollkommen zurückfalle in meine Urangst, wo diese Sekunde völlig aufgebraucht scheint.

**Sie sind ja eigentlich von Hause aus Naturwissenschaftler, haben Biologie studiert. Ist das kein Widerspruch zu Ihren religiösen Erfahrungen?**

**CCE:** Nein, im Gegenteil. Mich hat die Beschäftigung mit der Naturwissenschaft, in letzter Zeit auch mit der Quantenphysik, immer in Staunen versetzt, was vielleicht die Vorstufe jeder religiösen Erfahrung ist.

**Was genau in der Quantenphysik hat Sie in Staunen versetzt?**

**CCE:** Die Tatsache, dass es Dinge/Teilchen gibt, die ich nicht sehen kann, die aber eindeutig vorhanden sind. Winzige Teilchen, die nicht den bisher bekannten Naturgesetzen gehorchen und zum Beispiel eine „spukhafte Fernwirkung" haben. Das ist ein Ausdruck von Albert Einstein, mit dem er das Phänomen bezeichnet, dass Teilchen, die einmal miteinander verbunden waren, auch nach ihrer Trennung noch miteinander verbunden beziehungsweise verschränkt bleiben. Sie können sich Lichtjahre voneinander entfernen, aber stehen immer noch in Verbindung. Wenn eines dieser Teilchen eine Information erhält, so hat diese Information augenblicklich auch das andere.

**Also spielen Raum und Zeit keine Rolle mehr?**
CCE: Ja, Raum und Zeit scheinen jederzeit überwindbar oder scheinen nicht wirklich zu existieren. Es wäre unglaublich, wenn solche Teilchen ein Bewusstsein enthalten würden und somit als „Seelen" miteinander kommunizieren könnten, Informationen austauschen könnten. Außerdem sprechen Quantenphysiker von einem Urgrund allen Seins und dieser Urgrund, sagen sie, sei nicht teilchenhaft, sondern immateriell. Der ganze Dualismus zwischen Naturwissenschaft und Religion, zwischen Wissen und Glauben, scheint mir mit Blick auf quantenmechanische Phänomene plötzlich aufgehoben zu sein.

**Und diese Erkenntnis wirkt angstberuhigend?**
CCE: Für mich ja, ein bisschen. Aber dieses Wissen um diese verrückten Teilchen ersetzt natürlich nicht meinen Wunsch, an einen personalen Gott zu glauben. Das wäre immer noch das Großartigste, was mir passieren könnte, dass ich einen Gott anspreche und dieser mich erhört. Dieses Teilchen erhört und tröstet mich nicht wirklich in meiner größten menschlichen Not, das weiß ich, deshalb bin ich ein Gottessucher geblieben.

**Könnte Ihnen dabei die christliche Religion helfen?**
CCE: Das Neue Testament bedeutet mir sehr viel, es enthält das Wichtigste, das Entscheidende. Die Erlösung vom Tod ist das

größte Geschenk, das jemals Menschen gemacht wurde. Daran möchte ich glauben. Für mich ist Jesus Christus die entscheidende Kraft. Ich bin nicht oft in der Kirche, bin kein aktives Gemeindeglied, aber ich möchte mich nicht von der Kirche lösen. Es gibt Zeiten, da denke ich, ich müsste viel näher an eine Gemeinde heranrücken, ich kann das alles nicht allein bewältigen. Dann beginne ich aber wieder zu schreiben und beruhige mich, und schreiben kann ich nur allein.

**In welcher Beziehung sehen Sie Ihr literarisches Schreiben, die Entdeckung und Praktizierung des Dichtens zur Religiosität? Ist das Suchen nach Wörtern oder das „Gefundenwerden" von Wörtern auch eine Erfahrung des Unverfügbaren, der Begegnung mit einem größeren Ganzen?**

CCE: Vielleicht. – Ganz bestimmt. – Ich glaube, wenn ich heute Gedichte schreibe, versuche ich, mehr oder weniger bewusst, diesen einen Augenblick am Waldboden, dieses eine nur erinnerte Gefühl von Perfektion zu reproduzieren, es noch einmal und immer wieder zu empfinden, weil ich es zurückbrauche, weil ich längst nicht mehr ruhig bin, weil ich längst wieder ängstlich bin, weil ich längst nicht mehr an eine perfekte Drehung glaube, weil mich noch immer keine etwaigen, spukhaft fernwirkenden Seelen trösten können, weil ich längst schon wieder nicht sterben will. Aber ich will dieses Gefühl von Perfektion auch nicht als ein simuliertes Gefühl zurück, ich will es wahrhaftig zurück. Das alles stellt mich, je länger ich darüber nachdenke, vor Probleme, denn vielleicht ist ein Gedicht nur ein Gefühlssimulator? Gebe ich mich vielleicht beim Schreiben immer nur mit Simulationen zufrieden? Oder merke ich, während ich schreibe, gar nicht, dass es sich um die Simulation in einem Simulator handelt oder handeln könnte? Oder merke ich doch etwas und stehe genau deshalb all meinen angeblich fertigen Gedichten später seltsam misstrauisch gegenüber? Warum habe ich nur während des Schreibens eine Vorstellung von einem Sternenhimmel und nicht mehr danach, wenn ich meinen Sternenhimmel betrachte? Es scheint so, als ob sich bei mir das Gefühl von Perfektion in einem Gedicht nur dann einstellt, wenn ich das Gedicht schreibe. Es löst sich wieder auf, sobald das Gedicht abgeschlossen ist. Es gibt also kein perfektes Gedicht. Meine Vermutung ist: Ich vergesse, sobald ich schreibe, dass es sich bei einem Gedicht um einen Simulator handeln könnte. Ich löse diesen Gedanken auf (in einer Art Anfall), ich betrüge mich nicht, ich vergesse diesen Gedanken, ich denke nicht an Simulation, ich denke nicht an Betrug, ich behandle das zu schreibende Gedicht niemals als einen Simulator, denn das wäre das Ende des Gedichts und das Ende meiner Suche nach einem Gefühl von Perfektion, um ruhiger zu werden. Das Gedicht ist mein Waldboden. Das Gedicht ist meine Sekunde. Das Gedicht ist kein Simulator. Es steht direkt in Verbindung mit mir und dem Weltall.

**Aber wann und wo und wie stellt sich das Gefühl von Perfektion beim Schreiben eines Gedichtes ein?**

**CCE:** Das frage ich mich auch, das empfinde ich als das größte Geheimnis beim Schreiben. Wie kann man sich in einer Art Anfall zurechtfinden, wie kann man in einer Art Anfall die scheinbar perfekte Ordnung herstellen, und wie soll man danach ohne eine Art Anfall die Prozesse dieser Art Anfall beschreiben? Alles muss bei einem sehr vagen Versuch der Beschreibung bleiben. Ich sitze da. Scheinbar reglos. In Wirklichkeit dreht sich alles am Schreibtisch, ein Riesenrad von Erinnerungen, kleinste Stromschleifen. Ich denke, alle Gedanken müssen beginnen um eine Art Idee zu kreisen. Eine Idee zu umkreisen, bedeutet für mich, nur eine Ahnung von Etwas, von einem Zusammenhang, von einem Sinn, von einem Urgrund zu haben, noch kein klares Bild zu erkennen, doch von dem Wunsch erfüllt zu sein, es zu erkennen; bedeutet auch, mit einem nicht weiter erklärbaren Vertrauen ausgestattet zu sein, dieses klare Bild erkennen zu werden. Die Denkbewegung sollte tatsächlich kreisend und weniger linear erfolgen, da Letzteres nur zu chronologisch und kausal abgesichertem Nacherzählen von Erlebnissen und Gefühlen führt. Erst der Versuch einer Überwindung dieser linearen Denkbewegung rechtfertigt, glaube ich, die Anwendung der Gedichtform und ermöglicht einen größeren Wert für einen selbst und für andere. Nur die besten Gedichte sind wie zeit- und weltraumfeste Kapseln oder Kristalle, die unbeschadet die Jahrhunderte durchdringen, durchkreisen können, die ganz unerwartet und jederzeit wieder an Menschen andocken können, dort eine Wirkung entfalten wie schon Jahrhunderte, vielleicht Jahrtausende zuvor. Die besten Gedichte sind Alleskönner.

Wie aber beginnt mein Gedicht, wie schreibt es sich fort und wie endet es? Ich glaube, die Gedanken kreisen um eine Idee. Sobald diese Bewegung eine ausreichende Sicherheit in Form von Gleichmäßigkeit aufweist, stellen sich die ersten Worte ein. Diese ersten Worte sind der Beginn einer Art Anfall von noch mehr Worten. Die Gedanken bleiben in Kreisbewegung um die Idee. Kommt es zu einer Unwucht in der Bewegung, wird das Gedicht beschädigt, weil sich in der beschädigten Bewegung die falschen Worte einfinden. Bricht die Bewegung vorzeitig ab, ist das Gedicht kaum zu retten. Ich denke, die meisten Gedichte, die geschrieben werden, resultieren aus einer nicht bis zum Abschluss durchgehaltenen gleichmäßigen Kreisbewegung der Gedanken um eine Idee, sodass am Ende nicht zeit- und weltraumfeste Flugkörper entstehen, sondern nur Gedichtmassen, die nicht abheben können. Es gibt nur sehr wenige Ausnahmen, nur sehr wenige Flugkörper, die vielleicht in ein einziges Buch passen würden. Es käme darauf an, sich dieses Buch einmal vorzustellen.

Aber wann stellt sich bei mir ein Gefühl von Perfektion, ein Gefühl von vollkommenem Gelingen beim Schreiben ein? Vielleicht genau dann, wenn jene gedankliche Kreis- oder Kreiselbewegung um eine Idee als vollkommen gleichmäßig, sicher und unstörbar empfunden wird (auch wenn es trügt), wenn sich daraufhin die als richtig empfundenen Worte anfallsartig, nicht mehr nur der Vernunft und der Logik gehorchend, wie von allein einfinden, wenn sie der Bewegung der Gedanken nahezu unterlaufen. Ob dieses Gefühl durchgängig erfühlbar ist oder ob es nur blitzlichtartig aufscheint, sekundenartig, wie das Erlebnis am Waldboden, vermag ich nicht zu sagen. Das Gefühl von Perfektion, die richtigen Worte zu finden, oder eher Medium zu sein für die Selbstfindung und Selbstanordung der als richtig empfundenen Worte, ist der schönste Zustand meines Schreibens. Versinken, beruhigen. Bestenfalls empfinde ich mich selbst nicht mehr als Schreibenden, mein Kopf wird geführt, meine Hand wird geführt, alles an mir. Das Ich ist weg, kurz abgetaucht. Stattdessen Verbindungen nach allen Seiten, ins Weltall, überall Verschränkungen. Nennen wir es ruhig wieder Gott.

**Wie kommt ein Gedicht zu seinem Ende?**
**CCE:** Den bestmöglichen Gedichten liegt zwar auch, gezwungenermaßen, ein menschlicher Wille zum Abschluss zugrunde, aber ich glaube, beim Entstehen der besten Gedichte stellt sich nicht explizit dieser Abschlussgedanke (der wie ein K.o.-Gedanke wirkt, obwohl er doch das K.o. fürchtet und vermeiden will) während des Schreibens ein. Somit stört er auch nicht die konzentrierte Kreisbahn der Gedanken. Bei den bestmöglichen Gedichten ist das Ende plötzlich da, es war nicht zu erwarten, es war nicht herbeige-

sehnt, es wurde nicht erzwungen, es wurde nicht aus Angst übereilt, es entspricht plötzlich, ganz überraschend, der Vollendung eines rhythmisierten Wort-Klang-Kreises, der aus einem Gedankenkreis um eine Idee hervorgegangen ist. Die bestmöglichen Gedichte sind einfach Geschenke, von wem auch immer.

**Gibt es etwas, was Ihrer Meinung nach nur Gedichte können?**
**CCE:** Ich denke, es gibt einen evolutionären Vorteil, den alle Gedichte „von Geburt" an gegenüber ihren größeren und dickeren Brüdern und Schwestern haben, gegenüber Erzählungen, Novellen, Romanen und Dramen: sie sind viel kleiner und wendiger und fliegen besser und schneller im Kopf und von Kopf zu Kopf herum. Es gibt Romane, die ich gelesen habe und die mich unfassbar beeindruckt haben, alle paar Seiten ein Wunder, und doch versinken diese Wunder nach ein, zwei Jahren im Ozean eines Kopfes, der sich keine Romane merken kann, der Romane einfach vergisst, so wie er alles vergisst, was zu lang ist und zu viele Worte macht. Das Einzige, was hier hilft, ist, den Roman immer und immer wieder zu lesen, das wäre sinnvoll, aber auch langwierig und zeitraubend, und wahrscheinlich auch ermüdend und dem immer wieder neu angestrebten Wunder abträglich. Und dann, auf der anderen Seite, steht ein kleines Gedicht. Ein kleiner Klangkörper, der sich, im Falle einer ersten wundersamen Berührung mit dem Kopf und dem Herzen eines Lesers oder einer Leserin, jederzeit und schnell und unkompliziert wieder abrufen, lesen, reaktivieren lässt, innerhalb von Minuten. Ein Gedicht kann leicht auswendig gelernt werden im Gegensatz zu einem Roman, und je mehr Klangkörper ein Gedicht ist, desto leichter fällt uns das Auswendiglernen. Und jedes Auswendiglernen ist auch eine Entmaterialisierung, denn nirgendwo in unseren Nervenzellen, nirgendwo in den Zellkörpern, Dendriten, Axonen und Endknöpfchen unserer Neurone,

gibt es „Gedächtnismoleküle", gibt es eine materielle Grundlage unserer Erinnerungen. Zumindest hat man sie noch nicht gefunden. Die Neurowissenschaften sagen heute, dass unsere Erinnerungen nur aus elektrischen Schleifen und Schleifchen zwischen unseren Nervenzellen bestehen, aus synaptischen Kreisläufen, um nicht von „Seele" sprechen zu müssen. Aber zurück zum Gedicht: Ein Gedicht kann demnach im Gegensatz zu einem Roman vollständig entmaterialisiert in unserem Gehirn kreisen und Schleifchen drehen und Funken sprühen und kann auch jederzeit wieder vollständig materialisiert werden, indem wir es leise vor uns hin sprechen und in Schallwellen verwandeln, wenn wir seine Hilfe und Stärkung benötigen. Wir können es auch anderen Menschen aufsagen, wenn wir spüren, dass sie seine Hilfe und Stärkung benötigen, und wir können es letztlich auch jederzeit aus unserem Kopf heraus wieder auf ein einzelnes Stück Papier bringen, auf einen einzelnen Stein oder auf einen einzelnen Bildschirm, wenn wir es sehen und betrachten wollen, wenn wir uns nach seiner Form sehnen wie nach einem auferstandenen Körper.

**Im Titel Ihres Gedichtbandes von 2016 steht die Bergpredigt des Neuen Testaments. Wie kam die da hinein?**
**CCE:** Der Titel des Bandes „diese kleinen, in der luft hängenden, bergpredigenden gebilde" ist zum einen eine Zeile aus einem Hunde-Gedicht und zum andern eine bildliche Umschreibung für uns Menschen. Wir hängen irgendwie in der Luft, im Weltall, und predigen Liebe. Und trotzdem ist es uns nahezu unmöglich, die Bergpredigt tatsächlich zu leben. Es scheint irgendetwas in uns zu geben, was unsere guten Gedanken und Wünsche immer wieder verunglücken lässt. Mit meinen Erfahrungen als Hundebesitzer kann ich sagen: Ein Hund lebt unbewusst eher die Bergpredigt als wir Menschen.

**Inwiefern?**

**CCE:** Hunde bringen „ihren" Menschen eine so große und unbedingte Liebe entgegen, wie es sie sonst in dieser Beständigkeit nicht noch einmal gibt, denke ich oft. Ich sehe sie als kleine wandelnde Bergpredigten, von denen wir lernen könnten, lernen müssten. Du kannst deinen Hund noch so schlecht behandeln und er liebt dich noch immer. Diese unbedingte Liebe, auch Feindesliebe, eines Hundes ist der einzige Weg, uns zu beschämen und unsere Gewaltspiralen zu durchbrechen. Ich kann leider nicht mehr direkt mit Jesus zusammensitzen, aber ich kann noch jeden Tag mit meinem Hund spazieren gehen, zum Glück. Ich weiß, das klingt jetzt alles etwas seltsam.

**Könnten Sie abschließend eine Definition versuchen, was „Glaube" für Sie ist?**

**CCE:** O. K., zwei hilflose Versuche. Glaube ist eine Flaschenpost in einem ausgetrockneten Meer; darinnen ein Liebesbrief. Glaube ist ein Gefühl von Perfektion, auch wenn die Augen schreien: Nein!

# „God is Reality itself"
*Gespräch mit Patrick Roth*

Dem Schriftsteller Patrick Roth begegne ich zum ersten Mal auf der Leipziger Buchmesse 2012. Er war eigens aus den USA angereist, wo er damals noch lebte, um seinen neuen Roman „Sunrise. Das Buch Joseph" in Deutschland vorzustellen. Mit diesem Werk schloss er unmittelbar an seine drei vielbeachteten Jesus-Romane an, die er Anfang der 1990er-Jahre veröffentlicht und mit denen er für Erstaunen und Verstörung gesorgt hatte. Mit Wucht hatte Patrick Roth damit die religiöse Thematik zurückgebracht in den Literaturbetrieb der Gegenwart, in dem Fragen nach Gott und Religiosität bis dahin nur sehr randständig vorkamen. Roth setzt in seinem Schreiben stark auf den biblischen Mythos und erzählt die biblischen Geschichten rund um das Leben, Leiden, Sterben und Auferstehen Jesu aus den Perspektiven scheinbarer Randfiguren, die vom Sog des Christus-Geschehens erfasst und von diesem verwandelt werden. Durch diese Perspektive, die einerseits eine von außen kommende Beobachterperspektive und andererseits eine Beteiligtenperspektive ist, holt er den modernen Leser wieder mit hinein in die Auseinandersetzung um die innere Bedeutung dieses göttlichen Erlösungsdramas. Für den heutigen Leser ist ein faszinierendes Wechselspiel von Nähe und Distanz, Zuschauen und Verwickeltwerden in Gang gesetzt. Der spannende, am filmischen Erzählen geschulte Stil Patrick Roths und die häufig traumähnlichen und mythisch-symbolischen Szenen führen nach und nach zu der Entdeckung, dass es sich bei dem erzählten „alten" Jesus-Stoff um innere, zeitlose Wahrheiten handelt, die auch heute auf Existenzfragen zielen und in einen Glauben führen können. Auch die Sprache Roths ist nah an biblischen Originaltexten und trägt zum Beispiel häufig den griechischen Satzbau ins Deutsche, was verfremdend und mythisierend wirkt. Auch entspinnt sich innerhalb der Erzählstränge häufig ein Drama mythischen Ausmaßes, das die Erfahrungen von Verloren- und Verwundetsein inszeniert und an seelische Urbilder rührt – etwa indem die Themen Verwandlung, Reifung, Sühne, Vereinigung, Weisheit, Rettung, Läuterung, Auferstehung verhandelt werden. Das erzeugt einerseits Fremdheit, andererseits Faszination – und liegt somit in der Spur uralter Heiligkeitserfahrungen, die der Religionsphilosoph Rudolf Otto als Erfahrung des Erschauderns und Ergriffenseins beschrieben hat. Ob man will oder nicht, man wird bei der Lektüre der Roth'schen Dramen in mythische Sphären versetzt, die gleichzeitig aufgrund ihrer untergründigen Bezüge zur Moderne und des filmischen Erzählstils fesselnd und auf merkwürdige Art anschlussfähig für Heutige erscheinen. Wie im Alleingang scheint Patrick Roth der verbreiteten Ahnungslosigkeit und Stummheit der Gegenwartsliteratur in Bezug auf religiöse Fragen und Themen abzuhelfen und den Leserinnen und Lesern dichten religiösen Inhalt zu bieten. Plötzlich ist die Frage nach Gott, nach Tod und Auferstehung, nach Leid und Erlösung wieder auf der literarischen Tagesordnung, plötzlich liest man wieder Dramen von biblischem Ausmaß mit vielfältigen Bezügen zur Bibel und zu antiken Mythen. In dem Interview, das ich mit Patrick Roth auf der Leipziger Buchmesse führte und bei dem wir Espresso aus kleinen Pappbechern tranken und dem geschäftigen Literaturtrubel um uns herum tapfer trotzten, schilderte er mir, wie er immer wieder durch außergewöhnliche Träume zu den Stoffen seiner Bücher geführt wurde und wie diese Träume zum literarischen Material geronnen. Mit diesem traumhaften Erzählen hat Roth gewissermaßen einen Schlüssel gefunden, wie der wie verloren und abgekoppelt erscheinende Gehalt der alten Religion neu anschlussfähig für heutige Menschen werden kann. Denn in den Träumen sind wir alle noch gewissermaßen den Zeiten enthoben und haben es mit uralten Bildern, Symbolen und Prozessen zu tun. So verschränkt er biblische Inhalte mit weiterführenden Träumen und lässt das alte Heilsdrama Jesu auf neue Art als ein auch heute mögliches innerliches Geschehen aufscheinen. So nähert er sich – in mythischer und poetischer Form – immer wieder den Grenzerfahrungen des Menschseins, der Schuld, dem Verlassensein, dem Zerbrochensein, der Sehnsucht nach Verbundenheit, nach unendlichem Gehaltensein, nach Erlösung vom Tod. Durch den künstlichen und dem Mythos nachempfundenen Stil hält er dabei das Geschehen immer auf Distanz in einer fremdartigen Sphäre und lässt es dennoch in seiner seelischen Urbildhaftigkeit in die Seele der heutigen Menschen dringen. So wird das unfassbare Geschehen der Auferstehung Jesu nicht plötzlich erklär- und nachvollziehbar, sondern steht in seiner mythischen und existenziellen Dimension wie ein Traum gigantischen Ausmaßes wieder neu vor Augen und kann dem, der sich darauf einlässt, eine Anschlussfläche für eigene Träume und eine eigene innere Verbundenheit mit dieser nicht greifbaren und doch auf einer anderen Ebene wirklichen göttlichen Auferstehungs- und Erlösungskraft ermöglichen. Und so beschreibt Patrick Roth in der Novelle „Corpus Christi" eine Todes-Vision einer der Frauen, die Jesus folgten und nun selbst in das Auferstehungsgeschehen hineingezogen wurden: „Die alte Angst war es, die kroch hervor aus jener Dunkelheit, die mich umschloß. Es war die Angst im Baum, im Astgewirr und Zweiggewimmel, die sich zu mir herab jetzt winden wollte. Dieselbe. Von Angst gepeinigt schrie ich, starr, ohne Schrei. Ich wandte mich, um mit den Händen den Rand der Steinbank zu erreichen. Kaum konnte ich ihn mit meinen kalt gewordenen Fingern noch umklammern. Und hielt mich dennoch daran fest. Und zog mit letzter Kraft mich an der Kante hoch, zog meinen ganzen Leib vom Boden, zog ihn hinauf zur ausgehöhlten Grabbank. Mit einem Schlag, kaum fühlte ich meinen Körper dort an seinem, war meine Angst wie ausgelöscht. Fiel ab. Fiel alles ab, was Angst empfinden, was Angst mit jeder Faser spüren, was Angst noch in sich saugen konnte. Es brach die Haut, als wäre sie immerschwerer Panzer nur gewesen, war abgesprengt. Ich war ganz leicht an ihm, war nah, war sprachlos, ruhend, ohne Angst. Unendlich sicher war ich. Da kam mir, dass lebendig sei, wer mir die Angst so nimmt. Ich wandte mich, um sein Gesicht zu sehen. Und fiel in ihn hinab." Die Vision setzt sich noch fort, indem der Weg in eine Stadt genommen, ein Tor passiert und in der Stadt ein Fest gefeiert wird. Dann heißt es weiter: „Da kommt aus ihrer Mitte (sc. der Feiernden) der Herr des Fests. Kommt auf den Eingetretenen zu. Und dem, vor dem sie zittern, sich zu zerteilen drohen, dem Eingetretenen, dem öffnet die Arme der Herr des Fests. Als Bruder, als den verlorenen Sohn empfängt er ihn, der Herr des Fests. Umarmt ihn so gewaltig, dass sich ein Schrei erhebt aus allen Mündern, als würden in der Umarmung alle umgebracht. Die Arme des Herrn aber durchhalten die Angst. Die Arme des Herrn halten fest den Gefundenen. Bis die Schreie verhallen, jedes, in der Umarmung erweckt, wiedererwacht, immer gehalten und nie verloren ist. Denn wo der Verlorene wiederkehrt, wird nie mehr verloren. Und dann – ich sag es noch, ich sah es noch –, dann kam ein Licht. Aus der Umarmung kam es. War Licht des Lichts aus uns, die wir gesehen hatten. Aus uns kam es. War Licht dem Licht des Lichts. Zerbrach die Mauern und die Tore dieser Stadt, zerbrach, was Mauern, Tore, Straßen uns bedeuten, und tilgte ihre Zeichen. Und eingesammelt in den Armen, schuf er uns neu, aus seiner Seite. Ich sah, ich sah den Anfang noch. Ich sah ihn an. Denn er stand vor mir. Der Auferstandene. Und ich erwachte. Hier sah ich seine Hand, die sich zurückzog. Die noch auf mir gewesen war, auf meiner Stirn. Die mir Gesicht gegeben hatte. Hier stand er, eben noch berührend, und wandte sich. Und ging durchs offene Felsengrab hinaus. Ich sah, ich sahs."

Patrick Roth thematisiert auf eigene Art den alten Vorgang mystischer Vereinigung des Menschen mit der göttlichen Wirklichkeit, näherhin des Menschen mit Christus, dass eine neue „Mystik des Seins-in-Christus", wie sie Paulus beschrieben hat, möglich werde – auf dem Weg literarischer (Nach-)Inszenierung des göttlichen Heilsdramas. Diese Fortschreibung des biblischen Zeugnisses vom Auferstehungsereignis Christi zielt darauf, dass sich der heutige Mensch gemeint und in das Drama einbezogen fühlt und diese Botschaft als *für sich* bezeugt begreift. So läuft auch die eben wiedergegebene Auferstehungsvision von Tirza darauf hinaus, dass sie diese dem Jünger Thomas, dem Ungläubigen, bezeugt, der exemplarisch für jeden mystisch Suchenden steht. Zu ihm sagt sie über den Zweck ihres Zeugnisses: „Dass du ihn siehst, den Himmel. Und nicht mehr sagst: er ist nicht sichtbar, ist hinterm Tod verschlossen. Denn nicht hier oder da ist der Auferstandene, das ist: die Umarmung. Denn er hat die Getrennten umarmt. Nicht gestern war er oder wird morgen sein. Denn wie er Licht und Dunkelheit umarmte zum neuen Tag, so Gestern und Morgen. Sondern *jetzt* und in dir ist Er. Wo aber nicht, da trennen die Mauern. Wo nicht *jetzt*, da verschließt sich das Tor. Wo nicht in *dir*, da mordet der Mörder. Und wo Er nicht ist, da glauben Gerechte zu richten. Und stehen ungefasst, uneins, außerhalb, wo sie einander nicht erkennen, Zutritt nicht lassen. Und der Verlorene bleibt unumarmt, wo er alle vor Angst zerreißt."

\*\*\*

**Patrick Roth, sind wir heute zu rational, um etwas mit der Erzählung von der Auferweckung Jesu anfangen zu können?**
**Patrick Roth:** „Zu rational", ja, das könnte sein. Das Problem scheint mir aber nicht eigentlich die Ratio zu sein, unser verstandesmäßiges Denken – evolutionär betrachtet: *die* große Errungenschaft der Menschheitsgeschichte –, sondern unsere ausschließliche Identifikation damit. Ich habe den Eindruck, uns fehlt eine „dynamische Balance".

**Was meinen Sie damit?**
**PR:** Ich meine damit eine achtsame Einstellung und Haltung zum Unbewussten. Die haben wir leider oft nicht. Allem „Irrationalen" – allem, was nicht greifbar, messbar ist – sprechen wir sehr gern die Existenz ab: „Das gibt es nicht. Das kann nicht sein", heißt es dann oft. Es gibt aber neben den konkreten, äußeren Tatsachen auch psychische Tatsachen. Die Auferstehung ist meiner Meinung nach schon deshalb real, weil sie auch eine psychische Tatsache ist. Das heißt, sie kann zum Beispiel auch als inneres Bild in Träumen vorkommen.

**Die Wirklichkeit der Auferstehung kann also in Träumen erfahren werden?**
**PR:** Noch vorgestern erzählte mir eine Frau erschüttert ihren Traum, in dem sie vor ein Erschießungskommando gezerrt wird. Im Traum weiß sie: Es gibt kein Entkommen. Noch unheimlicher: Sie weiß, dass ihr Tod notwendig wäre und sie ihrer Hinrichtung eigentlich zustimmen müsste. Die Todesschützen verhöhnen sie,

dann legen sie ihre Gewehre auf die Frau und zwei Männer an, in deren Mitte sie steht. Auf dieses Grauen folgte im Traum eine Hochzeit. Sie befand sich unter vielen Gästen und wusste plötzlich: „Ich selbst bin die Braut." Gleich würde ihr Bräutigam, auf den alle warteten, erscheinen.

**Ist das ein Traum von biblischem Ausmaß?**
**PR:** Hier haben Sie authentische, individuell geprägte Bilder einer Passion, die einer Auferstehung und tiefen Wandlung vorausgehen. Die Bilder dieser Frau sind nicht vom Menschen gemacht. Sie, die Träumerin, hat sie zwar geträumt – aber nicht vorgefertigt, nichts daran war geplant, nicht mal geahnt. Sie verstand ihren Traum auch nicht. Sie war nur zutiefst erschüttert davon. Wenn sie jetzt die Verbindung zu den Bildern in den Evangelien herstellen könnte, würde etwas Ungeheures einsetzen. Ein heilender Dialog könnte beginnen zwischen dem „lebendigen Wort" und dem lebendigen Traum. Das gilt aber auch umgekehrt.

**Dass wir in der Bibel etwas von unseren Träumen finden?**
**PR:** Der Psychologe C. G. Jung sprach es deutlich aus: „Wir müssen die Bibel lesen, wenn wir etwas von unserer Seele verstehen wollen. Unsere Psychologie, unser ganzes Leben, unsere Sprache und Symbolik bauen auf der Bibel auf." Ich denke, dass auch in unserem Leben die biblischen Motive und Geschichten – in ihren archetypisch-zeitlosen Bildern – noch wirksam und nachweisbar sind. Wir sehen, hören, verstehen sie allerdings kaum mehr. Sie bleiben unbewusst, die Beziehung zu ihnen ist eingeschlafen, scheintot. Jemand erzählte mir kürzlich, er habe im Traum ein fast trockenes Flussbett aufs andere Ufer durchschritten, die Wasser des Flusses wurden durch eine Steinmauer zurückgehalten. Er wusste nicht, was das Bild bedeuten könnte, bemerkte aber, dass er

sich beim Gehen im Traum „geheimnisvoll zuversichtlich fühlte". Im konkreten Leben sah er eher ängstlich beruflichen Veränderungen entgegen. Wenn ich ihm jetzt die Bibel vorlege, etwa die Stelle vom Gang durch das Schilfmeer in Exodus oder die Überschreitung des Jordan durch Josua vor dem Einzug ins „promised land", dann wird er die Bibel – aber auch seine Träume, sein kommendes Leben – neu lesen. Er bekäme, im besten Falle, einen Begriff von der Tiefe des persönlich Geträumten. Es ist doch, als tauche das uralte Bild – abgewandelt, in persönliche Form umgegossen – in seinem Leben wieder auf, seine heilend-weisende Kraft geltend zu machen. Jetzt kommt viel darauf an, zu welchem Grad ihm das auch bewusst wird. Denn wenn es keine bewusste Verbindung zum Urbild gibt, bleibt ihm das Bild nur rätselhaft-kurios, verschwindet vielleicht schon bald aus seiner Erinnerung. Das Bild kam dann umsonst.

**Wie sind Sie auf Joseph, die Hauptfigur Ihres Romans „Sunrise" gestoßen?**

**PR:** Der Anstoß zur Beschäftigung mit Joseph kam zunächst von außen: 2006 bat mich der Redakteur einer großen Zeitung um eine „Weihnachtsgeschichte". Daraus entstand die Erzählung „Lichternacht", die einen modernen Joseph zeichnet, der an Weihnachten von der Untreue seiner Geliebten erfährt. Kaum war die Geschichte abgeliefert, kamen Träume, die mir zu verstehen gaben, dass eine „große Arbeit" auf mich wartet.

**Eine Arbeit woran?**

**PR:** Es waren riesige Träume, die ich zunächst kaum fassen konnte. Einer von ihnen zeigte die Milchstraße in Bewegung: in einem Gefälle von 45 Grad floss sie am Nachthimmel der Erde zu. Tage darauf begegnete mir das Bild in einer Zeitung: Da war die Milchstraße auffällig im selben Winkel geneigt. Es war ein Gemälde von Adam Elsheimer mit dem Titel: „Die Flucht nach Ägypten". Da war schlagartig klar, von welcher „großen Arbeit" das Unbewusste mir sprach. Es ging um die archaisch-biblische Gestalt des Joseph, die durch das Schreiben von „Lichternacht" heraufgerufen war. Wenn Ihnen ein Traum in der inneren und der äußeren Wirklichkeit zustößt, sind Sie umstellt. Diesem „Joseph" war nicht mehr auszuweichen.

**Wie ging Ihre Geschichte mit Joseph weiter?**
**PR:** Die Arbeit nahm mich gefangen. Gleichzeitig wuchs die Angst, den riesigen Stoff nicht fassen zu können. Erst nach Jahren kam eine gewisse Ruhe ins Schreiben, auch wenn ich die Bedeutung der Bilder oft lange nicht verstand. Ich musste Geduld haben mit ihnen, mit mir, meinem nachhinkenden Bewusstsein, das mit dem Stoff rang, ohne ihn vollständig durchdringen zu können. Ich ging durch eine lange Zeit persönlicher Niederlagen, zermürbt von der eigenen Unfähigkeit, dieser Arbeit auch nur annähernd gerecht zu werden. Heute sehe ich, dass das Neue, das sich in „Sunrise" Ausdruck verschafft hat – die not-wendige Einstellung des Menschen Joseph zum Numinosen –, gerade während jener Phase in den Stoff eindrang. So begann ich, die mir wichtigsten Aspekte Josephs dramatisch zu formen, sie mit den Mitteln literarischer Spannung im Text erfahrbar zu machen. Dass ich je „ankommen" würde, wusste ich erst ein Jahr vor Abschluss des Buches.

**Gab es einen Auslöser für Sie, Jesu Auferstehung in Ihrer „Christus Trilogie" erzählerisch aufzugreifen?**
**PR:** Ja, auch in diesem Fall waren es Träume, in denen diese Bilder vorkamen. Ich gebe Ihnen ein Beispiel: Vor Beginn der Arbeit an „Corpus Christi" hatte ich einen Traum, in dem ich im

Innern des Felsengrabs Jesu stand. So ein Traum fasziniert, kann aber auch – wie in meinem Fall – bedrückend und belastend nachwirken. Er beschäftigte mich jahrelang. Nur als es mir gelang, Sinn aus ihm zu ziehen, eine Deutung zu finden, die mich nicht allein intellektuell befriedigte, sondern zu mir als ganzem Menschen sprach, konnte ich die Arbeit abschließen.

**Hat sich über dem Schreiben dieser Bücher Ihr Blick auf Ostern, auf die biblische Erzählung von der Auferweckung Jesu verändert?**

**PR:** Ja. Ich habe gelernt, was „pistis" ist. Das ist das griechische Wort, das Luther mit „Glaube" übersetzt. Es ist eben nicht „blinder Glaube" gemeint, kein grauenhaftes Augenverschließen vor dem fragenden Verstand: „Das musst du einfach glauben", sondern bedeutet zunächst: „Treue, Zuverlässigkeit, Vertrauen". Ich würde sagen: Es geht darum, *zu erfahren*, nicht darum, blind zu glauben. Das würde bedeuten, die Auferstehung im Leben wiedererkennen zu lernen – gerade in ihren kleineren, ungesehen-verachteten, alltäglichen Seitenzweigen. Dieser eigenen Erfahrung dann treu zu bleiben, wäre „pistis" – ein Stück gelebter Wahrheit.

**Ein Sprung zu dem anderen großen Bild des Christentums – der Heiligen Nacht, der Weihnacht. In „Lichternacht", wir sprachen es an, erzählen Sie eine moderne Weihnachtsgeschichte, in der Liebe und Sehnsucht, Schmerz und Erlösung nahe beieinander sind. Worin liegt für Sie das Geheimnis der Weihnacht?**

**PR:** Sie sagen ganz recht: Wir feiern ein Geheimnis an diesem Tag. Stellvertretend für *alle* Tage. Denn die Erscheinung des Numinosen, des Göttlichen, das in uns offenbart, also: wirklich werden, „Fleisch werden" will, ist nicht kalendergebunden. Manchen ist das alles so „geheim", kommt so heimlich daher, dass wir's nicht wahrnehmen. Das Wesentliche des Symbols bleibt unentdeckt, unter Äußerlichkeit vergraben.

**Was ist denn das Wesentliche des Symbols der Weihnacht?**

**PR:** Mitten in der Nacht tiefsten Alltags, das heißt doch: in unserer Verlorenheit an die „zehntausend Dinge" dieser Welt, wird etwas geboren, das uns Richtung weist aus dem Chaos des Kommerzwahns, der Oberflächlichkeit und allgemeinen Auflösung. Und ob wir's erkennen, ist letztlich eine Sache auf Leben und Tod – wie es die lukanische Weihnachtsgeschichte beschreibt. In „Lichternacht" wollte ich diesen Aspekt – dass es hier um alles geht – wieder erfahrbar machen. Der Leser soll erleben: die Sekunden auch der Gewalt und Größe, in die dieses Geheimnis sich kleidet, wenn es aus dem Nebel des Alltags heraus plötzlich vor uns steht.

**In „Lichternacht" blitzt zeichenhaft auf, dass Erlösung geschehen kann, dass der Tod kein Ende ist, sondern eine Brücke. Vermag Literatur für Sie eine solche quasireligiöse Funktion zu erfüllen?**

**PR:** Ob Literatur das vermag, ist fraglich. Außerfrage steht für mich, dass sie sich daran wagen muss. Ich halte es für die höchste Aufgabe der Literatur – jeglicher Kunst –, sich an das Moment des Numinosen heranzutasten, hinzuführen, es als erfahrbare Wirklichkeit zu bezeugen. Mit intellektuellen Mitteln allein ist das nicht möglich. Auch wenn die Kunst scheitert, vielleicht scheitern *muss*, kann gerade mit dieser Niederlage der entscheidende Splitter in uns schießen. Eine Sekundenvision etwa. Und dann liegt es an uns – an unserer Treue zu ihr, das ist: an unserem Glauben, an unserem Vertrauen auf die Wirklichkeit jener Vision – und am eingeschossenen Sinn selbst, ob dieser Einfall, dieses „Gesicht", dieser Traum: einen Tag lang, eine Krise hindurch, das ganze Leben bestimmend oder, wie im Falle des Paulus, über Generationen hinweg ein ganzes Zeitalter lang nachwirkt.

**Sie beschreiben ein warmes Mauthäuschen auf der Brücke, in das sich die Hauptfigur Joe hineinrettet. Er findet dort „eine neue Welt, eine Insel im Sturm, ganz für sich und allen Zeiten trotzend, komme, was da wolle". Ist das eine Beschreibung dessen, was Glaube ist?**

**PR:** Ich erinnere mich an einen Rat des Ignatius von Loyola, wenn es um große Entscheidungen geht. Wenn wir uns fragen: Wie finde ich, was wichtig ist im Leben?, lautet seine Antwort – ich paraphrasiere: „Indem ich mir vorstelle, ich wäre in meiner Todesstunde." Aus solcher Schau aufs Leben fragt er sich: War dies oder jenes wichtig? Und handelt dann entsprechend im Leben. Das heißt: Auf solcher imaginierten „Todesstunden-Insel" wird uns die Entscheidung für dies oder gegen jenes leicht. Jetzt fällt das Unwichtige weg. Hier sind wir endlich wach, ganz bei uns, nicht mehr in dieses „Märchen" eines Lebens verstrickt, wie „man" es kollektiv lebt. In solchen lichten Inselsekunden – sie scheinen zeitlos – wird das Individuum neu geboren. Sehen Sie, das ist die „Weihnacht-Insel", die Joe mit dem Einlass ins Mauthäuschen jener Brücke betritt. Von hier aus betrachtet, löst sich das Problem der Schuld auf, die wir im Alltag so unbedingt jemandem zuweisen wollen. Das ist Joes Erfahrung – in jenem äußersten Moment. Es ist nichts von ihm Gemachtes, es ist Gnade. Wenn er nun der Gnade gemäß handelt, seine Erfahrung als Auftrag versteht, den er treu zu verwirklichen sucht, ist es gelebter Glaube.

**Betrachten Sie Ihre Literatur als eine Art Fortschreibung der Bibel, in dem Sinne, dass Sie biblische Motive verwenden und ihrer Wahrheit trauen?**

**PR:** Ich verwende die biblischen Motive nicht. Sie verwenden mich. Konkret: Wenn ich am Morgen mit einem Traum erwache, ihn untersuche, der Bedeutung seiner Bilder für mich nachspüre, dann kann es sein, dass ich Details oder Szenen darin entdecke, die so auch in biblischen Geschichten aufscheinen. Wer hat diese Bilder gemacht, die meines Traums und die in der Bibel? Doch nicht ich, doch nicht die biblischen Autoren. Der Künstler oder Autor kleidet nur aus, er „trägt aus", was ihn im Innersten gepackt hat. Das Faszinosum selbst aber hat er nicht „gemacht" – es macht ihn, es treibt ihn, verführt ihn, lässt ihn irregehen und finden. Fatal und gefährlich wird es, wenn er sich dauerhaft damit identifiziert, das heißt sich der Tatsache unbewusst bleibt, dass dieses Faszinierende ihm nicht gehört.

**Können Sie beschreiben, wie die Beziehung zum Göttlichen in Ihrem Leben Gestalt gewann, wie Gott zu einer evidenten Größe, einer persönlichen Wahrheit geworden ist? Spielten da bestimmte Ereignisse, Erfahrungen, Einflüsse, Personen, Bücher eine prägende Rolle?**

**PR:** In Bildern gesprochen könnte ich sagen, dass es mir in der Kindheit ergangen ist wie meinem Protagonisten in „Johnny Shines oder Die Wiedererweckung der Toten". Ich werde etwa im selben Alter gewesen sein, als ich „Gott hören wollte und den Altar bestieg", um Seiner Stimme näher zu kommen, sie zu hören. Damit verknüpft sind aber auch die Bilder und Nachrichten über den Holocaust – ich war sechs oder sieben Jahre alt gegen Ende der 1950er-Jahre, denn sie schufen den ersten und tiefsten Konflikt in der Seele. Viele Jahre später, ein paar Klassen vor dem Abitur, gab uns ein katholischer Priester – Kaplan Schildknecht hieß er – eine skizzenhafte Vorstellung von der Psyche beziehungsweise von Freuds Lehre. Zeitlich fiel das zusammen mit der Lektüre von

E.T.A. Hoffmanns „Der Sandmann" und Freuds Schrift über „Das Unheimliche". Darin geht Freud ja auch auf Hoffmanns Erzählung ein, die mich so tief beeindruckt hatte. Und zufälligerweise – eine Synchronizität, würde ich heute sagen – las meine Mutter damals gerade die „Erinnerungen, Träume, Gedanken" C. G. Jungs, mit dessen Werk ich erst in Los Angeles – dort dann auch praktisch – in Berührung kam.

**Gab es bei Ihnen so etwas wie einen Bruch zwischen dem Kinderglauben und einem Erwachsenenglauben? Wie würden Sie diesbezüglich Ihre Entwicklung beschreiben?**

**PR:** Ja, der Bruch kam sehr früh. Ich sprach ihn gerade an. Verursacht war er von jenem tiefsten Konflikt, den die Berichte über den Holocaust in mir auslösten. Ich habe das vielfach beschrieben. Nachzulesen ist das unter anderem in meinem Buch „Die amerikanische Fahrt", in den beiden Erzählungen „Die Bild-Flamme" und „Der Stimmen-Brunnen". Dort sind auch die Folgen verzeichnet.

**Sie sind bereits in jungen Jahren nach Amerika ausgewandert und beschreiben sehr eindrücklich, wie Sie dort neu zur deutschen Sprache gekommen sind, sie auch als ein Stück Beheimatens und tieferer Verwurzelung entdeckt haben. Ihr Weg zum Schriftsteller führte offenbar über eine sehr genaue, bewusste, tiefgründige Beschäftigung mit Worten, Wortbedeutungen, Wortherkünften, Sätzen und sprachlichen Gebilden. Auch im Bereich der religiösen Suche scheint mir, dass bei Ihnen ein wesentlicher Zugang über Worte und Sprache stattfindet. Ist das so?**

**PR:** Ich würde es etwas anders beschreiben. Nicht Wörter gaben den Ausschlag, sondern die in ihnen angelegten Bilder. Oder tiefer, nicht die Bilder, sondern das in ihnen Verborgene. Ein Gefühl, das einerseits ausgesprochen im Wort wie ein Wunder vor mir lag, mir von den Erwachsenen angetragen, „beigebracht" wurde. Andererseits doch ein Unaussprechbares für sich behauptete. Im Wort selbst blieb – und bleibt mir heute noch – etwas zurück, gänzlich zurück, aus dem heraus es überhaupt erst zu leben scheint. Eine göttliche Kraft. Im Märchen wäre es etwa das Bild eines im nächtlichen Wald Verlorenen: Da glaubt er, ein kleinstes Licht zu erkennen. Es zieht ihn an ... Er richtet seinen Weg darauf zu. Alles führt jetzt dort hin. Das ist der „Funke", ist die *scintilla*, mit der auch „Gottesquartett" beginnt. Ein Urlicht.

**Eröffnete sich Ihnen etwa über die Bibelübersetzung Luthers – und dann auch über die tiefer gehende Auseinandersetzung mit den Ursprachen der Bibel – ein Zugang zur Wirklichkeit Gottes, zu einem Behaustsein in der Macht Gottes, dass Gott in Ihnen gewissermaßen auch über die alten Worte Wohnung genommen hat oder Sie sich in den Worten „eingezeltet" haben in Gott?**

**PR:** Eine gute Frage. Aber so anregend die Luther-Übersetzung, dann vor allem auch die Buber-Rosenzweig Übersetzung des Alten Testaments für mich waren, ich würde nicht behaupten wollen, dass der entscheidende Zugang bei mir über die Worte gekommen wäre. Es waren vielmehr Erfahrungen. Erlebnisse wie das Erdbeben vom 17. Januar 1994 in Los Angeles, die Bilder, die sich da einstellten, die einbrachen. Ich habe das in „Ins Tal der Schatten", den Frankfurter Poetikvorlesungen, zu beschreiben versucht. Aber man reicht – Worte reichen – an solche Erfahrung, solchen Einbruch, nicht heran. Diese „Begegnungen" sind immer Niederlagen für das Ich – das sprachlos zurückbleibt, blind. In befruchteter Blindheit, wie sich dann herausstellt. Aber es waren, schon Jahre vor 1993, große Träume, weitaus gewaltiger als dieses Erdbeben, die mich prägten, mich formten. Psychische Beben waren das, die im Einschlag der Träume mir Bilder offenbarten, vorgegebene Schichten umschichteten und eine Art seelischen Magmas zutage förderten. An dessen Bildern – dessen kontinuierlichem „Material" – arbeite ich mich seit Jahrzehnten ab. Denn das war und ist meine Aufgabe – sie ist es „offenbar".

**Ist es Ihnen möglich, das, was Sie unter „Gott" verstehen, näher zu beschreiben?**
**PR:** Es ist mir nicht möglich. Das Größere kann vom Kleineren nicht begriffen, nicht verstanden werden. Aber jedes meiner Bücher, würde ich behaupten, will an solche Bilder rühren, sucht zu beschreiben, mehr noch: will diese Bilder – ich glaube, das ist das eigentliche Ziel – *geschehen* machen, diese Bilder geschehen lassen, in ihrer Wirkung zum Geschehnis öffnen – im Leser. Das ist die „Passagenbereitung", von der ich in den Frankfurter Vorlesungen rede, eine der Aufgaben des Schriftstellers. Das ist natürlich unverschämt, ist Anmaßung, Vermessenheit. Oder ich könnte sagen: Es ist die „thirsty soul" des 63. Psalms, die mich suchen lässt. Weil die Psyche weiß – der Durst ihr beweist –, dass es „Wasser" gibt. Ich kann kein „Verständnis" behaupten. Ich kann nur sagen, dass ich – zum jetzigen Zeitpunkt, dem derzeitigen Stand meiner Entwicklung, meiner Träume, meiner Erfahrung – nur bekräftigen kann, was mir zunächst indirekt – nämlich in englischer Übersetzung – und doch unmittelbar einleuchtete: „God is Reality itself". Das ist ein verkürztes Zitat aus C. G. Jungs „Antwort auf Hiob". Im Original lautet es: „Man hat eben sehr spät realisiert (respektive ist immer noch damit beschäftigt), dass Gott das Wirkliche schlechthin ist, also nicht zum Mindesten auch Mensch."

**In Ihrem Buch „Gottesquartett" schreiben Sie im Nachdenken über einen Traum: „Das ehrwürdige alte Gefäß unseres**

Glaubens wäre ins Unbewusste gefallen, sein Inneres zur Wildnis geworden, sagte das Traumbild. Und: ‚her vom Altar' ... wuchs der Wald, sagte es andeutend. Das wiederum hieße, Gott selbst stünde dahinter, hinter solcher Entwicklung. Auch hinter dem Funken, dem Licht in der Finsternis, dem Stich dann der Flamme. Was wir als ‚Gott' bezeichnen, will ein neues Gefäß, kann jedenfalls – zum Zeitpunkt unserer Entwicklung – nicht mehr ‚gefasst' werden, würde das heißen." Wie verstehen Sie unsere Gegenwart, die geprägt ist von einem großen Gottesverlust, von einem nun schon einige Generationen anhaltenden Abbruch traditionellen Bezogenseins auf Gott, von umfassender Säkularisierung?

**PR:** Ihr Zitat aus „Gottesquartett" stammt aus einem Traum, der sich auf den Brand der Notre-Dame-Kathedrale bezieht. Der Traum und die Tatsachen, die Sie und andere im Zusammenhang damit zitieren, bringen etwas zum Ausdruck. Ich würde es in dieses Bild fassen: Wir leben im babylonischen Exil, einer In-die-Dinge-der-Welt-Veranntheit der Menschen, einem Labyrinth ohne Mitte, einer Bewusstlosigkeit, die sich „woke" dünkt. Der alte „Tempel" – das traditionelle kollektive Gefäß für unseren höchsten Wert – liegt in Scherben. Kollektive Unruhe, unser allgemeines ezechielsches Zittern, das heißt eben: ein Großteil der Neurosen unserer Zeit, der gegenwärtigen Ängste, sind Folgen dieses Zusammenbruchs, dieses Fehlens eines „containing myth", eines uns enthaltenden Mythos. Und doch ... hier, in solchem Zustand ängstlichen Exils, hier beginnt etwas. Neues aus dem Alten. Ich denke an ein Bild, das – so würde ich sagen – auch den Zugang zu IHM unter den derzeitigen Umständen beschreibt. Ich rede vom Einzelnen, der Aufgabe des Individuums. Man darf daraus keine Vorschrift machen, nicht so tun, als sollten das alle so sehen. Es ist, de facto, nicht für alle, wie könnte es auch. Ich denke an die Vision

Josephs in „Sunrise", als ihm, ganz unten, auf dem Grund aller Dinge, Gott Weisung gibt, den Tiegel, den Joseph hält, am Fuße des Ragebilds Adams zu zerschmettern. Dann ... soll er das Zerschlagene sammeln, soll mit dem eigenen Menschenspeichel – das heißt, mit allem, was er als beschränkter Mensch innerlich besitzt, aus sich hervorbringen kann – die scharfen Kanten der Splitter bestreichen, sie damit wieder zusammenfügen zu einem Gefäß „für die Hungrigen beide", wie es in „Sunrise" heißt. Denn „beide" – das meint Gott *und* Mensch – teilen den Hunger, beide hungert es nacheinander. Ich sehe die Arbeit am zukünftigen Gefäß daher als ein *Opus Dei et hominis*.

**Mich würde noch ein mir wesentlicher Punkt Ihres Sich-Beziehens auf Gott interessieren. Sie machen die psychologische Dimension des Religiösen sehr stark und sehen Urbilder in unserer Seele als „Schlüssel" für ein tieferes Sich-Gründen im Ewig-Göttlichen. Doch bleibt Gott dabei nicht irgendwie doch eine innerpsychische, letztlich immanente Größe? Wo ist das Transzendente dieses Gottes? Die theologische Tradition spricht von Gott als einer „externen Kraftquelle", als einer Größe, die „extra nos"/„außerhalb von uns" ist. Wie verträgt sich Ihr stark auf psychologische Momente abhebendes Verstehen des Göttlichen mit der Vorstellung eines Gottes „extra nos"?**

**PR:** Das ist eine wunderbare Frage – danke, dass Sie sie hier stellen. Lassen Sie mich eine Antwort versuchen. Wie Sie wissen, sind im Unbewussten „außen" und „innen" letztlich nicht unterschieden. Paulus spricht, wenn ich mich recht erinnere, sowohl davon, dass er „en Christō", also *in* Christus sei, als auch davon, dass Christus „in mir" ist, „en emoi", in mir lebt. Das ist auch ganz „natürlich" so. Sie können nicht – niemand von uns kann –, kein Mensch vermag etwas zu denken oder zu erleben, das etwa *nicht*

Psyche, nicht psychisch basiert wäre. Ihre Frage kommt aus einer – letztlich – psychischen Reaktion auf eine Sichtweise, wie Sie sie in meinen Büchern erfahren. Klar, Sie können Ihre Reaktion rational begründen. Aber Ihrer Begründung liegt Sprache, also letztlich Psyche zugrunde. Ich sage damit nur, dass wir (Gott sei Dank) Grenzen haben, die Psyche – so unendlich sie erscheint – uns Grenzen setzt. Wir können nichts äußern, denken, fühlen, was nicht aus diesem psychischen Wasser käme. Und doch … finden wir darin, in dieser Psyche – sie gehört eben nicht uns, wir tauchen lediglich in ihr – so etwas wie „Spur". Spur eines „Ureinschlags". Das wäre unser Begriff „Archetyp", einmal anders übersetzt. Dieser Archetyp, der uns „Gott" sagen, an „Gott" denken, uns an Gott wenden, von Gott abwenden, uns Gott wiedersuchen, IHN neu finden, uns mit IHM aufblasen, in Hybris leben, uns desillusioniert von IHM davonlaufen lässt, um uns – plötzlich – wieder vor IHN zu stellen, mit IHM zu konfrontieren, IHM „zum Bilde", dieser Archetyp ist Spur. Wir können ja hier nur in Bildern reden, nur mythisch sprechen in diesen Bereichen. Ich könnte auch sagen: Hier ist der „Fingerabdruck im Lehm", die Spur, das Hingenommene, das wir sind. *Seine* Spur. Dieser „Gottesbild"-Einschlag ist ein Faktum unserer Existenz. Unserer psychischen Existenz, unseres Lebens als psychische Wesen. Das ist eine psychische Tatsache – auch wenn ich sie nicht unmittelbar messen kann. Sie wirkt, ist wirksam, „das Wirkliche schlechthin". Der biblische Schöpfungsbericht, Sie wissen das, spricht vom gotterschaffenen Menschen als von einem „tselem", einem schattenrissartigen „Bild IHM zum Bilde". Da liegen doch, schon im biblischen Urbild, Auftrag und Sinn unseres Lebens, unserer Existenz: sie gründen *a priori*. Das Ich, so ist impliziert, hat damit – „zum Bilde Gottes" – einen Urgrund *vor* seiner Existenz, heißt das. Hat ihn in Gott. Das ist eine psychische Tatsache – die wir eben auch psychisch bestätigt finden. In der psychisch nachweisbaren Parallele nämlich, die jeder erkennt: das Ichbewusstsein des Menschen entwächst beziehungsweise entwickelt sich aus dem Unbewussten heraus, aus einer Art Urgrund, der ihm vorausgeht. Also wird uns auch das Bewusstsein, dass wir „wir" sind, vermittelt über das uns Gegebene: die Psyche. Sie sehen hier, wie verflochten das „extra nos"- und „intra me"-Denken ist: etwas oszilliert zwischen diesen Standpunkten.

**Sie spielen auf die mystische Tradition an?**

**PR:** Sicherlich ist hier eine Verbindung. Zum „intra me" oder „intra nos" fällt mir das gleichsam von Origenes an Meister Eckhart gereichte, an Angelus Silesius weitergegebene Wort ein, das – ich paraphrasiere – danach fragt: „Was nützt es mir?" Nämlich: Was nützt es mir, wenn es „extra me" geschah, historisch sich irgendwo ereignet hat, dieses Wunder der Menschwerdung Gottes? Was nützt mir die *Conceptio Mariä*, wenn ich sie nicht *in mir* erfahren darf? Darum bittet Silesius also. Ihm soll geschehen wie Maria. Man muss das bis an die Grenze der Wörtlichkeit nehmen. Dort, wo es kitschig zu werden, lächerlich zu werden droht – dort, wo es beworfen wird, verschmäht wird, für eine solche Vorstellung sei „no room at the inn", kein Platz in der Welt. Da beginnt sie nämlich, die „Höhle", Geburts-Höhle, das unsichtbare Innen, das niemand sieht außer dir. Da hätte es statt, das Wunder.

**Aus Ihrer Sicht residiert also das Göttliche in der Seele allein, im „Seelengrund"?**

**PR:** Lassen Sie mich noch einen Anlauf machen. Die Psyche, vor der wir uns so fürchten – wir fürchten nämlich: dann könnte ja alles „nur" psychisch sein. Wir denken und agieren, als hätten wir die Psyche gemacht. Jung sagt in etwa: „Wenn jemand hier im Saal ‚Feuer!' ruft, sollte ich nicht annehmen, dass *ich* gerufen habe, dass *ich* das getan habe. Aber sobald etwas von innen kommt, nehmen wir gewöhnlich an, wir hätten's gemacht!" Er sagt, es sei töricht zu glauben, die Psyche sei unsere Erfindung, und schreibt es der Morbidität unserer Zeit zu, deren Bewusstsein sich so weit von seinem unbewussten Hintergrund abgehoben hat, dass wir glauben, was in unserer Psyche geschieht, hätten wir bewirkt, wir gemacht. Und „abgehoben" ist das richtige Wort; wir schweben inflationiert dahin – und merken gar nicht, inwiefern wir die Bodenhaftung verloren haben. Was von innen kommt, ist „nur". Die Seele wird mit Füßen getreten. Sie ist „nur", ist dieses Unangenehme, dieses „Nur", das wir mit halbdunklen Sprechzimmern imaginierter Psychotherapeuten assoziieren, mit „Seelenkrankheit", mit Krise, Burnout, Depression, und tausend Psychopharmaka, die uns helfen sollen, dieses „Nur" so in den Griff zu bekommen, dass es endlich Ruhe gibt! Die Psyche aber, dieses verworfene „Nur", ist Eckstein. Sie ist gleichzeitig die uns wohl einzig geborene, einzig gegebene „rechte Straße" des kleinen 23. Psalms. Und sie führt eben auch, wie es dort lautet, durch „das dunkle Tal des Schattens des Todes". Aber warum? Warum das alles?, fragt man sich. „Um Seines Namens willen", sagt der Psalm. Hier haben Sie „extra nos" – das Ziel des großen Opus, das wir Menschheitsgeschichte, Weltgeschichte nennen. Wir laufen (wie Paulus lief) auf dieser Straße. Aber es geht dabei nicht um uns – sondern es geht einzig um Gott, „um Seines Namens willen". Andererseits geht es vielleicht – so die Hoffnung, die der Beschränkung folgt – auch nicht ohne uns.

**In Ihrem Schreiben nähern Sie sich immer wieder, so scheint mir, bestimmten „Kipp-Punkten", an denen die diesseitige, vertraute, beherrschbare Erfahrungswelt an den Rand des Bereiches des Entzogenen gerät, wo die Erfahrung eines Anderen, eines Übersteigenden, Unbekannten, Unverfügbaren anhebt.**

**Damit wird natürlich auch der Bereich des Sagbaren, der Sprache verlassen – und trotzdem wollen Sie sich an diesen Bereich herantasten.** Sie wählen dafür Traumbilder, atmosphärisch dichte Beschreibungen diffuser Zustände, die aber doch am Ende eine innere Evidenz einer Wahrheit, eines Bezogenseins auf das entzogene Absolute oder Heilige erzeugen. Wie ist Ihr Verständnis von diesem transzendent-entzogenen Bereich, den man auch „das Göttliche" nennen kann, und wie meinen Sie, dass von diesem Bereich gezeugt werden kann?

**PR:** Sie haben das eben ziemlich treffend beschrieben. Was kann ich dem noch hinzufügen? Offensichtlich haben Sie an diesen Büchern eine Erfahrung gemacht. Sie „zeugen" gleichsam davon, dass von diesem Bereich, wie Sie ihn vorsichtig bezeichnen, „gezeugt" werden kann. Ob man „überzeugt" wird, kann sich nur in der Erfahrung bewahrheiten, in der Prüfung, Nachprüfung durch das alltägliche Leben. Das Wort, das Luther mit „Glauben" übersetzt, „pistis", bedeutet, wie gesagt: „Treue", jedenfalls in seiner Grundbedeutung. Treue, das englische „trust", Trauen, Vertrauen. „Pistis" leitet sich etymologisch vom griechischen Verb „peithein" ab: „überzeugen". „Treu" kann ich nur sein, wenn mich einmal etwas oder jemand „überzeugt" hat. Dann werde ich dieser Überzeugung treu sein. Zunächst einmal. Sie fordert die Prüfung ja geradezu heraus. Die Zeit prüft – sie stärkt die Überzeugung oder schwächt sie. An ihrem Anfang aber stand die Erfahrung, das Erlebnis des Überzeugtwerdens, des Überzeugtwordenseins. Dieses Überzeugtwordensein bedeutet immer eine kleine oder große Niederlage, die wir der Erfahrung auch nie recht verzeihen. Hier bekommt die Untreue ihre Chance; und die Treue, die Möglichkeit, sich im Kern zu prüfen. „Prüft alles", sagt Paulus. Die Treue ist der Kern, besser: *wird* dann zum Kern – Treue zur seelischen Erfahrung, die der eine gemacht hat, dem anderen aber vielleicht verschlossen bleibt. Dann muss man sagen: „Sorry, so jedenfalls habe ich es erfahren. Und dieser Erfahrung bleibe ich treu." Nicht jeder macht die gleiche Erfahrung. Treue ist der Kern jener Erfahrung, den sie selbsttätig-prüfend beschwört.

**Wie ist Ihre Haltung zum Tod, was ist er für Sie? Vielfach löst er Ängste aus. Wie sind diese zähmbar? Und: Welche Hoffnung haben Sie über dieses Leben hinaus? Was bedeutet Ihnen persönlich die Auferstehung von den Toten?**

**PR:** Ich glaube, die bisherigen Antworten, die ich dazu habe – meine vorläufigen Einstellungen zu den Mysterien, die Sie ansprechen –, finden Sie in meinen Büchern. Sie sind dort meist in dramatischen Szenen dargestellt. Das heißt, etwas geschieht mit einem – mit dem Erzähler, dem Schriftsteller, dem Leser –, das er zunächst einmal nicht in der Hand hat. Dessen Ausgang er nicht kennt. Wir glauben den Ausgang der Geschichte um Jesus zu kennen – und kennen ihn doch nicht. Und leben ihn immer noch. Täglich. Auch den Tod, täglich. Aus psychologischer Sicht bedeutet der Tod – ich meine das Bild, das uns im Traum erscheint, oder das Erlebnis, das wir im Traum haben, wenn einer stirbt oder wir selbst „zu Tode fallen" –: Verwandlung. Im Englischen heißt das: *transformation*. Eine Durch- oder Neu-Formung, eine Wandlung aufs andere „Ufer" hin, das einer anderen – höheren – Bewusstseinsstufe entspräche. Die Bilder vom Tod, die in der Psyche begegnen, sprechen keineswegs von einem absoluten Ende. Sondern von einer Wandlung – einem Uferwechsel quasi. Ich empfehle Ihnen das Buch von Marie-Louise von Franz „Traum und Tod". Darin hat sie auch Träume Sterbender festgehalten. Ich erinnere mich an eines der Bilder: Kurz vor ihrem Tod träumte einer Frau von einer Kerze, die auf dem Sims vor ihrem Krankenhausfenster brannte. Das Licht der Kerze begann zu flackern. Plötzlich verlöschte es.

Wenig darauf sah die Frau es wieder: jetzt stand die Kerze hinter dem Fenster. Begann erneut zu brennen, dieselbe Kerze. Dasselbe Licht schien ihr – nur wie verwandelt jetzt, von jenseits des Fensters her.[13]

## „Dem Unerklärlichen vertrauen"
*Gespräch mit Ingeborg Arlt*

Die 1949 geborene Schriftstellerin Ingeborg Arlt studierte Bibliothekarin und begann ab 1975 Gedichte in Literaturzeitschriften und Anthologien zu veröffentlichen. Breite Beachtung fand ihre 1987 erschienene Erzählung „Das kleine Leben", für die sie den Anna-Seghers-Preis und das Lob Christa Wolfs erhielt. Kurz vor dem Ende der DDR tauchte mit diesem Buch Ingeborg Arlts eine neue Stimme in der Literatur dieses kleinen Landes auf, die weniger ideologisch getrieben, sondern vielmehr existenziell wahrhaftig zu sein versuchte. Die Erzählung handelt vom Weg einer selbstbestimmten Frau aus vielfältigen Zwängen heraus. Was neu war: Über das Thema Religion, das sonst von den DDR-Oberen auch im Kulturbereich verbissen bekämpft wurde, wurde plötzlich in einer natürlichen und unaufgeregten Weise gehandelt. In „Das kleine Leben" wird ebenso erzählt vom prägenden Vorlesen aus der Bibel, vom Aufsagen von Kindergebeten, von der Bedeutung von Bibelversen wie auch von ideologisch-verengten Pfarrern und Mitchristen, die bestimmte Glaubenswahrheiten absolut setzten und keine Abweichung dulden. Arlt trotzt all diesen Zwängen „das kleine Leben" ab und wagt ein Leben in Übereinstimmung mit sich selbst im Widerstand gegen all die vielgestaltigen Entmündigungen und Bevormundungen. Die Protagonistin Barbara traut ihren Gefühlen, ihren Fragen, ihren Instinkten und Impulsen – und sucht ihren Weg entlang jener Trittsteine, die zu halten versprechen: eine Liebesbeziehung auf Augenhöhe zwischen Mann und Frau, ein erwachsenes Verhalten auf der Arbeitsstelle, inklusive Mut zu angebrachter Kritik, Akzeptanz unterschiedlicher Lebensformen und auch ein innerlicher und individueller Glaube anstatt einer Unterordnung unter verordnete Glaubenslehren und Normen. So wagt sie es, Lebensphilosophisches zu formulieren in dezidierter Abgrenzung von vorgegebenen starren Ideologie-Gerüsten. Über die Protagonistin Barbara heißt es: „Wenn sie abwaschen, staubsaugen, staubwischen muss, wenn sie, um die gewaschenen Gardinen anzubringen, den Tisch besteigt, der am Fenster steht, und wenn sie zu dieser langweiligen Arbeit das Radio eingeschaltet hat, in dem ein Soldatenchor singt: Vaterland, kein Feind soll dich gefährden – dann denkt sie wirklich an ein Vaterland und dass kein Feind es gefährden soll, woran ein Feind, wie sie weiß, sich aber nicht hält. Nur ist das Vaterland, an das sie denkt, ein altes und großes. Es ist ein unsichtbares, geografisch und zeitlich nicht zu bestimmen. Jesus und Spartakus kommen von dort, Franz von Assisi und Thomas Müntzer. Und Marx und Lenin und Albert Schweitzer und Pablo Neruda. Und Hannelore, das ist es ja. Und eine Frau Gorgas vom Wohnungsamt. Und Elke Schmidtgen, Barbaras Ärztin. Und alle, die Widerstand leisteten gegen Hitler. Alle, die lieber singen als brüllen, lieber Farben sehen als Feldgrau, lieber auf dem Sportplatz einen Gegner haben als auf dem Schlachtfeld."

Ingeborg Arlt ist eine Gottsucherin in dieser Spur geblieben. Eine, die sich nicht wegen großer Ideen eines großen Lebens das Recht auf das kleine Leben, das eigene Leben absprechen lässt und die dafür an dem Kompass festhält, der in allem die größtmögliche Liebe aufzeigt. In besonderer Weise ist ihr als Schriftstellerin dabei der Umgang mit Sprache wichtig. In ihrem leidenschaftlichen Essay „Kritik der Kirchensprache" plädiert sie nicht nur für ein zeitgemäßes Reden von dem, was mit „Gott" und der Botschaft von der Erlösung durch Jesus Christus gemeint ist, sondern auch für Wahrhaftigkeit gegenüber sich selbst – dass keine Worte und Ideen nachgebetet werden, sondern für sich durchbuchstabiert wird, was das Glauben an das Aufgehobensein in der größeren Liebe Gottes bedeutet. Und als formulierte sie ihre Aufgabe als Sprachschöpferin, schreibt sie: „Eine Veranschaulichung ist deshalb notwendig, weil Bilder am ehesten in unser Innerstes sinken, dorthin, wo sich unsere Überzeugungen bilden. Die Entsprechungen im Sichtbaren, die zur Veranschaulichung notwendig sind, erfüllen ihre Aufgabe am besten, wenn sie der Lebensumwelt des Hörers entstammen, was Luther wusste, als er, die Bibel übersetzend, nach eigener Auskunft den Leuten aufs Maul sah. Aber wir? Wir sehen seit fünfhundert Jahren Luther aufs Maul! Und Metaphern und Phraseologismen, wenn sie so alt sind, erreichen den verarbeitenden Verstand oft nicht mehr. Es tritt beim Zuhören derselbe Effekt ein, den man beim Lesen von epigonaler Dichtung kennt: Ein Gedanke kann noch so neu, eine Mitteilung noch so wahr, eine Botschaft noch so brisant sein – werden sie in traditioneller Form übermittelt, nimmt man das Ganze als schon bekannt wahr und die ihm innewohnende Mitteilung nicht mehr auf. Das Tradieren des Inhalts der Botschaft ist notwendig, nicht das Tradieren der Form."[14] Es gehe um die Verlebendigung des neuen Geistes, den Jesus in die Welt getragen habe: „Dass der alte, jener, der mehr das Gesetz vertritt als den menschlichen Einzelfall, dass der pharisäische Geist gelegentlich auch in der Kirche etwas zu sagen haben will, was sich übrigens, wenn er spricht, formal in der Verwendung von sprachlichen Fertigteilen zeigt, das soll uns nicht anfechten. Auch er wird gebraucht. Er ist der Hüter des Festen, des Statuarischen, der Geist der Statuten. Der Geist, der Jesus heilig war, hingegen ist auch der, der belebt. Nach dem Konzil von Nicäa im Jahre 325 hat man den Heiligen Geist den ‚Lebendigmacher' genannt. Um diesen Geist dürfen wir bitten."¹⁵

Und um selbst ein Beispiel zu geben, wie dieser lebendigmachende Geist, dieser echte Trost in Gott, ins Heute geholt werden kann, formuliert sie selbst Gebete: Unter der Überschrift „Mein Alleinsein verlassen" betet sie zu Gott: „Du, der Du alles kannst. / Du, den ich Vater nennen darf. // Du, der Du trösten willst / wie einen seine Mutter tröstet // (…) Du, der Du weißt, / womit ich nicht fertig werde: / Ich bitte Dich, werde Du damit fertig. / Du weißt ja besser als ich, was mir fehlt. // Du kannst mir einen Weg zeigen, wo ich keinen mehr sehe. / Du kannst mir Deine Boten schicken – / in Gestalt einer Freude, eines Gesprächs, / eines Menschen, einer unerwarteten Wendung. // (…) Hilf mir, von meinen Befürchtungen abzusehen. / Von meinen Ängsten. Meiner Wut. / Meiner Schwachheit. Meiner Ohnmacht. // Hilf mir, zu erkennen, dass das, was ich sehe, nicht alles ist. // Hilf mir, zu glauben, dass Du längst für mich wirkst. / Wirklicher, wirksamer und besser, / als ich es mir überhaupt vorstellen kann. // Hilf mir, mich und mein Alleinsein / zu verlassen auf Dich hin. // Auf Dich kann ich mich ja immer verlassen."¹⁶

\*\*\*

**Ingeborg Arlt, können Sie beschreiben, wie der Glaube an Gott in Ihr Leben getreten ist und wie er im Laufe des Aufwachsens zu einer persönlichen Wahrheit, zu etwas Sinnhaftem geworden ist? Was war dabei prägend?**

**Ingeborg Arlt:** Der Glaube kam später. Zuerst trat die Kirche in mein Leben und zwar in Gestalt eines Pfarrers, der meine Mutter abends besuchte und mit ihr meine bevorstehende Taufe besprach. Das war kurz vor meinem sechsten Geburtstag. Mein Vater, der immer gegen meine Taufe gewesen war, hatte meine Mutter und mich verlassen, aber nun tat meine Mutter, was sie für richtig hielt. Ich fand, getauft zu werden, gut. Im Kindergarten, wenn Papierfähnchen geschwenkt und „Kleine weiße Friedenstaube" gesungen wurde, hatte ich immer Gedichte aufsagen müssen. Das war mit Annehmlichkeiten wie Lob und Beifall verbunden. Ich vermute, dass ich die Kindergebete damals deshalb so freudig lernte. Abend für Abend, wenn meine Mutter sich zu mir ans Bett setzte, rasselte ich, von mir der Länge nach geordnet, folgende Texte herunter: *Lieber Gott, mach mich fromm, dass ich in den Himmel komm. Amen. Ich bin klein, mein Herz mach rein, soll niemand drin wohnen als Jesus allein. Amen. Müde bin ich, geh zur Ruh, schließe beide Äuglein zu. Vater lass die Augen dein über meinem Bettchen sein. Hab ich Unrecht heut getan, sieh es, lieber Gott, nicht an ...* Und so weiter. Das letzte war immer das Vaterunser. Zwar konnte ich mir unter Gottes „Gnad" und „Jesu Blut", die angeblich „allen Schaden gut-" machten, nichts vorstellen, aber daran war mir auch gar nicht gelegen. Mir war daran gelegen, dass meine Mutter am Bett saß und mich toll fand. Im Taufgottesdienst durfte ich am Taufbecken das Vaterunser aufsagen, war aber beleidigt, weil die Küsterin nur den Erwachsenen ein Gesangbuch gegeben hatte, mir nicht.

Der Glaube? War zunächst, wie bei jedem Kind, nehme ich an, die Vorstellung von einer zusätzlichen Aufsichtsperson, mächtiger als meine Mutter, deren Machtlosigkeit vor Nachbarn und anderen Behörden ich ja manchmal erlebte. Mächtiger auch als die Hortnerinnen, die behaupteten, ich hätte durch meine Teilnahme an der Christenlehre Läuse in den Kinderhort eingeschleppt, und die Lehrer in der Schule, die mir mit dussligen Einwänden kamen: Auferstehung! So was soll es geben? Wenn der Mensch tot sei, sei er tot.

Dabei lernte ich in der Schule ein Lied, in dem es hieß „Thälmann ist niemals gefallen" ...

**Wie sehen Sie im Rückblick diese ambivalenten Erfahrungen des Gottsuchens in der relativ religionsfeindlichen Umgebung der DDR, in der Religion hauptsächlich als eine zu überwindende Illusion angesehen wurde? Wie wurde der Glaube trotzdem zu einem Teil Ihres Lebens?**

IA: Der Widerspruch verstörte mich nicht. Gern wiesen Lehrer und andere sozialistische Autoritäten mich auf Verbrechen der Kirche hin. Nur wusste ich, dass Jesus prophezeit hatte, es würden viele kommen in seinem Namen. Hatte er das nicht gesagt? Und gesagt, wie man seine falschen von seinen richtigen Nachfolgern unterscheiden könne? „An ihren Früchten sollt ihr sie erkennen." Kreuzzüge, Kriege und Inquisitionstribunale waren nicht Früchte der Liebe. Also war zu unterscheiden zwischen dem, was Jesus sagte, und dem, was die Kirche tat. Auch kannte ich ja den Unterschied zwischen christlicher Lehre und kirchlichen Lehrern aus eigenem Erleben. Unser Jugendpfarrer konnte eine Woche lang Abend für Abend, was er Rüstzeit nannte und wozu unsere Junge Gemeinde nach Scheibenberg im Erzgebirge fuhr, so lange auf die Versammelten einreden, bis sie „Buße taten", das heißt um ein Gespräch mit ihm unter vier Augen ersuchten, bei dem sie nach ihren Sünden eindringlich befragt wurden und dann niederknien und mit ihm beten mussten. Ich weiß es, denn am letzten Abend der Woche, ich war als einzige Unbußfertige übrig geblieben, ersuchte ich ihn auch. Danach galt man als bekehrt und neugeboren und hatte, wieder heimgekehrt, sich an der Zeremonie zu beteiligen, die er installiert hatte: an einem langen Tisch reihum einzeln und laut zu beten. Ich hörte da zum Beispiel: „Verzeih mir, Herr, dass ich meine Hausaufgaben wieder so spät erst gemacht habe." – „Ich bitte dich um Vergebung. Ich habe meine Mutter wieder angeschrien." – „Ich weiß, Gott, es gefällt dir nicht, dass ich wieder so viel Marzipan genascht habe." Ich schwieg. „Warum betest du nicht, Ingeborg? Du bist doch neugeboren. Wenn ein Neugeborenes nicht schreit, ist mit ihm etwas nicht in Ordnung." „Oder mit dem Pflegepersonal nicht", sagte ich damals und galt hinfort als besonders verstockt. Eine der Betschwestern kündigte mir sogar die Freundschaft, wovon ich so beeindruckt war, dass ich Jahre später in meinem Buch „Das kleine Leben" davon schrieb.

**Sie mussten also Ihren ganz eigenen Weg finden …**
**IA:** Im Grunde ging es aber um dasselbe: „An ihren Früchten sollt ihr sie erkennen." Junge Menschen dahin zu bringen, dass sie sich an einem langen Tisch exhibitionistischer Zerknirschung hingeben, ist keine Frucht der Liebe. Ein Mädchen, das im Kirchensteueramt arbeitet und einen zwölf Kilometer langen Heimweg mit dem Rad vor sich hat, zur Teilnahme am Abend der Jungen Gemeinde zu nötigen, wonach es im Dunkeln durch den Wald radeln musste, ist keine Frucht der Liebe. Und den Menschen so lange Buße zu predigen, bis sie aus Angst vor Höllenstrafen nicht mehr aus noch ein wissen; sie zu beschämen – du Ferkel hast sexuelle Wünsche! –, sie klein und ängstlich und unfrei zu machen, ist keine Frucht der Liebe.

Eine junge Vikarin, die damals in unsere Gemeinde kam – sie hieß Ingrid Bachmann –, sagte zu mir, es gebe auch Gemeinden, in denen ein anderes Klima herrsche. Was für eine Wohltat, dieser Satz! Auch brachte sie, als ich meinen Kindheitsort verließ, kein Kärtchen mit Bibelspruch zum Abschied, sondern mir bei, ein Kursbuch zu lesen. Das, finde ich, war eine Frucht der Liebe.

**Können Sie sagen, was das eigentlich für Sie ist: „glauben"?**
**IA:** Ich will's versuchen. Zum einen besteht es, mein „glauben" – das Verb meine ich –, in der Überzeugung, dass wir nicht alles kennen und wissen und dass der uns unbekannte Teil der Welt

der bei Weitem größere ist. Unsere Erde ist von der Welt nur ein Teil. Ferner ist der Materiebegriff, den man mir noch in der Schule vermittelt hat, überholt und von allen großen Physikern gibt es spirituelle Aussagen. Man kann nach entsprechenden Zitaten im Internet suchen und wird auch eins finden, in dem Einstein bestreitet, Atheist zu sein. Wer das denke, sagt Einstein, habe ihn nicht verstanden. Ferner: Das zwölfdimensionale Weltmodell des Physikers Burkhard Heim ähnelt in manchem den Vorstellungen der Gnostiker, also Vorstellungen, die man schon in der frühen Christenheit hegte. Auch lehrt die Geschichte, wie oft die sich für aufgeklärt Haltenden im Unrecht waren. Man schüttelte zum Beispiel den Kopf über den Aberglauben, bestimmte Kräuter nur bei Mitternacht und im Mondschein sammeln zu dürfen. Aber der Mondschein gab das Licht, um überhaupt nachts das rechte Kraut zu erkennen, und im rechten Kraut steckten ätherische Öle, die sich bei höherer Temperatur verflüchtigten. Vom Vorhandensein der Öle wussten die Kräutersammlerinnen nicht, wohl aber kannten sie die bessere Wirkung gewisser bei Kühle gesammelter Pflanzen. So geht es mir mit dem Glauben. Erklären kann ich gar nichts. Aber die gute Wirkung des Nicht-Erklärbaren, wenn ich in es meine Hoffnung setze, habe ich erfahren.

**Welche Erfahrungen in Ihrem Leben würden Sie als „Wirken Gottes" verstehen? Wie stellen Sie sich dieses vor?**

**IA:** Ich kann es mir nicht vorstellen. Mir kann an der Lösung eines Problems gelegen sein und ich kann hoffen, dass Gott dabei hilft. Ich kann mich bei allem ans Erlernte halten, den Regelfall, die statistische Häufigkeit, oder mit Unbekanntem, mit Ausnahmen von der Regel und mit dem Sonderfall rechnen. Ich kann, wenn ich an die Grenzen menschlichen Wirkens gekommen bin, hoffen, dass eine Grenze eine Grenze ist, es also dahinter noch weitergeht.

Folgendes habe ich erlebt: Ein mir nahestehender Mensch war einmal mit großen Schmerzen krank. Er lief von Arzt zu Arzt, wochen-, monatelang und keiner konnte helfen. Diagnostiziert worden war Fibromyalgie. Als ich wieder einmal am Telefon von den schlimmen Schmerzen hörte, packte mich solches Mitleid, dass ich, nachdem ich den Hörer aufgelegt hatte, für ihn heulend um Hilfe bat. Davon wusste er nichts. Und war doch am selben Abend schmerzfrei und die Krankheit ist seither nicht wiedergekommen. Wie soll man so etwas erklären?

**Es heißt in der Bibel, dass es letztlich auf Glaube, Liebe, Hoffnung ankommt, aber die Liebe die größte ist. Und an anderer Stelle ist davon die Rede, dass Gott die Liebe ist und wer in der Liebe ist, in Gott ist – und nicht in der Furcht. Ist für Sie die Liebe ein solcher Weg zu Gott, beziehungsweise ein Weg Gottes zu den Menschen?**

**IA:** Ja. Und zwar so, wie in 1. Korinther 13 beschrieben. Wozu ich gleich sagen möchte, dass ich dieser Art zu lieben – räusper – nur ansatzweise entspreche. Deshalb bin ich ja auch auf die Nachsicht des Göttlichen, des Vollkommenen, auf Gottes Gnade angewiesen.

**Was lässt Sie den Glauben an „Gott" durchhalten? Aus Ihrer Novelle „Das kleine Leben" spricht ja auch eine sehr empfindsame Stimme, die zum Beispiel an der Gedankenlosigkeit des Hiroshima-Piloten verzweifelt ... Was lässt Sie nicht verzweifeln angesichts himmelschreienden Leidens oder immenser Ungerechtigkeit oder der ökologischen Katastrophe?**

**IA:** In der Bibel steht, dass Gott nach der Sintflut die Erde in unsere Hand gab. Und dass er nicht noch einmal die Erde so heimsuchen will. – „Und ich will hinfort nicht mehr schlagen alles, was da lebt, wie ich getan habe." (Hab eben nachgeschlagen: 1. Mose 8,21) – Wenn wir jetzt selber die Erde heimsuchen, ist das nicht sein, sondern unser Werk. Und die zwei Wege, den breiten, den viele, die Mitmacher und Befehlsempfänger gehen, die Karrieristen, die Leute, die kein Befremden ertragen können und keinen Spott und kein Am-Rand-Stehen, und den schmalen, den wenige gehen, hat es schon immer gegeben. Wie heißt es bei Matthäus, ich schlage noch mal nach: „Weit ist die Pforte und breit der Weg, der zum Verderben führt, und viele sind, die auf ihm hineingehen." Und: „Eng ist die Pforte und schmal der Weg, der zum Leben führt, und wenige sind, die ihn finden." Von den wenigen, die den schmalen Weg gingen, die es wagten, auch mal allein zu stehen mit ihrer Meinung, die es schafften, Nackenschläge einzustecken, die viel riskierten, im besten Fall ausgelacht, im schlimmsten angefeindet und verfolgt wurden, kommt aber erstaunlich viel Gutes: große Kunstwerke, bedeutende Entdeckungen, lebensrettende Medikamente, gute, unsere Einrichtungen menschlicher machende Reformen. Man kann halt nur versuchen – wenigstens versuchen! – nicht auf dem Weg ins Verderben mitzurennen. Der Rest ist Hoffnung.

**Wie wichtig für Ihren Glauben sind äußere Formen wie das kirchliche Leben oder bestimmte Rituale, Gebete, Bekenntnisse, Feste? In „Das kleine Leben" klingt ja an, dass es weniger auf die äußere Form ankommt als vielmehr auf eine persönliche Lebensform, eine Haltung, ein Mitleid oder ein Eintreten für Gerechtigkeit …**

**IA:** Beides muss es geben. Ausdrucksformen, auf die man sich einigt, und Traditionen, die man übernimmt und pflegt. Zwar muss ich mich ausdrücken können, wie ich will, und er, sie, es müssen sich ausdrücken können, wie sie wollen. Aber wenn wir zusammenkommen, wird Verbindliches gebraucht. Es verbindet ja, wenn alle mit „Ehre sei Gott in der Höhe" die für sie höchste denkbare Macht ehren und zwar auch, wenn der eine, wenn er allein betet, sagt: „Danke, Gott, dass ich mit dir quatschen kann" (das hab ich mal im Fernsehen bei einer Sendung über die Jesus-Freaks gehört), und der andere: „Herr, ich neige mich vor Deiner Majestät".

Und Traditionen? Sind etwas Wunderbares, solange das Wissen um ihren Sinn nicht verloren geht. Ein Stern zur Weihnachtszeit im Fenster, im Zimmer, auf dem Balkon, kann an den Stern von Bethlehem erinnern, der den drei Königen den Weg wies. Er kann in uns alles aufrufen, was mit Stern und Weg in Verbindung steht, angefangen von Kindheitserinnerungen, wenn der aufgehängte Stern schon im Elternhaus üblich war, bis zu dem schönen Zitat von Carl Schurz: „Ideale sind wie Sterne. Wir erreichen sie niemals, aber wie die Seefahrer auf dem Meer richten wir unseren Kurs danach." Oder aber man kann sich gedankenlos ein Gefunzel in Sternform hinhängen, mehrfarbig und pulsierend womöglich, das außer an einen Rummelplatz an gar nichts erinnert. Die Frage ist, was davon mehr Kraft gibt.

**Welche Tradition ist Ihnen wichtig?**
**IA:** Tradition ist es, beim Beten die Hände zu falten. Und sicher ist mein Gebet auch ohne Händefalten eines. Aber diese Geste macht etwas Unsichtbares sichtbar. Sie stammt vom mittelalterlichen Vasalleneid, der sie wiederum als Ergebungsgeste aus der Antike übernahm, zeigt also Ergebung, Waffen strecken, sich einem Stärkeren anvertrauen. Das ist doch schön, oder?

Und es geht auch gar nicht so sehr um alte oder neue Gottesdienstformen, denke ich. Es geht eher darum, den Sinn des durch langen Gebrauch Sinnentleerten wiederzufinden. Und wichtiger, ob ein Pfarrer sich rechts oder links herum vom Altar zur Gemeinde dreht, ob er sich über die Herzseite dreht oder nicht, ist doch, ob seine Worte zu Herzen gehen. Die Sprache, die in der Kirche gesprochen wird, ist weitgehend unverständlich geworden. „Jesus hat für dich gelitten." Das ist zwar wahr, aber so gesagt – wer versteht denn das noch!

**Sehen Sie da auch die alten Formulierungen der Glaubensbekenntnisse problematisch?**

**IA:** Oh, das Bekenntnis, das richtige gar ... Jesus erzählt das Gleichnis vom barmherzigen Samariter. Zwei Geistliche rennen an einem Hilfsbedürftigen vorbei, weil sie zum Gottesdienst müssen. Ein Samariter kommt desselben Wegs und kümmert sich um den Mann. Der, sagt Jesus, habe Gottes Willen getan. Wozu man wissen muss, dass die Samariter, also Leute aus dem Nachbarland Samaria, damals als Ketzer galten, weil sie nicht den Tempelkult der Juden pflegten. Jesus sagt: Der Ketzer hat Gottes Willen getan. Weil der sich um einen Menschen kümmerte, statt kultische Traditionen und Ausdrucksformen zu pflegen.

**Wie ist Ihre Haltung zum Tod – wie gehen Sie mit dem Sterbenmüssen um? Und was ist Ihre Hoffnung über den Tod hinaus? Was bedeutet der Glaube an die Auferstehung von den Toten für Sie?**

**IA:** Ich kann da leider so gar nicht würdig Haltung bewahren. Ich weiß, dass der Tod kommt, hoffe, dass er sich noch Zeit lässt, denn ich würde gern noch drei angefangene Bücher zu Ende schreiben und danach gedruckt in Händen halten. Aber was nach ihm kommt? „Ich glaube ... an die Auferstehung der Toten" heißt es im Glaubensbekenntnis, und ich spreche das auch immer, um Fassung bemüht, tapfer mit. Aber wie diese Auferstehung vor sich gehen soll, ahne ich nicht einmal. Ich weiß allerdings, dass der Physiker Burkhard Heim davon ausging, dass ein Persönlichkeitskern (der in seinem Modell zu den Dimensionen x5, x6 gehört) nach unserm Tod erhalten bleibt. Und ich weiß, dass viele Menschen mit Nahtoderlebnissen ihre Angst vorm Sterben verloren haben. Und ich weiß –, nicht zuletzt aus meiner Erfahrung mit dem an Fibromyalgie Erkrankten – dass ich dem Unerklärlichen vertrauen kann. Dass es größer ist und wirksamer, als unsere Schulweisheit sich träumen lässt.

**Was wünschen Sie sich, wie die Religiosität der Zukunft aussehen sollte?**

**IA:** Sollte? Ich kann nur hoffen, dass die Religiosität, also die Rückbindung menschlichen Denkens und Empfindens ans Weltganze, erhalten bleibt. Wenn wir sie einbüßen, wenn wir das Numinose vergessen, wenn wir uns für allwissend halten, wenn wir den kosmischen Zusammenhang, in dem wir vorkommen, aus den Augen verlieren, werden wir bald gar nicht mehr vorkommen.

## „Das Allererste ist das Staunen" – Zugänge zum „Großen Ganzen"
*Gespräch mit Ingrid Riedel*

Ingrid Riedel, die Grande Dame der deutschsprachigen Tiefenpsychologie, verbindet Welten. Als Psychologin, Literaturwissenschaftlerin und Theologin versucht sie seit jeher, verschiedene Weltzugänge und Wissensbereiche miteinander zu verquicken, um der einen von ihr als grundlegend erkannten Tatsache gerecht zu werden: dass der Mensch ein Ganzes ist. Also nicht nur Körper, nicht nur Geist, nicht nur ein Einzelner ist. In der gründlichen Erforschung der Außen- und Innenwelt des Menschen ist Ingrid Riedel auf mannigfaltige Verwobenheiten gestoßen, wie sich in der Seele des Menschen Bilder spiegeln, die aus tiefen Zeitschichten stammen, und wie wiederum der Mensch durch bestimmte innere Einstellungen und Energien auf das Außen einwirken kann und so immer wieder neu am großen Teppich des Lebens gewebt wird, der ständig im Werden und ein Zusammenspiel der inneren und äußeren Kräfte ist. So gelingt es Riedel ganz unangestrengt, eine Art Mystik für die Gegenwart zu entwerfen, indem sie einfach den nicht versiegenden Schatz der in der Seele auftauchenden Symbole, Bilder, Szenen ins Bewusstsein führt und neue Verbundenheiten des einzelnen Menschen mit einem ihn umgebenden und übersteigenden größeren Ganzen herstellt. Ein tiefer gegründetes Vertrauen, auch Glauben genannt, erwächst ihrer Erfahrung nach aus einer sorgfältigen und achtsamen Wahrnehmung und Beachtung

„der Psyche in ihren emotionalen Äußerungen, ihren Imaginationen, Träumen, ja Visionen wie auch in ihren schöpferischen Ideen und Gestaltungen". Aufgrund ihrer jahrzehntelangen Praxis als Psychotherapeutin ist sie überzeugt, „dass wir als Menschen einem größeren Ganzen zugehören, das uns trägt und birgt. Unsere Autonomie kann nie eine absolute sein, es sei denn nur um den Preis der Unbezogenheit". Bei all ihren „Kultivierungen der Seele", dem Ernstnehmen der Gefühle und Träume, der Sehnsüchte und Resonanzen mit Größerem gehe es letztlich um ein „tiefes Vertrauen ins Leben", so Riedel. Und sie fügt an: „Vertrauen ins Leben aber ist letztlich eine religiöse Kategorie." So setzt sie diese alte Suche nach Verbundenheit mit dem größeren Ganzen auch für eine der Religion entfremdeten Gegenwart ins Recht und zeigt, wie diese „Mystik" in aller Weite, Offenheit und Tiefe heute aussehen kann. Sie hängt zusammen mit der Rückgewinnung der inneren Erfahrung, mit der Ins-Recht-Setzung der seelischen Dimension, der oft ins Unbewusste abgesunkenen Kräfte der Verbundenheit mit Größerem, dem Beharren auf der alten Weisheit, dass der Mensch nicht allein ein autonomes Vernunftwesen ist, sondern ein in allen Fasern und Seelenschichten zutiefst verwobener Teil einer Ganzheit ist, ein Mysterium, dem der „göttliche Funken" (Meister Eckhart) innewohnt, und der unendlich viel mehr ist als die kleine, biochemisch beschreibbare Entität seines Hier- und Jetzt-Seins. So macht sie sich die Beschreibung des Menschen als letztlich spirituelles Wesen durch C. G. Jung zu eigen und schließt sich seiner „Kernfrage" an: „Die entscheidende Frage für den Menschen ist: Bist du auf Unendliches bezogen oder nicht. Das ist das Kriterium des Lebens." Und so versteht sie „Gott" – in der Nachfolge C. G. Jungs und Paul Tillichs – als „das umfassende Selbst", an dem der Mensch mit seinem kleinen Selbst Anteil hat, als „das Sein selbst, das Leben selbst". Und so kann sie auch den alten und oft nur noch schwer zugänglichen Begriff der „Erlösung" neu füllen: „Erlösung wäre die Befreiung aus einer blockierten, verkrampften, angstvoll-vertrauenslosen, vielleicht sogar feindselig gewordenen Einstellung zum ‚Leben selbst'." Und „Christus" wäre dann das innere Symbol für jene erweiterte Wirklichkeit des göttlichen Ganzen, mit der sich der Mensch innerlich rückverbinden kann, wenn er zum „Christus in uns" oder „Sein-in-Christus" (Paulus) findet und so sein „oft egozentrisch verengtes Ich in eine große Weite hinein öffnet". „Erlösung wäre also die Wiederverbindung des von sich und seinem eigentlichen Selbst getrennten Menschen mit diesem größeren Selbst, die Wiedervereinigung mit unserem gottebenbildlichen. Selbst, das wir – so spricht auch die Mystik – als den ‚Christus in uns selbst' bezeichnen könnten."

Ingrid Riedel vermittelt diese Wiederverknüpfungen des eigenen „kleinen Selbst" mit dem „größeren Selbst" des göttlichen Ganzen vor allem durch die Fruchtbarmachung der Erkenntnisse C. G. Jungs und ihrer mannigfaltigen Arbeit mit Träumen, inneren Bildern und Kreativität. Aber auch als Dichterin. In ihrem 2013 erschienenen Gedichtband „Graureiher komm" macht sie sich durchlässig für Naturerfahrungen und entdeckt in der Begegnung mit elementaren Welterfahrungen das gemeinsame Verbundensein und Aufgehobensein im größeren Ganzen. Sie erscheinen als Fingerzeige einer unendlichen Kraft, die oft als Geheimnis in der Welt erscheint und in Ahnungsspuren die Gewissheit stiftet, dass im Grunde alles verbunden und geheilt ist und aus dieser großen Wirklichkeit nichts und niemand herausfallen kann. So heißt es in dem Gedicht „Jetzt": „Wo Ebbe war// Zwei Steine/ niedergelegt/ in Trauer// Da flutet es wieder// Da steht der Reiher/ hoch aufgerichtet/ zum Flug bereit". Oder in dem Gedicht mit dem Titel „Eiskristall": „Denn das Licht deiner Augen/ Frau Weisheit/ wacht auch im Winterbaum// Wo den gefrorenen Kristallen/ manche

Blitze entspringen// (…) Eiskristall nur im Strom deiner Weisheit/ Grüne Sophia// In den lebendigen Wassern/ der Welt". Und als wäre die Seele immer bereit zum Aufbruch, zum „Sprung" (zurück) ins größere Ganze schreibt Ingrid Riedel im Gedicht „Wiederbegegnen": „Dir wiederbegegnen/ Graureiher/ in diesem Jahr/ wie du aus dem Schilf trittst/ und stehst in Stille// Mein Blick umfängt dich/ fliegt dir entgegen// Da hebst du die Flügel// Lautlos/ Graureiher/ entschwindest du mir".

\*\*\*

**Frau Riedel, können Sie kurz beschreiben, was „Glaube" für Sie ist? Und wie er sich für Sie im Laufe des Lebens verändert hat?**

**Ingrid Riedel:** Ergriffen zu sein von dem, was mich unbedingt angeht, das wäre für mich „Glauben" im religiösen Sinn. Das hieße für mich nicht, ein Glaubensbekenntnis für wahr zu halten, sondern, um es mit dem Theologen Paul Tillich zu sagen, es ginge um ein „Ergriffensein von dem, was mich unbedingt angeht"; ein Ergriffensein von Größerem, als wir Menschen es sind; um etwas, das mich ergreifen kann, eben weil es größer ist als ich selbst und vor allem deshalb, weil es mich „unbedingt angeht".

**Was geht Sie unbedingt an?**

**IR:** Ist es nicht all das, was *wirklich* meine Existenz betrifft, den Sinn meines Daseins? Das, wozu ich da bin? Der Sinn meines Daseins in dem Großen Ganzen dieser Welt, dieser Wirklichkeit, die mich trägt und die ich mittrage, die ich bestaune, bewundere, liebe, die mich deshalb tief berührt. Was mich unbedingt angeht, was ich liebe, das ruft mich in die Verantwortung. Das sind die Mitmenschen, die mich mittragen und für die ich einstehe, weil wir einander etwas bedeuten; weil wir einander unbedingt brauchen.

Da geht es aber auch um das Große Ganze dieser Welt, dieser Lebenswirklichkeit, die mich hervorgebracht hat, die mich trägt – damit ich mittrage, auch in Mitverantwortung für ihre Ökologie und für ihr Klima, auch weil sie mir etwas bedeutet, letztlich alles bedeutet. Weil sie mein Leben bedeutet.

**Wie ist es Ihnen möglich, von diesem „Großen Ganzen" zu sprechen, das einen doch übersteigt und um ein Unendliches anders ist als eine menschliche Person?**

**IR:** Für die indigenen Völker war das, was uns im „Großen Ganzen" begegnet, der „Große Geist" – dies ist auch heute noch ein zugänglicher, begreiflicher Name. Christliche Mystikerinnen wie Hildegard von Bingen sprachen von und mit „Frau Weisheit"; Mystiker wie Meister Eckhart benannten dieses Geheimnis personal als „das Leben selbst". Diese Zugangsweisen zu dem Geheimnis „Gott" haben mich in den letzten Jahren besonders angesprochen. Um von Meister Eckhart auszugehen: Wann und wo mich das Leben selbst anspricht, und wie eine lebendige Person im Gegenüber mich anredet, auch herausfordert, sich mir zuspricht, da glaube ich auch, mit „Gott" zu tun zu haben, der als Inbegriff des Lebens gilt.

**Sie haben Ihre Kindheit zum Teil in Kriegszeiten verbracht. Wie hat Sie das geprägt und welchen Einfluss hatte dieses Erleben auf Ihren Glauben?**

**IR:** Ja, ich habe einen Teil meiner Kindheit während des Zweiten Weltkriegs verbracht, mit akuter Bedrohung durch die Luftangriffe, bei denen ich und meine vier Geschwister auch unser Elternhaus verloren. Von meinen Eltern, konfessionsverschieden und daher auch konfessionell wenig gebunden, konnte ich jedoch ein offenes Lebensvertrauen lernen. Als wir vor dem zerstörten Haus standen, konnte meine Mutter loslassen und in dieser Lage den bemerkenswerten Satz sagen: „*Die* Sorge wären wir los." Es war ein Vertrauen ins jeweils umfassendere Leben, das schwere Einzelereignisse übergriff, das sie später auch schwere Krankheiten annehmen und lange überleben ließ. Vater war zu Kriegsbeginn als Ingenieur bei den Pionieren eingezogen. In Weißrussland erlebte er die rasch einsetzende Verfolgung der dort lebenden Juden, obgleich sie uns einrückenden Deutschen zumeist eher hilfreich entgegengekommen seien, des stalinistischen Terrors dort müde, und ich hörte ihn in einem Urlaubsgespräch zu Mutter sagen: „Wenn es eine göttliche Gerechtigkeit gibt, dann müssen wir diesen Krieg verlieren." Ein großes Wort von meinem sonst kühl-rational denkenden Vater, und ich wusste schon als Kind, dass ich im damaligen Deutschland solch ein Wort, das unser Recht auf den Sieg infrage stellte, nicht weitersagen durfte. Gott war für mich damals vor allem eine Schutzmacht väterlichen Gepräges, das Vaterunser war dessen Ausdruck, das mir immer wieder wirkliches Vertrauen gab, auch im Kinderheim, wohin ich evakuiert war, um vor den weiter anhaltenden Bombenangriffen beschützt zu sein – mit umso mehr Angst um meine Familie dort in der weiter bombardierten Stadt und mit umso ärgerer Einsamkeit.

**Wie haben diese Erfahrungen Ihr Fragen nach Gott geprägt?**

**IR:** Gott wollte, sollte uns schützen – wer aber schützte all die täglich fallenden Soldaten, wer aber schützte die Juden? War er gerecht? Dieses Angewiesensein auf Gott, aber zugleich die Frage nach seiner Zuverlässigkeit war es, was mich nach der Schulzeit zum Studium der Theologie motivierte – gewiss auch von der Person des Jesus von Nazareth berührt, von seiner Bergpredigt, von seiner Passion; aber zugleich einer tiefen Frage folgend. Ich wollte da weiter suchen, forschen – auch nach dem Hintergrund von

Religion. Auch noch von dem Religionsunterricht an der Oberstufe des Gymnasiums her, der von einem Pfarrer gehalten wurde, der dem Widerstand gegen Hitler nahegestanden hatte, war ich noch weiter sensibilisiert für die Fragen nach einem ethischen Fundament, das eine Katastrophe der Menschlichkeit wie der im sogenannten „Dritten Reich" verhindert hätte und in alle Zukunft hinein würde verhindern können. Wo waren die Christen geblieben? Da stieß ich auf Dietrich Bonhoeffer, der für seine Beteiligung am Widerstand gegen Hitler sein Leben eingesetzt und verloren hatte. Sein Tagebuch aus der Haft „Widerstand und Ergebung" wurde damals wegweisend für mich, auch mit dem Gedanken, nicht an „Gott" delegieren zu dürfen, was in unsere menschliche Verantwortung gelegt war.

**Haben Sie in Ihrem Theologiestudium Antworten gefunden?**
**IR:** Mein Theologiestudium wurde zu einer Suchbewegung, auch in der Kirchengeschichte, die Höhepunkte innerer Befreiung zeitigte, wie die Bewegung um Franz von Assisi, auch die Reformation, für mich vor allem aber den spirituellen Durchbruch der Mystiker – und die zugleich niederschmetternde Missverständnisse und Missbräuche des Glaubens und der Menschlichkeit aufwies und schonungslos aufdeckte: die Kreuzzüge, die Ketzer- und Hexenverbrennungen, das Duckmäuser- und Mitläufertum vieler Christen während der NS-Zeit. Bonhoeffer war mir da wie eine Medizin gegen die überwältigende Scham vor dem ethischen Versagen der Deutschen. Natürlich lernte ich in diesem Studium auch die Bibel kennen, auch das damals konfliktreich aufkommende Programm ihrer „Entmythologisierung". Sie enthält in der Tat viele mythologische Vorstellungen, die gründlich missverstanden werden, wenn man sie nach ihrem historischen Faktengehalt befragt und sie damit ins Rationale übersetzt; sie wollen vielmehr ins

Existenzielle übersetzt werden, denn die mythologische Sprache ist eine symbolische, eine Bildersprache: So ist das Programm der Entmythologisierung eigentlich nur eine Vorarbeit für das eigentliche Programm der Bibelauslegung: die „existenziale Interpretation". Dieser existenzialen, auf Existenz bezogenen Interpretation wollte ich treu bleiben, auch mit dem Philosophen Sören Kierkegaard, der damals in seiner Aktualität wiederentdeckt wurde – der gegen die existenzielle Angst den „Sprung in den Glauben" setzte als einen Sprung ins radikale Vertrauen.

**Sie traten dann nach dem Studium den Weg in die Bildungsarbeit an – und blieben eine Suchende auf dem Gebiet des Glaubens ...**

**IR:** Ja, es war ein Glücksfall für mich, dass ich wenige Jahre nach dem Studium eine Berufung als Studienleiterin an eine der Evangelischen Akademien bekam, an die von Hofgeismar bei Kassel, wo ich in weiträumiger Bildungsarbeit durch die Gestaltung von Seminaren und Tagungen den existenziellen Fragen und Themen jener Sechziger- und Siebzigerjahre nachgehen konnte, zu denen neben dem politischen Aufbruch der 1968er-Generation auch deren neue Sehnsucht nach Spiritualität gehörte, die Entdeckung von Meditationsmethoden aus den Kulturen und Religionen des Ostens, wie das japanische Zen und die vielen Formen des indischen Yoga. Zugleich wurde auch die mystische Tradition des Christentums wieder entdeckt und erprobt. Es kam in dieser Zeit überhaupt zu einer Wiederentdeckung der Seele, der Psyche und damit auch zu neuen Entwicklungen in der Psychologie und vor allem der Psychotherapie. Alles dies berührte mich auch persönlich und ich gab ihm thematisch und auch mitvollziehend Raum in den Seminaren und Tagungen der Akademie. So lud ich etwa Hanscarl Leuner ein, den namhaften Psychiater, der der damaligen

Studentengeneration, die vielfach auch in den psychedelischen Drogen seelische und spirituelle Erweiterung suchte, einen alternativen und nicht weniger tiefen Zugang zur Psyche vermittelte: durch Imagination und auch das anschließende Malen seelischer Bilder. Nicht selten kam es dabei, spontan und ungerufen, auch zu religiösen Bildern und Erfahrungen. Dies alles schloss auch mich selber immer mehr für diesen Erfahrungshorizont auf.

Und als es schließlich auch über das neu erwachte Interesse vieler zu einer Wiederbegegnung mit dem seelischen Gehalt der Mythen und Märchen kam, da lud ich auch die bekannten Vertreterinnen einer tiefenpsychologischen Märchendeutung aus Zürich ein: Marie-Louise von Franz und Verena Kast. Mein Interesse an einem tiefenpsychologischen Zugang zur Psyche und damit auch zu einem neuen Zugang zur Religion war so stark geworden, dass ich mich nach dem Abschluss meiner zehnjährigen Beauftragung an der Evangelischen Akademie dazu entschloss, noch eine Ausbildung in Tiefenpsychologie und zum Beruf einer Psychotherapeutin am C. G. Jung-Institut in Zürich anzuschließen.

**Sie sind dann selbst Psychoanalytikerin und Psychotherapeutin geworden. Welche Gestalt hat die Frage nach Gott auf diesem Weg für Sie angenommen?**

**IR:** Ich würde sagen, dass das ein Stück die Frage nach dem Sinn geworden ist. In meinem Beruf als Psychotherapeutin begegneten mir Menschen, denen der Lebenssinn gründlich abhandengekommen war, bis dahin, dass sie ihr Leben beenden wollten. Angesichts von Suizidalität, gerade auch bei jungen Menschen, zum Beispiel bei Studenten, konnte sich erweisen, wie weit der tiefenpsychologische Therapieansatz bei der Sinnfrage eines Lebens reichte: Hierbei konnte ich erschütternde und letztlich beglückende Erfahrungen machen, zum Beispiel wenn eine Studentin, die sich seit Wochen weigerte, überhaupt noch Nahrung zu sich zu nehmen, weil sie den Tod suchte, dadurch wieder lebendig wurde, dass sie in dieser Zeit ihre innere Lebenssituation zu malen begann und sich dabei von Mozarts Requiem, das sie per CD hörte, begleiten ließ. Wir sprachen über die Bilder, die sie malte, und sie fand darüber zurück zu dem, was ihrem Leben Sinn gab. Dazu gehörte auch die beim Erzählen wiedererlebte „Gipfelerfahrung" auf dem Kilimandscharo, den sie selbst bestiegen hatte, ein Erleben, das einfach Ehrfurcht in ihr erweckt habe.

**Welche „Schlüssel" zur Heilung oder Linderung seelischer Nöte haben Sie gefunden?**

**IR:** Eben bei der Konfrontation mit Suizidalität und der Frage, wie ihr therapeutisch zu begegnen sei, stieß ich neben C. G. Jung noch auf einen international renommierten und schulbildenden Lehrer, der diese schwerste aller Sinnkrisen ins Zentrum seines Nachdenkens gestellt hatte, der von der Sinnfrage ausging und sich ganz besonders dem suizidalen Menschen therapeutisch zuwandte: Viktor Emil Frankl. Er gilt in Österreich als Begründer einer „dritten" therapeutischen Schule dort, nach Sigmund Freud und Alfred Adler, als Begründer der „Logotherapie", die sich auch „Existenzanalyse" nennt. Charakteristisch für ihn ist der Titel seines weltweit meistgelesenen Buches „Der unbewusste Gott", in dem er von der Beobachtung ausging, dass die Vorstellung von etwas übergreifend Umfassendem und die Sehnsucht danach so etwas wie eine anthropologische Konstante darstellt, die auch nach schwersten Schicksalsschlägen dem Menschen erhalten bleibt und die ihm wie nichts anderes dabei hilft, zu überleben. Zentrale Begriffe seiner Therapie sind „Selbsttranszendenz" sowie auch „Selbstdistanzierung", wobei „Selbsttranszendenz" die hohe ethische Bedeutung der Hingabe des Menschen an einen letzten „Sinn", an eine Aufgabe oder eine

Person meint. „Selbstdistanzierung" wiederum meint angesichts solchen größeren Sinnes die Fähigkeit zu einem Absehen von sich selbst, nicht ohne Humor und Ironie. Prägend waren für mich Sätze von Frankl wie „Sinn kann nicht gegeben, sondern muss gefunden werden". Der Lebenswille, der Wille zur Existenz ist für Frankl unlösbar mit dem Willen zu einer sinnvollen Existenz verbunden. Glaube ist für ihn vor allem anderen ein Glaube an den Sinn. Existenz ist aber für ihn bereits selber „ein Mysterium".

**Glaube bedeutete für Frankl also vor allem Glaube an einen Sinn der Existenz einer Person …**

IR: Ja, dafür gebrauchte er auch die Vorstellung des „unbewussten Gottes" und wollte damit das „existenzielle Eröffnetsein" des Menschen zum Ausdruck bringen. Glaube ist für Frankl vor allem Sinn-Glaube, Glaube an den Sinn auch sehr leidvollen Geschehens – nur so überlebte er das KZ. Ihm ging es darum, sich dafür zu entscheiden, „so zu handeln, als ob das Leben einen unendlichen, einen über unser Fassungsvermögen hinausgehenden ‚Übersinn' hätte". So konnte er folgende Definition formulieren: „Der Glaube ist nicht ein Denken, vermindert um die Realität des jeweils Gedachten, sondern ein Denken, *vermehrt* um die Existenzialität des jeweils Denkenden." Wie wir dem begegnen, was uns aufgegeben ist, das macht den Sinn aus. Sinnerfahrungen sind natürlich nicht nur in solchen absolut schicksalshaften Gegebenheiten zu machen, sondern nicht zuletzt auch in der Erfahrung in der den Menschen übersteigenden Natur, im Erleben des Universums. Frankl war ja auch ein begeisterter Bergsteiger.

So blieb ich auch bei den Tagungen und öffentlichen Veranstaltungen, die ich besuchte, immer offen und auch gespannt und sehnsüchtig erwartend, ob man und wo man die Sinnfrage stellen würde, wo die Frage nach Transzendenz als das „Größere

Ganze" aufkäme – und wo sich die Überraschung, das Staunen, die Ergriffenheit ereignen würde, die für mich die Voraussetzung dafür ist, dass sich „Sinn" oder gar „Gott" ereignen könne.

**Wo und wie hat sich für Sie einmal Gott in dieser Weise „ereignet"?**

**IR:** Zum Beispiel auf dem evangelischen Kirchentag in Berlin 2017, als wir auf einem freien Platz der Stadt, von den anspruchsvollen Berliner Symphonikern gespielt, Beethovens Satz „Freude schöner Götterfunken" am Schluss der 9. Symphonie hörten. Unter freiem Himmel, versammelt mit jedermann – wobei im Orchester vor allem die Spieler hier mitspielten, die einen Migrationshintergrund hatten und als Geflüchtete in Berlin angekommen waren. Da ereignete sich uns Ergriffenheit von dem, was uns unbedingt angeht. Musik kann das auslösen, ebenso wie ein Bild, zum Beispiel in einer der „Christusübermalungen" des österreichischen Malers Arnulf Rainer oder in einem Theaterstück, einem Film, einem Gedicht. Vor allem aber auch in der Begegnung mit Menschen, wie sich mir zum Beispiel immer wieder die Begegnungen mit Dorothee Sölle einprägten. Sie verkörperte für mich – nicht als einzige, aber doch als eine unüberhörbare Stimme – einen ganz neuen Zugang „zu dem, was uns unbedingt angeht" –, so zum Beispiel auch die Friedensbewegung, die Demonstrationen gegen Atomenergie und Atomwaffen, was zu ihrer Zeit ein dominantes Thema war. Sie verkörperte etwas von dem, was wir Frauen einzubringen haben von unserem speziellen Erleben und was wir Frauen seit jeher auch im Mittelalter mit Hildegard von Bingen, mit Theresa von Avila, mit Edith Stein in die mystische Erfahrung eingebracht haben. Kurz vor ihrem Tod – am 27. April 2003 – sprach sie noch folgende Gedanken zur Lebensreise aus: „Was sind die Stationen einer heutigen Reise, sie gehen ineinander über, wie das auch in den alten Reisen so war: Ich nenne sie ‚Staunen', ‚Loslassen', ‚Wiedererkennen'. Das Allererste aber ist das Staunen, das Erste auf dem mystischen Weg – *thaumazein* – wie die Griechen es nennen, als Anfang der Philosophie, das Verwundertsein, sprachlos werden, etwas erfahren, was man noch nie erkannt hat, was man noch nicht gewusst hat." Und immer schwärmte sie von der überwältigenden Natur. Auch bei ihr war es die Natur, die diese neue, zugleich uralte mystische Sicht des Staunens auslöst. In ihren Gedichten hielt sie oft innerste Zwiesprache mit dem „Gott", der sich ihr mitteilt als ein Gott, der sie träumt – während doch zugleich sie ihn träumt: *„Du hast mich geträumt, Gott / wie ich den aufrechten Gang übe / und niederknien lerne. / Schöner als ich jetzt bin / glücklicher als ich mich traue / freier als bei uns erlaubt. // Hör nicht auf mich zu träumen, Gott / ich will nicht aufhören mich zu erinnern, / dass ich dein Baum bin, / gepflanzt an den Wasserbächen / des Lebens."*

Mit dem letzten Bild von dem Baum, der an den Wasserbächen gepflanzt ist, erinnert sie an einen biblischen Psalm. Sie wusste anzudeuten, nein, deutlich auszusprechen, worum es gehen mag bei diesem „Ergriffensein von dem, was uns unbedingt angeht". Es traf mich genau da, als ich – zufällig, auf einem Kalenderbild – ihren Satz las: „Am Ende aller Wege des Suchens und Fragens nach Gott steht keine Antwort, sondern eine Umarmung." Die genaue Quellenangabe muss ich hier schuldig bleiben, aber nicht das Zugeben, dass mich eben dieses Wort dort getroffen hat, wo ich eine Begegnung mit „Gott" erhoffe. Dieses innerste Selbst des Menschen – kann es so etwas wie eine Empfangsstation sein, in der Gottes Sprache in die dem Menschen verständliche transponiert werden würde?

**Könnte man also sagen, dass Glaube und auch seelische Heilung sich ereignen, wenn ein Sinn wiedergefunden werden kann?**

**IR:** Ja, wenn man etwas erlebt, was fiktiv, imaginativ sinngebend ist. C. G. Jung drückte das so aus: „Das Bedeutende nur erlöst." Der Begriff des Erlöstwerdens, den er hier einführt, zeigt, wie sehr Jung an einer Schnittstelle zwischen Religiosität und Psychotherapie arbeitet. So kommt er zu dem Fazit: „Es ist Zweck und Bestreben der religiösen Symbole, dem menschlichen Leben Sinn zu verleihen." Wer religiöse Erfahrungen machen kann, so Jung, besitzt etwas, was „ihm zu einer Quelle von Leben, Sinn und Schönheit" wird. Der Archetyp des Selbst ist auch unlöslich mit der Idee des Schöpferischen verbunden. Jung sagte, dass hinter dem eigenen Selbst immer „das Selbst als der universale Mensch in uns" steht. Man könnte das Selbst auch als schöpferischen Urgrund verstehen. Jung geht davon aus, dass ein schöpferischer Drang zur Ganzheit besteht. Dies ist seine Idee der Heilung. Denn mit dem Anschluss an ihre schöpferische Seite kommen Menschen auch in Kontakt mit dem selbstregulierenden System ihrer Psyche. Wird der Archetyp des Selbst belebt und erlebt – häufig in Träumen oder gemalten Bildern –, entsteht ein Lebensgefühl der Selbstzentrierung, vom Gefühl einer Schicksalhaftigkeit der Situation begleitet, von unabweisbarem Sinnerleben, auch von Vertrauen ins Leben, von einem Aufgehobensein in einem großen Ganzen.

**Heilung oder Ganzwerdung geschieht demnach dort, wo es eine Bewegung auf ein größeres Ganzes gibt und sich eine Geborgenheit in einem größeren Sinn einstellt?**

**IR:** Ja. Letztlich geht es um eine Wiederentdeckung der Ehrfurcht als einer großen, einer unvergleichlichen Emotion. Immer da, wo Ehrfurcht aufkommt, ist eine Ergriffenheit da – also es ergreift uns etwas, das größer ist als wir Menschen selbst. Es ereignet sich diese Ergriffenheit zum Beispiel beim Erleben der Natur, angesichts von Lebendigkeit im Kleinsten und im Größten, in der

Ergriffenheit auch von der Dimension des Universums – aber auch schlicht vor dem tiefsten aller Geheimnisse: vor dem Leben als solchem, seinem Ursprung, seinem Wesen und seinem Ziel. „Ehrfurcht vor dem Leben" war denn auch Albert Schweitzers höchster Maßstab. Fehlende Sinnerfahrung, ein Fehlen solcher Erfahrungen, die Ehrfurcht wecken können, sieht Jung als Ursache vieler psychischer Schwierigkeiten. Er hat einmal gesagt: „Die Psychoneurose ist im letzten Verstand ein Leiden der Seele, die ihren Sinn nicht gefunden hat."

**Was bedeuten diese Erkenntnisse für die Frage nach Gott?**
**IR:** „Überwältigend" – das ist ein besonders starker Ausdruck für die Art von Ergriffenheit, auf die es hier ankommt. Im Gespräch äußerte sich Jung noch näher zu dem, was ihn „überwältigen" kann: „Ich kann nur sagen, ich werde vom Unbewussten her mit einer Emotion überschüttet. Oder ich habe einen ungeheuerlichen Traum, der mich am Tage noch deprimiert oder mich erhebt. Das ist stärker als ich, das habe ich nicht gemacht, sondern es ist ein Geschehen, das sich mir aufgedrängt hat und dem ich erlegen bin. Und das haben die Menschen immer schon als ‚Gott' bezeichnet." Über die Existenz Gottes objektive Aussagen zu machen, maßt sich Jung als Psychologe nicht an. Die religiöse Erfahrung aber ist für ihn etwas Wirkliches. Sie fördert Einswerdung und Integration, im Blick auf sich selbst und die Welt.

**Gott hat also vor allem auch etwas mit seelischen Erfahrungen zu tun …**
**IR:** Ja, von der Erfahrung her sind archetypische Bilder – und das Gottesbild ist ein solches ur-typisches Bild, ein Urbild der Seele – von hoher emotionaler Bedeutung: Jung gebraucht dafür immer wieder das Wort „numinos", also *ergreifend*, sogar *erschreckend*. Sie

tragen eine große Sinnerfülltheit in sich. Hier folgt er auch der Beschreibung des Religionsphilosophen Rudolf Otto, der Gotteserfahrung als eine Erfahrung des „faszinosum et tremendum" beschrieb, als Erfahrung des Faszinierenden bis hin zum Erschreckenden, einem Übermächtigen eben. In den Religionen sind archetypische Bilder, Symbole dargestellt und auch immer wieder in die Sprache der jeweiligen Gegenwart übersetzt worden. Ein lebendiges Symbol ergreift einen Menschen emotional, stimuliert sein Denken, seine Fantasie und will etwas von ihm. Es hat lebenserzeugende und -fördernde Wirkung.

**Gott ereignet sich demnach im Inneren des Menschen und ist gewissermaßen an seinen Früchten erkennbar, an Lebensförderung, Sinnstiftung, Ganzwerdung, Liebesfähigkeit, vielleicht am besten ausdrückbar mit dem biblischen Dreiklang „Glaube, Hoffnung und Liebe". Inwiefern ist „Gott" dann aber auch als eine Größe zu denken, die über das Innere des einzelnen Menschen hinausgeht?**

**IR:** Jung ging davon aus, dass es ein Zentrum im Menschen gibt, das die innerste Selbstwerdung, die „Individuation" des Einzelnen intendiert und sie auch darstellt. Eben dieses Selbst ist, wie wir schon sagten, der Resonanzboden für einen Kontakt mit Gott. Die Symbole des Selbst als Symbole der jeweils möglichen Ganzheit sind für Jung nah bei den Symbolen für das Gottesbild: „Wie wir sehen, wie schon des Öfteren betont, lassen sich die spontanen Symbole des Selbst von einem Gottesbilde praktisch nicht unterscheiden." Doch diese Erfahrungen bleiben nicht auf das Innere begrenzt. Für Jung kommen Ehrfurcht, Ergriffenheit immer mit der Notwendigkeit einer Antwort auf das, was mich ergriffen hat, zusammen – mit einer Verantwortung. Es besteht hier eine unlösbare Verbindung von religiöser Ergriffenheit und ethischer

Verantwortung für das, was sich mir in Ergriffenheit auftut, wie auch bei Albert Schweitzer die Ergriffenheit vom Geheimnis des Lebens eine tiefe Verantwortung dafür mit enthält – so wie jedes große Erleben der Natur auch die Mitverantwortung von menschlicher Seite her für deren Erhaltung mit einschließt.

**Hat die moderne Psychologie, insbesondere die Neuropsychologie, die viele innere und emotionale Vorgänge als biochemische Reaktionen beschreibt, diesen eher spirituellen psychologischen Zugang nicht entlarvt?**

**IR:** Nein. Denn es ist bemerkenswert, dass gerade die rein empirisch vorgehende Neurowissenschaft, speziell diejenigen ihrer Richtungen, die sich der Erforschung der Emotionen zuwenden, die affektive Neurowissenschaft also, in den letzten Jahren die Bedeutung von Ergriffenheit und Ehrfurcht für den Menschen, für dessen ganzen emotionalen Haushalt wiederentdeckt hat. Ergriffenheit als eine Emotion, die vor allem die zwischenmenschliche Erfahrung, die Mitmenschlichkeit betrifft und auslöst. Diese wird durch eine Benennung aus dem Sanskrit beschrieben, die es als eine Urbedeutung für das Menschsein bezeichnet: „kama mutra" nennt man eine solche Emotion der Ergriffenheit, eine große Emotion, die vor allem die mitmenschlichen Beziehungen anfacht, während die Empfindung von Ehrfurcht in dieser Forschung, die im englischen Sprachraum begann, vor allem als „Awe" bezeichnet und beschrieben wird. Diese überwältigende Emotion ereignet sich vor allem in der Erfahrung von Natur und Kosmos, vom „gestirnten Himmel über mir".

**Also ist Religion nicht etwas, das als etwas zu Überwindendes in den Blick kommen sollte ...**

**IR:** Jung erachtete die Religion nicht nur für ein historisches beziehungsweise soziologisches Phänomen, sondern auch als etwas, das für den Menschen unabdingbar ist. Man kann dem Menschen Gott und die Religion nehmen, sie ihm ausreden, aber er wird sich aufgrund seines religiösen Grundbedürfnisses immer wieder neue Götter erschaffen, nämlich Vorstellungen und Werte, denen er absolute Bedeutung gibt, bis hin zu ganzen Gesellschaftssystemen und deren Leitfiguren. Dann geht es um absolut gesetzte Teilaspekte des Großen Ganzen, die erhebliche Störungen vor allem im sozialen Zusammmenspiel der Menschheit wie auch im ökologischen Gleichgewicht der Erde nach sich ziehen können. Insofern hat unser Verständnis von Religion auch soziale und politische Relevanz.

**In Ihrem Buch „Die Welt im Spiegel der Seele" werben Sie für eine „Kultur der Seele". Was verstehen Sie darunter?**

**IR:** Dass das, was den Menschen beseelt macht, den richtigen Stellenwert im Leben bekommt. Dass zum Beispiel der Musik Raum gegeben wird, dem Hören, aber auch dem eigenen Musizieren. Oder der Kunst, der Literatur, dem Malen und dem Dichten und natürlich der Religion. Dass das nicht als weniger wichtig erachtet wird als eine naturwissenschaftliche Erkenntnis und nicht untergeht in einer völlig versachlichten Welt. Dass Gefühle zugelassen werden. Dass es beispielsweise auch möglich ist, dass jemand einmal weint. Dass man zeigt, was man empfindet und wie es einem geht, und sich nicht immer nur anpasst. Dann werden auch andere sich mehr zeigen und plötzlich kommt man sich nahe.

**Wie ist Ihre Haltung dem Tod gegenüber. Wie gehen Sie mit dem Sterbenmüssen um und haben Sie eine Hoffnung über den Tod hinaus?**

**IR:** Das Wichtigste ist, dass man den Tod nicht als Katastrophe betrachtet, sondern anerkennt, eine begrenzte Lebenszeit zu haben – gemeinsam mit allen Lebewesen. Das verbindet uns auch mit der Schöpfung und ist sozusagen von Gott nicht böse gemeint. Die vielen Nahtodberichte sind sich in einem Punkt erstaunlich einig: Dass das Sterben – ähnlich dem Vorgang der Geburt – ein Gang durch eine Enge ist und sich dann aber etwas andeutet, das eine große Öffnung bedeutet, ein Licht, eine Befreiung. Ich glaube, dass wir auf jeden Fall wieder in die kosmische Energie eingehen werden. Das genügt, um getrost hinüberzugehen.

# „Glauben ist für mich ein Abenteuer der Suche"
*Gespräch mit Tomáš Halík*

Als ich den Theologen und weltweit gelesenen Autor Tomáš Halík in seiner Wohnung in der Prager Altstadt besuche, ist es mir, als beträte ich eine Art geistige Herzkammer dieser geschichtsträchtigen Stadt. Über einen Lichthof und mehrere Außentreppen gelangen wir in die verwinkelte Wohnung des Prager Gelehrten, in der sich vor allem eines findet: Bücher über Bücher. Die Korridore und ersten Räume sind bis unter die Decke voll mit Bücherregalen. Vor manchen der Bücherrücken sind Fotos aufgestellt. Eines zeigt Tomáš Halík neben seinem Freund Vaclav Havel in vertrautem Gespräch. Tomáš Halík sagt: „Hier wohnen nur die Bücher, kommen Sie weiter." Und wir schlängeln uns durch das Bücherlabyrinth in zwei hintere Räume, die sich plötzlich auftun wie eine bergende Höhle – das Arbeitszimmer sowie das Wohnzimmer, geziert mit zahlreicher moderner Malerei und Skulpturen, die scheinbar alle das Thema des Schmerzes in der Welt verarbeiten. Wir setzen uns und Halík entschuldigt sich für seine Müdigkeit, er habe bis in die Nacht hinein an seinem neuen Buch gearbeitet und es fertiggestellt. Er spricht ein warmes, klangvolles Prager Deutsch mit rollendem „R" und einer getragenen Melodie. Wir tauchen ein in sein Leben, in dem er, der zunächst ohne Glauben aufwuchs, nach und nach die Spuren Gottes entdeckte und sich in die uralte Geschichte Gottes mit seinen Menschen hat hineinverwickeln lassen. Es ist ein Eintauchen in ein großes Gespräch, das dieser Mann sein Leben lang mit den Erfahrungen in dieser Welt und mit diesem großen Geheimnis im Hintergrund der Welt, das Gott genannt wird, führt. Man merkt sehr bald: Hier sitzt kein Ideologe und auch kein bloßer Universalgelehrter, sondern ein Mystiker, einer, der sich mit Herz, Leib und Seele hineinbegeben hat in das Abenteuer des Gottesglaubens, in die großen Fragen im Angesicht des Leidens und in die Suche nach den Wegen und Weisen des Suchens und Findens Gottes in der heutigen Zeit. Er hat sich selbst wieder angeschlossen an die uralten Quellen des Glaubens und sie gleichzeitig in neuer Weise für heute Suchende fruchtbar gemacht.

Geboren 1948 in Prag, wuchs er in kommunistisch geprägten Zeiten auf, in denen das Religiöse an den Rand gedrängt war. Die Auseinandersetzung mit dem Atheismus war und ist für ihn ein entscheidender Prozess gewesen, ein Prüfstein für eine wahrhaftige Rede von Gott, die sich eben nicht in ideologische Positionierungen hineinflüchtet und zeitlos ewige Dogmen vertritt, sondern die Erfahrungen von Gottesferne und „Nächten des Glaubens" ernst nimmt und gerade diese zum Ausgangspunkt der Gottbezogenheit macht. In einem Vortrag auf dem Katholikentag 2016 in Leipzig bekannte er: „Ich habe mich zum Glauben hindurchgezweifelt."

Immer wieder betont er die Gemeinsamkeiten zwischen den Glaubenden und den Atheisten: Sie teilen das Ringen mit dem Schweigen Gottes. Die in Krisen erfahrenen „dunklen Nächte" dürften ihm zufolge nicht leichtfertig weggeredet werden. Denn sie seien ein Weg, um tiefer in „die Wolke des Geheimnisses Gottes einzutauchen". Die „dunklen Nächte" seien ein Kreuzweg – ein Weg zum Kreuz. Und durch das Kreuz hindurch zur Auferstehung. „Ohne Kreuz gibt es keine Auferstehung", sagt er in seinem Leipziger Vortrag und betrachtet deshalb das atheistische Beharren auf dem Fehlen Gottes als eine Herausforderung dafür, „trotzdem zu glauben, neu und tiefer zu glauben".

Seit seinem ersten weltweiten Bestseller mit dem Titel „Geduld mit Gott" (deutsch: 2010) macht er die Auseinandersetzung mit den ungelösten Fragen der Existenz, mit den Erfahrungen des Leidens, der Sinnlosigkeit und des Todes zum Dreh- und Angelpunkt seiner Gottessuche. Die „Nacht" erscheint als der Ort einer Gottesgeburt. Halík versucht, das ganze Leben in all seiner Erfahrungsbreite und die ganze Welt in all ihrer Ambivalenz und Widersprüchlichkeit hineinzunehmen in seinen Glaubensversuch. Das ist das Gegenteil eines schwärmerischen Abdriftens in wirklichkeitsferne Esoterik, das ist leid- und lebensgeprüfte Mystik.

Zentral erscheint dabei sein Buch „Berühre die Wunden. Über Leid, Vertrauen und die Kunst der Verwandlung" (deutsch: 2014). Mit diesem Buch geht Halík buchstäblich dorthin, wo es wehtut. In 14 Kapiteln kreist er um das Geheimnis der körperlichen und seelischen Wunden und lädt in der Meditation der biblischen Erzählung von der Begegnung des Jüngers Thomas mit dem auferstandenen und von den Wunden gezeichneten Jesus zu einem verwandelnden Umgang mit eigenen und fremden Verwundungen ein. Das ist bezeichnend für ihn: Bibelauslegung versteht Halík nicht als gelehrtes Reden über Texte, sondern als eine Begegnung mit sich selbst. Die Bilder des Evangeliums sollen zur Wirkung kommen, „damit sie allmählich den Fluss unseres eigenen Lebens beleuchten, auslegen und verwandeln". So berichtet Tomáš Halík von einer Schlüsselerfahrung, als er beim Besuch eines indischen Waisenhauses und im Wahrnehmen des dortigen unaussprechlichen Elends der Kinder blitzartig den Sinn der biblischen Geschichte vom „ungläubigen" Thomas verstanden hatte. Es war, so berichtet er in dem Buch „Berühre die Wunden", als hörte er Jesus sagen: „Dort, wo du das menschliche Leid berührst – und vielleicht nur dort! –, dort erkennst du, dass ich lebendig bin, dass ‚Ich es bin'." Es geht um die Wiederentdeckung des Mitleids am Grunde eines oft abgelenkten oder abgestumpften Herzens. Halík plädiert dafür, Jesus auf „den Verbandsplätzen der Welt" aufzusuchen und damit zu rechnen, eine eigene Aufgabe in dieser Welt zu haben: „Gott spricht die Menschen als Möglichkeit an, er stellt sich als Einladung, Aufforderung oder Aufgabe vor."

Doch Halík, der auch viele Jahre als Psychotherapeut gearbeitet hat, blickt nicht nur auf die Wunden der Welt, sondern spricht auch von den ungeheilten Wunden in uns selbst, die wahrgenommen und in einen Prozess der Heilung überführt werden sollen. Denn auch damit tragen wir zur „Heilung der Welt" bei.

Die Geschichte von der Begegnung seines biblischen Namensvetters Thomas mit dem Auferstandenen, bei dem der Jünger seine Finger in die Wunden Christi legt und in einen tiefen Glauben geführt wird, ist für Tomáš Halík zentral: Es ist die auch heute in vielen Formen mögliche Begegnung mit dem Geheimnis der Auferstehung, die Christen dazu befähigt, an die Verwandlung aller Wunden zu glauben. „Wir sind dazu da, dass wir den Horizont des ‚Möglichen' um das erweitern, was Menschen, die Gott nicht kennen oder Christus nicht ernst nehmen, als unmöglich erscheint", schlussfolgert Halík in „Berühre die Wunden".

Glaube besteht für den Prager Theologen darin, dass der Einzelne sich hinausführen lässt aus dem Gefangensein in sich selbst, dass er ausbricht aus Resignation, Fatalismus, Egozentrik und Kapitulation, dorthin, wo Verbundenheit, Liebe, Hoffnung ist. Und diese Hoffnung, so schreibt er in seinem Buch „Nicht ohne Hoffnung. Glaube im postoptimistischen Zeitalter" (deutsch: 2014), liegt für ihn nicht in einem schwärmerischen Ausgreifen auf eine paradiesische Utopie, sondern in der Demut des Kreuzes, in der Erfahrung des eigenen Angewiesenseins auf Gott, im Zu-Grunde-

Gehen und dort zu erkennen, dass mein Erlöser lebt. Hoffnung liegt in den Erfahrungen, „in denen unser Leben durchdrungen wird von etwas aus jenem ‚Sein beim Vater'". Christliche Hoffnung sei Auferstehungshoffnung. Und die wagt Halík auch persönlich zu bekennen: „Gott ist die Liebe, die zu mir sagt: Habe keine Angst, du geliebtes Geschöpf, du wirst nicht sterben. Du bist in der Tiefe meines Gedächtnisses für alle Zeiten geborgen." Kraft gibt der Glaube, am Kreuz Christi teilhaben zu können – an seiner Überwinderkraft, die einem ermöglicht, sich gänzlich auf Gott hin zu übersteigen und sich von ihm retten zu lassen.

In seiner Autobiografie mit dem Titel „All meine Wege sind DIR vertraut. Von der Untergrundkirche ins Labyrinth der Freiheit" (deutsch: 2014) berichtet Tomáš Halík noch von einer anderen Schlüsselerfahrung in seinem Leben. Bei einer Schiffstour im antarktischen Meer nahe der Insel Nelson gerät er in Seenot und muss in einem Paddelboot stundenlang gegen eisige Wellen kämpfen, um schließlich in höchster Not und mit letzter Kraft ans rettende Ufer zu gelangen. Im späteren Rückblick auf diese Grenzerfahrung schreibt er: „Als ich versuchte, mich so genau wie möglich daran zu erinnern, wie ich in jenem Augenblick betete, wurde mir bewusst, dass es nicht nur eine flehentliche Bitte um unsere Rettung war. Waren doch dort draußen auf dem Meer sogar Augenblicke, in denen ich fast gewünscht hätte, dass das erschöpfende Paddeln und die gesamte Anspannung endlich enden möge, damit ich endlich Ruhe fände – sei es auch in der kalten Umarmung des Wassers um mich und unter mir. Diese seltsamen Augenblicke, scharf in meinem Gedächtnis eingegraben, wechselten mit einem unbestimmten Wissen darum, dass dies nicht das Ende ist und nicht sein kann, dass meine Geschichte noch eine Fortsetzung haben wird und dass ich sie nicht aufgeben darf. Damals geschah etwas schwer zu Beschreibendes: Ich durchlebte mit einer ungeheuren Erleichterung das Gefühl, dass mein Leben nicht meiner Regie untersteht, dass meine Kraft, zu überleben und durchzuhalten, aus einer viel tieferen Quelle hervorgeht, als es das Bündel meines Ichs ist, meine Muskeln, meine Gedanken, meine Nerven – und ich habe mich dieser Quelle ganz und gar überlassen, ich habe ‚auf Gott umgeschaltet', ich übergab ihm das Steuer – und fühlte einen gewaltigen Zuwachs an Kraft und eine große Befreiung. Es lag darin ein gewisses ‚Aufgeben', aber keinesfalls ein Verfallen in Passivität; eher fühlte ich eine gewaltige Intensivierung meiner Aktivität und deren Befreiung von jedweder bremsenden und beunruhigenden Angst um mich selbst."

Und so zeigt Halík anhand von Erfahrungen und deren Deutung durch biblische Grunderzählungen oder Symbole, wie man sich Gottes Wirken im eigenen Leben bewusst machen kann. So verbindet er auch seine dramatische Schiffsnot mit der neutestamentlichen Geschichte von Jesus, der mit seinen Jüngern in einem Boot auf dem See Genezareth in Sturm-Bedrängnis kommt und einfach im hinteren Teil des Bootes schläft – und erst als er geweckt wird, den Sturm in einer Wundertat zum Abklingen bringt. So sieht Halík „Gott" als jene Kraft an, die im eigenen Leben und insbesondere auch in den Stürmen des Lebens gewissermaßen als ein Kraftfeld der Angstfreiheit und tiefer Geborgenheit anwesend ist. Der entscheidende Kern der biblischen Geschichte von Jesus im Sturm sei der Schlaf Jesu inmitten des Sturms, inmitten der Todesangst seiner Jünger, betont Halík. „Jesus predigt mit seinem Schlaf", schreibt er. Und weiter: „Dadurch, dass er als ein Mensch, der frei von Angst ist, mitten unter uns und in unseren Stürmen ist, kann er uns mit seiner Ruhe anstecken. (…) Es ist die Ruhe dessen, aus dem Hoffnung und Vertrauen hervorleuchten. Der Gott Jesu ist nicht der ‚Gott hinter den Kulissen'; er ist Grund und Tiefe unseres Seins. Wir entfremden uns ihm durch die Angst, die uns natürlicherweise beherrscht, wenn wir uns inmitten von Stürmen und Wirbelwinden befinden, aber wir kommen mit ihm in Kontakt, wenn wir ihm in uns freien Raum lassen – und sei es darum, damit er schweigt und schläft. Ja, Gott kann schweigen – und auch uns lehrt er schweigen."

Und so findet Tomáš Halík am Ende seiner Autobiografie eine Definition dessen, was Glaube heute sein kann: kein Festhalten an ewigen Wahrheiten, sondern „Glaube als der Mut, leise, mit staunendem Herzen und mit Vertrauen in neue Räume einzutreten". Und dies bezieht er auch auf die letzte Grenzsituation im Leben, auf das Sterben. Obwohl das, was jenseits des Todes liegt, dem Erkennen und der Vorstellung und der Sprache entzogen ist, kann Tomáš Halík doch aus der Tiefe seines Glaubens bekennen: „Ich glaube, dass jenes NICHTS, dem wir im Tode entgegengehen, nur ein weiterer sonderbarer Name Gottes ist."

\*\*\*

**Tomáš Halík, wie ist der Bezug zum Göttlichen in Ihrem Leben zu einer persönlichen Wahrheit geworden? Wie kam Gott zu Ihnen, beziehungsweise wie kamen Sie zu Gott?**

**Tomáš Halík:** Ich meine, Gott ist im Leben eines jeden Menschen präsent, oft aber anonym. So war er auch in meinem Leben von Anfang an, aber ohne, dass ich das wusste. Manchmal sehen und verstehen wir die Tätigkeit Gottes in unserem Leben erst im Rückblick. Ich bin zwar als Baby getauft worden, aber ohne religiöse Erziehung aufgewachsen. Erst später begann es in meinem Leben, dass sich mir in der Schönheit der Kunst und der Natur einige Einblicke in die Wirklichkeit des Heiligen eröffneten. Das habe ich damals nicht als etwas Religiöses interpretiert, aber das war so etwas wie eine Vorbereitung. Die ästhetische und intellektuelle Attraktivität der Kunst, wie zum Beispiel der Essays Chestertons oder

der Messe Stravinskys oder der christlichen Kunst, die in Prag auch in den grauen Zeiten des Sozialismus sehr präsent war, eröffneten mir eine andere Dimension des Lebens. Das war wie ein Strahl des Heiligen, des Geheimnisses im Nebel des eingeengten Geistes in den kommunistischen Zeiten. Das war vielleicht so etwas wie die erste Stufe meiner Konversion. Aber mehr als eine intellektuelle und ästhetische Sympathie zum Religiösen und Spirituellen sowie des damit verbundenen politischen Aspektes des geistig-kulturellen Protestes gegen den erzwungenen Atheismus des Marxismus-Leninismus gab es noch nicht. Das war noch recht abstrakt, ohne Kontakt mit der realen Kirche. Aber dann, in den 1960er-Jahren, begegnete ich einigen eindrücklichen Persönlichkeiten, wie dem berühmten Pater Reinsberg in der Teynkirche am Altstädter Ring – ein Mann von Kultur, mit Humor und modernen Ansichten, und ein großer Liturg. Da erlebte ich zum ersten Mal „ein Christentum mit menschlichem Angesicht". Bei ihm habe ich meine erste Beichte abgelegt und die erste Kommunion empfangen. Und dann, 1968, während des Prager Frühlings, bin ich mehreren Theologen und Persönlichkeiten der katholischen Kirche begegnet, darunter Priestern, die viele Jahre im Gefängnis waren. Das war für mich etwas Überzeugendes. Dann war eine sehr wichtige Zeit für mich der Sommer 1968. Ich war in England in den Ferien, als die Besetzung der Tschechoslowakei durch die Armeen des Warschauer Pakts am 21. August 1968 geschah. Da bin ich noch ein Semester an der britischen Universität geblieben. Das war für mich eine sehr prägende Zeit, denn dort habe ich den englischen Katholizismus näher kennengelernt. Der war für mich sehr sympathisch, weil er nicht so triumphalistisch war. Dann kam ein sehr wichtiger Moment, als ich nach Prag zurückgekehrt bin, im Januar 1969: die Selbstverbrennung von Jan Palach auf dem Wenzelsplatz. Ich habe ein Requiem für Jan Palach in einer Prager Kirche organisiert und seine Totenmaske in der Nacht aus der Fakultät in die Kirche getragen, über die Karlsbrücke. Das war für mich ein sehr tiefer Moment, eine Art inneres Gespräch mit Jan Palach. Er hatte einen Brief geschrieben, in dem er sagte: „Ich bin die Fackel Nummer eins." Da habe ich mich gefragt, wie wir auf dieses Selbstopfer reagieren sollen. Das hat zu meiner Entscheidung geführt, Teil der Untergrundkirche zu werden. So begann mein Weg, der schließlich 1978 zur heimlichen Weihe zum Priester der katholischen Kirche in der Privatkappelle des Bischofs in Erfurt (in der DDR) geführt hat.

Sicher gab es später auch Krisen, Spannungen und Enttäuschungen in der Kirche. Gerade gegenwärtig leide ich sehr unter den Missbrauchsskandalen – mein Glaube trägt Wunden.

Aber christlicher Glaube – der Glaube an den verwundeten Gott – darf die Wunden tragen.

Für meine Spiritualität sind die Wunden Christi sehr wichtig – und die Worte des Apostels Thomas, der die Wunden Christi berührt. Das ist der einzige Moment in den Evangelien, dass Jesus „Gott" genannt wird. Thomas sagt zu Jesus: „Mein Herr und mein Gott!" Das heißt: Der Ort, an dem Christus als Gott bekannt wird, ist die Berührung seiner Wunden.

Das habe ich selbst erlebt, als ich in Indien, in Madras – am Ort des Martyriums des Apostels Thomas – war und ein Waisenhaus besuchte und das große Elend der Kinder dort sah. Das war ein tief erschütterndes Erlebnis, bei dem ich mich an Dostojewskis Iwan Karamasow erinnerte, der angesichts des unfassbaren Leids der Kinder die Eintrittskarte für diese Welt zurückgeben will. Doch das war auch ein erleuchtender Moment, in dem ich erkannte: Diese Wunden der Welt sind die Wunden Christi. Und wenn wir diese Wunden ignorieren, haben wir kein Recht, zu Jesus „Mein Herr und mein Gott" zu sagen. Wir müssen die Anbetung Christi verbinden mit der Heilung der Wunden der Welt.

**Ist aber das Leid der Welt, das Böse, das Zerstörerische keine Widerlegung Gottes?**

**TH:** Das Böse in der Welt ist für mich kein Argument gegen Gott. Wenn die Welt vollkommen wäre, ohne Wunden, dann wäre die Welt selbst Gott und wir bräuchten keinen Gott. Das zu unserer Wirklichkeit gehörende Böse, das Elend, das stellt die Fragen und ist ein Weg, die Oberfläche zu verlassen und in der Tiefe zu suchen. Gott ist für mich nicht ein übernatürliches Wesen hinter den Kulissen der Welt, sondern die Tiefe der Wirklichkeit. Er ist der, der alles umfasst und überschreitet. Das, was das Neue Testament „die Welt" nennt, das ist die Oberfläche der Welt oder, wie Martin Heidegger sagt, das „unauthentische Leben", dieses „man lebt" in Konformität mit der Welt. Der Glaube aber ist eine Wandlung, eine Umkehr vom Egozentrismus zu dem tiefen Zentrum, zum „Christus in uns" oder zu dem „göttlichen Funken in uns", wie es Meister Eckhart sagt. Die Mystik, aber auch die Theologie Paul Tillichs und die Tiefenpsychologie C. G. Jungs sind für mich eine tiefe Inspiration. Bekehrung ist für mich also nicht eine neue religiöse Interpretation der Welt, sondern eine existenzielle Erfahrung, eine Umkehr von der Oberfläche eines Lebens in Konformität mit der Welt und der heutigen Gesellschaft hin zu einer kontemplativen Erfassung und Durchdringung der Dinge von einem tieferen Punkt her. Von diesem Sichtpunkt her ist das Böse eine Frage und ein Geheimnis. Der Glaube ist für mich nicht etwas, das klare und einfache Antworten gibt, sondern der Mut, mit dem Geheimnis zu leben und die vielen Paradoxien des Lebens zu ertragen. Das Christentum ist für mich eine Religion des Paradoxes und die Wirklichkeit und die Welt und die Gesellschaft und die heutige Situation ist voll von Paradoxien. Der Glaube in der mystischen Tradition bedeutet einen tiefen Umgang mit den Paradoxien.

**Wie verhalten sich für Sie diese mystischen Vorstellungen Gottes als Tiefe des Seins, Urgrund und Hintergrund des Lebens zu einem personalen Gottesverständnis? Ist Gott für Sie auch ein personhaftes Gegenüber, ein „Du"?**

TH: Gott ist ein Geheimnis. Augustinus schrieb: „*Si comprehendis non est Deus.*" – „Wenn du etwas verstehst, dann ist es nicht Gott." Gott ist in allen Dingen präsent. Da ist für mich die ignatianische Spiritualität sehr wichtig, die immer wieder betont: Gott ist in allen Dingen. Er ist in allen Dingen als Tiefe. Ich glaube, Gott ist in der Umkehr von der Oberfläche in die Tiefe. Und von diesem „in der Tiefe" kann man auch von einem persönlichen Gott sprechen. Aber das sind Metaphern und Analogien, kein anthropomorphes Bild von Gott. Wenn man von Gott als Person spricht, heißt das für mich: Er ist jemand, der spricht zu mir und den kann ich auch ansprechen. Das ist eine dialogische Beziehung mit der Wirklichkeit. Das drückt sich aus im Gebet oder in der Meditation, aber auch im alltäglichen Leben. Diese Momente, die auch die ignatianische Spiritualität bewusst machen will, sind mir sehr wichtig: dass man sich am Ende eines Tages oder einer Woche eine kontemplative Übersicht macht und sich bewusst wird, wie Gott in meinen Gedanken, Freuden, Sorgen und allem, was in mir vorgeht, präsent war. Das geistliche Leben ist eine Kunst der geistlichen Unterscheidungen, bei denen die Impulse des heiligen Ignatius helfen, der sagte, man müsse immer reflektieren, was in mir geschieht – wenn etwas Angst oder Wut auslöst, dann ist es vom Bösen, aber wenn etwas Freude und Ruhe bringt, dann ist es etwas Göttliches. In diesem Sinne sollen wir auch die Ereignisse in der Welt und in der Gesellschaft kontemplativ reflektieren und die Zeichen der Zeit unterscheiden. Meine theologische Methode nenne ich „Kairologie", abgeleitet von dem griechischen Wort „Kairos", dem rechten Augenblick. Es geht darum, die Zeichen der Zeit zu unterscheiden. Also die Ereignisse in der Gesellschaft und Kultur dahingehend zu untersuchen, was sie uns bringen: Befreiung, Freude, Ruhe, inneren Frieden, Inspiration, Ermutigung oder Wut, Ängstlichkeit und Angst. Die Welt von heute ist sehr kompliziert und voll von Angst. Der Prozess der Globalisierung hat einen Punkt erreicht, an dem es umschlägt in einen neuen Nationalismus, in Populismus und Fundamentalismus. Heute brauchen wir deshalb auch ein gesellschaftliches Immunsystem gegen das Virus des Hasses, gegen die Pandemien der geistigen Infektionen von Populismus und Angst. Und die Kirche sollte heute ein solches Immunsystem für die Gesellschaft sein. Aber das ist eine große Herausforderung auch für die Kirche. Denn heute herrscht nicht nur in der Welt eine große Polarisierung, sondern auch in der Kirche. Und das ist keine Spaltung zwischen den Kirchen, sondern innerhalb der Kirchen. Ich bin ganz traurig, wenn ich sehe, dass auch Christen mit der Angst, dem Populismus und Fundamentalismus kollaborieren. Das ist sehr schmerzlich. Auch einige meiner Freunde aus der früheren Untergrundkirche stehen auf einer ganz anderen Seite als ich und vertreten eine andere politisch-kulturelle Position. Heute ist eine große Unterscheidung der Geister notwendig. Es ist eine komplizierte Zeit, aber es ist auch eine Zeit der Geburt eines neuen Kapitels der Geschichte, auch der Geschichte des christlichen Glaubens. Damit befasst sich mein neues Buch, an dem ich vier Jahre lang gearbeitet habe. Es trägt den Titel „Nachmittag des Christentums". Darin habe ich die Metaphorik Carl Gustav Jungs aufgegriffen, der den Verlauf des menschlichen Lebens mit dem Verlauf eines Tages verglich: Die Jugend ist der Morgen, dem die Mittagskrise folgt, und schließlich der Nachmittag – eine Zeit der Reflexion und spirituellen Entwicklung. Ich denke, so etwas Ähnliches vollzieht sich auch in der Geschichte des Christentums: Die Vormoderne, das war der

Morgen, als sich die Strukturen der Kirche und ihrer Dogmatik herausbildeten, dann kam die Mittagskrise, die Säkularisierung und der Atheismus, die Infragestellung der Gewissheiten; und nun beginnt der Nachmittag des Christentums, wo wir durch die Krise in ein stärker geistliches Christentum hineinfinden. Das bedeutet aber nicht eine private Spiritualität, mit der man sich aus der Welt zurückzieht, sondern eine neue Verbindung von Aktion und Kontemplation. Wir brauchen einen Glauben mit intellektueller Reflexion, mit dem Wissen über den Schatz der Tradition, aber auch mit dem geistlichen Leben, mit Kontemplation und Meditation – und dann auch mit unserer Präsenz in der Gesellschaft verbunden. Diese drei Säulen sind sehr wichtig für ein heutiges Christ- und Kirchesein.

**Im Neuen Testament heißt es: „Gott ist die Liebe". Ist die Liebe in Ihren Augen so etwas wie die Signatur des Göttlichen, auch im Sinne eines Geschehens, dass wir, wenn wir in die Bewegung der Liebe eintreten, auch in die göttliche Kraft eintreten? Was bedeutet für Sie die Aussage „Gott ist die Liebe"?**

**TH:** Theologie ist für mich eine Phänomenologie der Erscheinungen Gottes in der Liebe, im Glauben und in der Hoffnung. Glaube, Hoffnung und Liebe brauchen Geduld und somit bedeuten diese drei Tugenden auch, geduldig zu sein mit dem schweigenden Gott. Das heißt, dass dem Schweigen Gottes nicht mit Resignation oder oberflächlichen Antworten begegnet wird, sondern mit Glaube, Hoffnung und Liebe. Im Vollzug dieser Tugenden ist Gott präsent. Hier begegnet sich Göttliches und Menschliches. Hier trifft die Freiheit des Menschen mit der Gabe Gottes zusammen. Glaube, Hoffnung und Liebe – das ist die Präsenz Gottes in unserer Welt.

**Karl Rahner hat einmal gesagt: „Der Christ der Zukunft ist ein Mystiker, der etwas erfahren hat." Wie können wir heute Gott erfahren?**

**TH:** Thomas von Aquin hat gesagt, die mystische Theologie ist eine Scientia Experimentalis de Deo – eine Erfahrungswissenschaft von Gott. Ich denke, die Erfahrung ist sehr wichtig. Die Säkularisierung hat die Religion, den Glauben und das Christentum nicht zerstört, wohl aber verwandelt. Die Religion ist nach dieser Phase anders. So gibt es heute zwei sehr deutliche Formen der Religion: Zum einen eine politische Ideologie, in der Religion zur Stärkung der Identität politisch verwendet wird. Und zum anderen gibt es eine sehr weite Spiritualität. Beide enthalten einen wichtigen Kern, sind aber auch gefährlich. Ja, der Glaube sollte auch in der Gesellschaft präsent sein, aber nicht so ideologisch, sondern mehr als eine Inspiration zu Solidarität. Und ja, die Spiritualität ist das Herz des Glaubens, aber hier lauert auch die Gefahr der Esoterik. Der religiöse Markt hat ein großes Gespür dafür, dass auf diesem Gebiet etwas für die Menschen attraktiv ist, und führt das spirituelle Bedürfnis in eine Bagatellisierung und Kommerzialisierung. Aber Glauben ist mehr als eine politische Identitätsideologie oder eine kitschige Religiosität. Glaube ist die Tiefe, die Erfahrung von Selbsttranszendenz, die Umkehr vom Egozentrismus zur Sensibilität für die anderen. Und das gilt auch für die Kirchen. Es ist die Zeit der Selbsttranszendenz des Christentums in einem ökumenischen Sinn. Die wichtigste Dimension der Liebe ist die Ökumene, nicht nur im Sinne der Verbundenheit zwischen Christen verschiedener Konfessionen, sondern auch im interreligiösen Dialog und in Verbindungen mit den Suchenden.

**Wie könnte es suchenden Menschen heute gelingen, den Sprung in das Göttliche, in den Glauben zu vollziehen?**

**TH:** Die Kirchen müssen sich befreien von einem naiven und arroganten Verständnis von Mission und Evangelisation, in dem die Suchenden schnell erpresst werden in den alten Strukturen. Wir müssen unsere Strukturen erweitern und mit den Suchenden in eine respektvolle, dialogische Beziehung treten. Wichtiger als das flächendeckende Netz von Kirchgemeinden dürften in Zukunft ausstrahlende Zentren für Gottesdienst, Gespräch und Meditation sein, in die Menschen in aller Freiheit kommen können, um den Glauben zu feiern, im Gespräch zu reflektieren und Ruhe und Stille zu finden. Diese Zentren könnten die geistliche Begleitung auch von Suchenden praktizieren, eine ähnliche Rolle wie früher einige Klöster spielten. Das ist etwas anderes als bisherige Mission und die Seelsorge der Gemeindechristen. Da geht es um das Zuhören und den Versuch zu verstehen, was diese Menschen suchen, was ihnen wichtig ist. Denn Gott ist das, was für den Menschen am meisten wichtig ist, das sagte schon Martin Luther. In diesem Gespräch über das, was die eigenen Fragen sind, was einen bewegt und berührt, können wir dann auch unsere Tradition und unsere Erfahrungen anbieten, nicht aufzwingen. Es geht um den Versuch, die Fragen und Erfahrungen der Menschen zu verstehen und auf dem Weg des suchenden Gesprächs auch theologisch zu interpretieren und zu einem tieferen Verständnis des Lebens zu kommen. Das ist die verstehenfördernde Aufgabe der Kirche heute, nach den Berührungspunkten zwischen Göttlichem und Menschlichem zu suchen. Diese finden sich zum Beispiel in der Kunst und Kultur. In der modernen Malerei oder in Filmen sind heute oft auf existenzielle Weise geistliche Erfahrungen verarbeitet.

**Wie ist Ihre Haltung zum Tod? Haben Sie Angst vor dem Tod? Welchen Weg des Umgangs mit dem eigenen Sterbenmüssen haben Sie gefunden?**

**TH:** Wie ich es vorhin schon gesagt habe, der Glaube an Gott bedeutet für mich: Die Welt ist nicht Gott. Und der Glaube an Gott bedeutet für mich auch: Der Tod ist nicht Gott. Wenn ich an Gott glaube, bedeutet das also, der Tod ist nichts Endgültiges, der Tod hat nicht das letzte Wort, sondern Gott hat das letzte Wort. Wie dieses Wort ist, weiß ich nicht. Das ist ein Geheimnis. Aber Hoffnung, Liebe und Glaube sind die einzigen Wege, um ein wenig hinter die Mauer des Todes zu gelangen. Wie das Leben nach dem Tod aussieht, weiß ich nicht. Aber ich habe eine Hoffnung, dass der Gott, der für mich in diesem Leben sorgt, auch nach meinem Tod irgendwo für mich sorgen wird. Er hat die Freiheit, vor dem Tod und nach dem Tod zu machen, was er will. Ich habe keine Angst, sondern Vertrauen. Es geht darum, die Absolutheit des Todes zu relativieren. Sicher habe ich ein wenig Angst davor, dass der Tod zu zeitig kommt, ich möchte noch einiges in diesem Leben machen. Und sicher habe ich auch Angst vor den Krankheiten des Alters und den Gebrechen. Aber für mich gilt, was ich als letzten Satz in meiner Autobiografie geschrieben habe: Mag sein, dass ich einmal mit dem Nichts konfrontiert werde. Aber dieses Nichts kann auch eine Vollendung sein. Das Nichts kann auch ein anderer Name Gottes sein. Das ist dann nicht Leere, sondern Fülle.

## Was bedeutet Ihnen der Glaube an die Auferstehung Jesu Christi?

**TH:** Auferstehung ist etwas anderes als die Reanimation des Körpers. Ich glaube an die *resurrectio continua*, in dem Sinne wie die alte Theologie über die *creatio continua* sprach. Die Auferstehung ist der Prozess des Lebens Jesu in unserem Leben. Dass er präsent ist. Für mich ist Auferstehung nicht nur ein begrenztes Ereignis, sondern ein bleibendes – ein Prozess, der wie ein unterirdischer Fluss durch die Geschichte und das Leben der Menschen geht. Und manchmal bricht dieser unterirdische Fluss dann hervor, das sind die Konversionen. Die Umwandlung des Saulus zum Paulus ist ja nicht eine vorweggenommene Auferstehung. Er bekommt einen Anteil an der Auferstehung, wenn er diese Erscheinung des Auferstandenen hat. Ich meine, in jedem Moment von Erleuchtung oder mystischer Erfahrung oder Konversion oder auch im Abendmahl oder in der Begegnung mit den Wunden der Welt bekommt man Anteil an der Auferstehung, das sind Momente des Auferstandenen, der sonst meistens anonym präsent ist in unserem Leben und der Welt und in solchen Momenten nahe kommt. Das sind die Erscheinungen des Auferstandenen, der in so vielen Gestalten in unserer Welt ist. Der Glaube ist für mich auch ein Abenteuer der Suche nach dem Auferstandenen. Wenn es im Neuen Testament heißt, dass der Engel den Frauen am Ostermorgen am leeren Grab Jesu sagt: Er ist nicht hier, er ist in Galiläa, dann ist für mich die Frage: Wo ist das Galiläa von heute, wo wir dem Auferstandenen begegnen können? Wir sollen Christus dort begegnen, wo er hinter mannigfaltigen Masken in dieser Welt ist, so heißt es im Gleichnis in Matthäus 25. Es geht darum, Christus zu „entmasken" in der Hinwendung zu den Leidenden, Fremden, Kranken, den „geringsten Brüdern" und dann die Stimme Christi zu hören, die sagt: „Das war ich." Christliche Existenz ist das Abenteuer, den Christus hinter so vielen Masken zu entdecken.

# „Folge dem, was dich lebendig macht!"

*Gespräch mit Tara Hyun Kyung Chung*

Die in New York lehrende koreanische Theologin Tara Hyun Kyung Chung hat ihren Platz in der jüngeren Weltkirchengeschichte bereits sicher. Ihr am 8. Februar 1991 auf der Vollversammlung des Ökumenischen Rates der Kirchen in Canberra (Australien) gehaltener Hauptvortrag schlug hohe Wellen und wirbelte gewissermaßen die Theologien der Kirchen der Welt kräftig durcheinander. Was sie damals gewagt hat – und was ihr von theologisch-konservativer Seite schwer übelgenommen wurde –, war der Versuch, die Reinheit des dogmatisch-korrekten Redens über Gott zu verlassen und neu und mutig Gott anzurufen, indem sie die Weisheit ihrer Herkunft mit christlichen Glaubenswahrheiten verband. So führte sie in traditioneller asiatischer Kleidung ein schamanistisch anmutendes Ritual auf, bei dem sie tanzend eine Rolle Reispapier, auf der die Namen ausgebeuteter, vergewaltigter und ermordeter Menschen geschrieben standen, verbrannte und dabei um das Kommen des Heiligen Geistes betete. Sie wagte es, urtümliche asiatische Traditionen mit christlicher Spiritualität zu verknüpfen und einen neuen Zugang zu Gott als Quelle und Kraft einer universellen Liebe zu erschließen. In ihrem anschließenden Vortrag sagte sie: „Ich komme aus Korea, dem Land der von HAN erfüllten Geister. HAN ist Zorn, HAN ist Groll. HAN ist Bitterkeit. HAN ist Kummer. HAN bedeutet niedergeschlagen sein und ist rohe Energie für den Befreiungskampf. In meiner Tradition werden Menschen, die Mord oder Ungerechtigkeit zum Opfer gefallen sind, in umherirrende Geister verwandelt, in von HAN getriebene Geister. Sie sind überall und suchen nach einer Gelegenheit, das Unrecht gutzumachen. Darum ist es die Aufgabe der Lebenden, auf die von HAN beherrschten Geister zu hören und am Wirken der Geister zur Wiedergutmachung des Unrechts teilzuhaben. Diese von HAN getriebenen Geister sind im Laufe der Geschichte unseres Volkes als Mittler des Heiligen Geistes aufgetreten, durch die er sein Mitleid und seine Weisheit für das Leben verkündet hat. Wenn wir das Schreien dieser Geister nicht hören, können wir auch die Stimme des Heiligen Geistes nicht vernehmen." Chung entreißt gewissermaßen das Göttliche aus den Händen derer, die Gott eng machen, ihn in festen Wahrheiten zu etwas Äußerem machen und somit auch die Gläubigen entmündigen und lieber auf reine Lehrwahrheiten bauen als auf vielgestaltige Erfahrungen und den „Ereignischarakter" des Göttlichen; die einen „Gott von oben" verkündigen anstatt den „Gott von unten", der in den Leidenserfahrungen einfacher Menschen als Befreiungsmacht auftaucht. Chung entlarvt das oft äußerliche und dogmatisch abgesicherte traditionelle Reden von Gott, das soziale Realitäten, konkrete Lebens- und Leiderfahrungen und Unrechtsstrukturen ausblendet, als „Gewalt der Abstraktion" (Beverly Harrison). Mit Wucht trug Hyun Kyung Chung 1991 die Leidrealität der unterdrückten Frauen Asiens in die Weltkirchenöffentlichkeit und beklagte die Passivität des traditionellen Glaubens, der in kindlicher Art von Gott wunderhaftes Eingreifen erwartet, selbst aber in der Verzweiflung verharrt und unterdrückende Strukturen aufrechterhält, anstatt Solidarität zu üben und Veränderung und Befreiung anzustreben. In ihrem Vortrag in Canberra sagte sie, dass sie nicht an „Zaubermittel zur Heilung unserer Wunden" glaube. Und weiter: „Ich weiß auch, dass ich nicht länger an einen allmächtigen ‚Macho', an Gott den Streiter glaube, der alle Guten errettet und alle Bösen bestraft." Wohl aber erlebe sie Gottes lebensspendenden Geist „im Ringen unseres Volkes um Befreiung, in seinem Schreien nach Leben und in der Schönheit und im Geschenk der Natur".

Und so lässt sie sich hineinziehen in dieses lebensspendende Wirken des Geistes durch einen Aufbruch aus der Verzweiflung und Schritte aus der Unterdrückung heraus – durch das Bemühen, miteinander zu fühlen, statt sich gegenseitig auszugrenzen, durch die Überwindung von Beziehungslosigkeit und Rückkehr zur Verbundenheit mit der ganzen Erde, durch einen „Übergang von der ‚Kultur des Todes' zur ‚Kultur des Lebens'". Konkret bedeutet das auch die Überwindung des Krieges als aggressivste Form des auf Aufspaltung, Unterdrückung, Ausbeutung, Macht beruhenden Patriarchalismus.

Dabei hat Chung auch persönlich einen Rückweg aus der abstrakten Theologie zurückgelegt – aus einer letztlich bloß äußerlich bleibenden Bezogenheit auf Gott bei gleichzeitigem Verharren in Unterdrückung und Unfreiheit. Es war die Wiederbegegnung mit ihrer von Armut und Leiden gezeichneten leiblichen Mutter – von der sie lange nichts wusste, weil sie eine Leihmutter war und sie als einjähriges Kind einem reichen kinderlosen Paar übereignete –, die sie mitten in das Erleben des lebendigen Gottes stieß. In ihrem Buch „Schamanin im Bauch, Christin im Kopf" schreibt sie: „Als ich zum ersten Mal meine leibliche Mutter traf und den Geschichten ihrer Reise durch ein hartes Leben zuhörte, fühlte ich, dass irgendetwas in meinem tiefsten Sein aufbrach. Es war die Erfahrung der Taufe: Irgendetwas wurde weggewaschen, und ich fühlte mich wirklich frei. Plötzlich spürte ich, dass ich in dieser 72-jährigen kranken Frau, meiner Mutter, der Kraft der Erniedrigten in der Geschichte meines Volkes begegnet war. ‚Hyun Kyung', sagte ich zu mir selbst, ‚du hast nun elf Jahre lang Theologie studiert. Für wen hast du das getan? Warum wolltest du Theologie betreiben? Du dachtest immer, du studiertest Theologie, um die unterdrückten Menschen in deinem Land zu bestärken. Aber sei ehrlich! Hast du wirklich die Kultur und Geschichte der Armen in der Entwicklung deiner Theologie beachtet? Warst du wirklich bereit, von ihnen zu lernen? Mit wem hast du denn die meiste Zeit verbracht, um deine Theologie zu formulieren? Mit den Armen oder mit den Intellektuellen …‘ Ich fühlte einen inneren, kraftvollen Geist, der mich von dem Wunsch, Theologie wie die Europäer zu betreiben, geradewegs in die offenen Arme meiner Mutter trieb, an deren Brust ich sicher ruhen konnte. … Ich schaute meine Mutter an. Meine schluchzende Mutter sah aus wie eine Ikone Gottes, durch die ich klar sehen konnte, was Gott mir über meinen Auftrag sagen wollte." So verließ sie die Sphäre des abstrakten Theologisierens und suchte nach Wegen des Redens von und Handelns mit Gott, die den Leidenden eine Stimme geben, sie aufrichten und ihre Wunden heilen – „vor allem jenen asiatischen Frauen, die in einer weißen, kapitalistischen, von Männern dominierten Welt im ‚Schatten der Schattenseite der Geschichte' stehen".

Programmatisch schreibt sie: „Wir Frauen müssen unseren eigenen Gefühlen und Urteilen trauen und durch sie die etablierten Normen in Frage stellen, die bestimmen, was richtig oder falsch, gut oder böse ist. Unsere täglich gelebten Erfahrungen müssen letztendlich als entscheidender Test für unsere Theologie dienen." Das entscheidende Kriterium „religiöser Wahrheit" ist für Chung, ob sie zur „lebensspendenden Kraft wird, mit der wir unser Leben erhalten und befreien können".

So verlässt Gott gewissermaßen das Gefängnis, in dem er mittels doktrinärer Reinheit und Autorität gefangen gehalten wird, und wandert als lebensspendende Kraft in die Leben der Frauen ein, die sich für einen Aufbruch zu Würde, Befreiung, Anerkennung, Ganzheit und Solidarität entschieden haben.

Heute lehrt Tara Hyun Kyung Chung Ökumenische Theologie und Interreligiösen Dialog am Union Theological Seminary in New York. Sich selbst bezeichnet sie gegenüber dem Autor als eine „öko-feministische christliche Theologin" und „buddhistische Dharma-Lehrerin nach der Lehre des Zen-Meisters Seung Sahn". Außerdem arbeitet sie als Psychotherapeutin und spirituelle Begleiterin in der Tradition des Holotropen Atmens und der transpersonalen Psychologie. Sie sagt über sich: „Mein Leben ist eine ständig weitergehende, sich ausweitende und verbindende Reise zwischen Ost und West, Christentum und Buddhismus, Mystik und revolutionärer sozialer Veränderung, akademischem Wissen und der Welt der Kunst und Spiritualität."

***

**Tara Hyun Kyung Chung, wie haben Sie Gott gefunden? Und was bedeutet für Sie überhaupt der Begriff „Gott"? Gab es bestimmte Erfahrungen, durch die Ihnen die „göttliche Wirklichkeit" zu einer überzeugenden Wahrheit geworden ist?**

**Tara Hyun Kyung Chung:** Heute fühle ich die Präsenz Gottes fast jeden Moment, in dem ich wach und bewusst meinem Leben gegenüber bin. Es ist in etwa so, wie es Thomas Merton am 18. März 1958 in der Innenstadt von Louisville, Ecke Vierte-/Walnet-Straße, erlebt hat, als er „plötzlich überwältigt wurde von dem Bewusstsein, alle diese Menschen zu lieben". Es war ein Moment, in dem er befreit wurde von seiner Illusion des Abgetrenntseins und in dem er entdeckte, dass wir alle aus derselben Quelle stammen: Gott, ewige Liebe, Freiheit und Schöpfergeist, großartig strahlendes Licht. In seinen liebenden Augen war es ihm, als wandelten all diese einfachen Menschen „leuchtend umher wie die

Sonne". In einer belebten Straße New Yorks finde ich Gott in den verzweifelten Augen obdachloser Veteranen, in den hängenden Schultern von Wanderarbeitern, in dem unschuldigen Lachen von Kindern, im ersten Aufblühen der Magnolien und in den singenden Vögeln im Central Park. Gott ist überall. Sie/er/es ist wirklich unser „Grund des Seins", wie es Paul Tillich einmal bekannte. In diesem großen Netz des Lebens, in der Verbundenheit von allem, was ist, in dem Vibrieren der Energie des Universums sehe, fühle und erfahre ich Gott. Genauer gesagt, erfahre ich das Sich-Ereignen Gottes – Gott/Göttin im Prozess des Werdens.

Doch hatte ich auch in meinem Leben lebensverändernde persönliche Erfahrungen der Anwesenheit Gottes. Das waren drei Erfahrungen großer Existenzbrüche. Die eine in der Folterkammer: Als ich 24 Jahre alt und aktives Mitglied einer christlichen Untergrund-Studentenbewegung in Korea war und gegen die Militärdiktatur kämpfte, wurde ich vor meinem Haus von der koreanischen Geheimpolizei gekidnappt. Mit verbundenen Augen wurde ich in die Folterkammer im Keller des Polizeihauptquartiers verbracht. Sie versuchten herauszufinden, wo ich den männlichen Anführer der Bewegung versteckt hielt. Ich konnte ihnen nicht sagen, wo er war. Es hat Fälle gegeben, dass junge Anführer durch die Folter starben, vergewaltigt oder nach dem grausamen Verhör psychisch krank wurden. Ich hatte zwischen dem Leben des Anführers und meinem Leben zu wählen. In diesen dunkelsten Stunden stieg dieser Bibelvers in mir auf: „Es gibt keine größere Liebe, als dein Leben zu geben für deinen Freund." Wegen meiner Weigerung, seinen Aufenthaltsort preiszugeben, wurde mit der Folter begonnen und ich wurde ohnmächtig. In diesem Moment, auf der Grenze zwischen Bewusstsein und dem Verlieren des Bewusstseins, hörte ich den Psalm 23: „Gott ist mein Hirte ... Und ob ich schon wanderte durch das Tal der Todesschatten, fürchte ich kein Böses, denn du bist bei mir …" Es war wie ein Gesang der Engel, der sich wie eine gesprungene Schallplatte immer wiederholte. Bei diesem Lied fühlte ich, wie meine Hand von einer warmen, weichen und liebenden Hand festgehalten wurde. Aber es war niemand außer mir und dem Folterer in der Zelle. Da stieg in mir ein weiteres Bibelwort aus dem Römerbrief auf: „Ich bin aber gewiss, dass weder Tod noch Leben, weder Engel noch Mächte, weder Gegenwärtiges noch Zukünftiges, weder Hohes noch Tiefes oder sonst eine Kreatur uns trennen kann von der Liebe Gottes, die in Christus Jesus ist, unserem Herrn" (Römer 8,35.37–39). Obwohl ich zu dieser Zeit nur eine 24-jährige verträumte junge Frau war, wusste ich so sicher, dass ich zurückkehren würde zu der Liebe Gottes, falls ich an diesem Tag sterben würde. Ich fühlte mich wie eine tausend Jahre alte Frau. Wenn ich jetzt zurückblicke, war das der tiefe Augenblick, in dem ich Gott begegnete und der mich dazu brachte, Theologin zu werden. Ich bin einem lebendigen Gott begegnet, der eingegriffen hat in menschliches Leben wie eine Gottesimagination Karl Barths, die „Nein!" sagt zu den Mächten und Gewalten der „sündigen" Menschheit in dieser Folterkammer. Ich habe oft gebetet, dass viele der Menschen, die unschuldig ermordet wurden im jüdischen Holocaust, im armenischen Genozid oder im Kwang-Ju-Bürgeraufstand in Korea in den letzten Augenblicken ihres irdischen Lebens diese Liebe Gottes erfahren konnten.

Eine zweite Erfahrung hatte ich im Himalaya-Gebirge. Als ich in meinen frühen 40ern war, durfte ich auf Empfehlung meines Mentors, Zen-Meister Seung Sahn, für ein Jahr als buddhistische Nonne leben und meditieren, meine Haare abrasieren und eine Nonnentracht tragen. Ich wurde in einer 100-tägigen Zeit der Stille unter Mönchen und Nonnen in einem alten Tempel in Korea vorbereitet und zog dann aus, um eine Zeit als Eremitin im Himalaya-Gebirge zu leben. Ich fand einen spirituellen Rückzugsort in einem alten tibetischen Kloster im Mustang-Gebiet nahe der nepalesisch-tibetischen Grenze. Dort gab es keinen elektrischen Strom, kein fließendes Wasser und keine Transportmöglichkeiten. Man musste laufen oder auf einem Pferd oder Esel reiten. Niemand dort sprach Englisch oder Koreanisch und ich konnte nicht die tibetische oder nepalesische Sprache. Ich kommunizierte mit den Menschen nur still, mit Lächeln und Körpergesten. An den meisten Tagen stand ich um 4 Uhr morgens auf und ging in den Tempel, um zu beten und zu meditieren. Da geschah etwas. Als ich aufhörte, menschliche Sprachen zu nutzen, und mich mit den Menschen nur über Lächeln, Körpergesten und meine Energie verständigte, konnte ich nicht nur mit den Tibetern kommunizieren, sondern auch mit Tieren, Pflanzen und Bergen. Unerwarteterweise öffnete sich ein Energiefeld und ich konnte mit allem, was ist, kommunizieren. Das war mein Franziskus-von-Assisi-Moment. In den Augenblicken der Gefahr im Himalaya-Gebirge halfen mir Hunde, Wolken und Regenbogen. Ich fühlte und wusste, dass wir zusammen in derselben universellen Quelle der Liebe vibrieren, aus der wir stammen. Am letzten Tag meiner Pilgerreise zum tibetischen Buddhismus ging ich auf den Gipfel des Berges und fragte erneut die Frage, die mich auf die Suche nach einer Antwort in den Himalaya getrieben hatte. Ich lachte laut auf, weil ich zwar keine Antwort auf die Frage bekommen hatte, wohl aber die Frage selbst ausgelöscht war. Die Frage „Was will ich wirklich in meinem Leben?" war verschwunden. Sie war nicht mehr wichtig. Ich hörte eine leise und zarte Stimme aus dem tiefsten Teil meines Inneren: „Ich möchte nur das, was das Leben (Gott) von mir möchte." Das war mein Himalaya-Gottes-Moment ohne Gott.

Und eine dritte Erfahrung hatte ich während der koreanischen Kerzen-Revolution. Vom Herbst 2016 bis zum Frühling 2017 strömten Millionen koreanische Bürger auf den großen Platz vor dem Rathaus von Seoul und vor den Gwanghwamun, dem Tor des Palastes aus der Joseon-Dynastie – ein gemeinschaftlicher Protest koreanischer Bürgern gegen das korrupte System, das die Reichen und Privilegierten unterstützt und die Mehrheit der Menschen, die echte Demokratie, Chancen und Teilhabe wollen, ignoriert. Die Menschen riefen zusammen auf dem Platz: „Das ist unser Land, das ist unsere Gerechtigkeit, das Volk ist souverän." Frauen und Männer, Junge und Alte, Menschen aus allen Lebensbereichen kamen zusammen mit Kerzen und tanzten und waren eine Stimme. Das war unsere friedliche Kerzen-Revolution, die dazu führte, dass die korrupte und inkompetente Präsidentin Park Geun-Hye, die Tochter des Militär-Diktators, angeklagt wurde. Ich flog von New York nach Seoul, um an dieser friedlichen Revolution teilzunehmen. Inmitten der Menschen, die in meinem Heimatland für echte Demokratie kämpfen, zusammen singen und marschieren, fühlte ich, wie der Gott in mir zusammentrifft mit dem Gott in jedem der Menschen dort. Eigentlich war das ein historisches „Coming-Out"-Ereignis Gottes unter uns, zwischen uns und um uns herum. Mit Tränen aus meinen Augen und Herzen erlebte ich die Anwesenheit Gottes als „gemeinschaftliches Minjung", als ein gemeinschaftliches Unterdrücktsein, wie es der koreanische Minjung-Theologe Ahn Byung-Mu genannt hat.

**Was heißt es für Sie, zu glauben oder Glauben zu haben? Wenn Sie von der „Lebendigkeit Gottes" sprechen, was meinen Sie damit? Und wie könnte eine lebendige Religiosität in der heutigen Welt aussehen?**

THKC: Für mich bedeutet, an Gott zu glauben oder Glauben an Gott zu haben, zu wissen, dass ich aus der Liebe von Gott gekommen bin und zu dieser Liebe zurückkehren werde – das stammt aus meinem christlichen Erbe. Ich glaube an ein gütiges

Universum und die Lehre, dass alle Kreaturen aus dieser Güte geboren sind und in dieser Güte wachsen und in dieser Güte sterben – das stammt aus meinem buddhistischen Erbe. Ich habe den Glauben, dass mich das ganze Universum unterstützt im Leiden und in der Freude des Lebens. Das „Große Unbekannte" oder das „Nichtwissen" ist ein sicherer Ort. Er ist erfüllt mit Liebe, nicht mit Angst. Mich haben die Worte des afro-amerikanischen Mystikers Howard Thurman beeindruckt, der sagte: „Frage dich nicht, was die Welt braucht, frage dich selbst, was dich lebendig macht. Und dann geh und tue das. Denn das ist es, was die Welt braucht: Menschen, die lebendig geworden sind."

Für eine Frau, die von patriarchalen Religionen der Unterdrückung traumatisiert ist, fühlt sich Howard Thurmans Spiritualität des „Was-dich-lebendig-macht" wie ein frischer Wind des Heiligen Geistes an. Viele der jungen Menschen, denen ich in New York und Seoul begegne, sagen „Nein" zu institutionalisierten Religionen und „Ja" zu Spiritualität. Und ich schwinge mit ihren Empfindungen mit. Das wird die Richtung des Glaubens der jungen Menschen im 21. Jahrhundert sein.

Meine koreanische ökofeministisch-konstruktive Theologie nenne ich auch „salimistische Theologie". „Salim" bezeichnet die Pflichten der umfassenden Haushaltsarbeiten koreanischer Frauen: kochen, putzen, erziehen, heilen und sich um alles kümmern, was Leben, Familie und Gemeinschaft aufrechterhält. In der Gesellschaft wurde im Vergleich zur Arbeit der Männer auf diese einfache und handfeste Arbeit herabgeschaut. Doch wir sind in einer Zeit angekommen, in der wir auf die tiefere Bedeutung dieser Arbeit der Frauen schauen müssen – im Zeitalter der ökologischen Katastrophe und der ökonomischen Unterschiede. „Salim" erscheint als etwas Alltägliches und heißt doch in seiner wörtlichen Bedeutung „etwas lebendig werden lassen". Im Johannesevangelium sagt Jesus

„Ich bin gekommen, um Leben zu geben in Fülle." Wenn wir die Jünger Jesu sind, ist das Leben eines Lebens in seiner Fülle genau das, was wir tun müssen auf dieser kurzen irdischen Reise, die wir Leben nennen. Dem zu folgen, „was das Herz zum Singen bringt" und „was dich lebendig macht", ist der Weg des Nachfolgens des von Jesus hervorgebrachten „Lebens in Fülle". „Was macht dich lebendig" – das wird von Person zu Person und von Gemeinschaft zu Gemeinschaft verschieden sein. Die Einzigartigkeit und Vielfalt unter den Menschen und Gemeinschaften zu feiern, ist etwas Gesundes und Zuträgliches, das Religion und Spiritualität im 21. Jahrhundert praktizieren sollten.

**Welche Einflüsse haben Sie zu Ihrer eigenen Religiosität geführt? Und wie erkennen Sie falsche Wege?**

**THKC:** Die wichtigste Person, die meine frühe Religiosität beeinflusst hat, war der Pfarrer meiner Heimatkirche, Kang Won-Yong. Er war der Kopf der ökumenischen und interreligiösen Bewegung in Korea und aktiv im Weltrat der Kirchen. Als Schüler von Reinhold Niebuhr und Paul Tillich im Union Theological Seminary in New York predigte er das Evangelium der Liebe und Gerechtigkeit in der geteilten koreanischen Gesellschaft und Halbinsel. Er gründete 1962 die Christliche Akademie Koreas mit der Unterstützung der evangelischen Mission aus Deutschland und förderte mit der Akademie Frieden und Versöhnung in Korea durch die Unterstützung vieler solcher Bestrebungen von Menschen. Durch seine Predigten in der Kyung Dong Presbyterianischen Kirche in Seoul lernte ich einen an sozialer Gerechtigkeit orientierten christlichen Glauben. Er entzündete meine junge Seele für den Kampf gegen alle Formen von Ungerechtigkeit in meinem Land und in der Welt als einen wahren Ausdruck christlichen Glaubens.

Diese Glaubensorientierung führte mich instinktiv in die radikale christliche Studentenbewegung für Demokratie. Ich entschied mich für ein Studium der „Minjung-Theologie" an meiner Hochschule und verpflichtete mich selbst, über viele Formen der Befreiungstheologie, einschließlich feministischer und ökologischer Theologien, zu forschen und zu schreiben. Mein Studium bei feministischen Theologinnen wie Letty Russell, Rosemary Ruether, Elisabeth Fiorenza und Mary Daly am Theologischen Zentrum für Frauen in Boston machte aus mir eine „wiedergeborene Feministin", die Gott, Jesus und viele durch Religionen verwundete Frauen von den patriarchalen Kirchen retten will. Auch Befreiungstheologen wie Gustavo Gutierrez und James Cone lehrten mich sehr klar, dass Theologie nicht dazu da ist, „die Welt zu verstehen, sondern die Welt zu verändern". Meine Lehrer am Union Theological Seminary New York – Beverly Harrisson, Delores Williams, Larry Rasmussen, Dorothee Sölle und James Cone – öffneten mit ihrem politischen Engagement und ihrer akademischen Arbeit meine Augen für die vielen Schichten und Überschneidungen der Unterdrückungen. Ihr klares Lehren durch die Benennung und Demaskierung der Ungerechtigkeiten und Vorurteile der Welt und traditioneller christlicher Theologien wurde zum fruchtbaren Boden meiner theologischen Vorstellungen und Spiritualität.

Nach meinem „kontroversen" Hauptreferat auf der 7. Vollversammlung des Ökumenischen Rates der Kirchen in Canberra (Australien) im Februar 1991 wurde mein persönliches und berufliches Leben völlig auf den Kopf gestellt. Ich erhielt Todesdrohungen von christlichen Fundamentalisten in Korea und meine Ehe mit einem konservativen evangelischen Pfarrer zerbrach. Diese beiden Lebenskrisen führten mich in eine ernste Depression bis zu dem Grad, dass ich gewissermaßen nicht mehr lebte. Zu dieser Zeit floh ich vor den Todesdrohungen koreanischer Fundamentalisten und übernahm eine Dozentur an der Harvard Divinity School. Ich war derart verzweifelt, dass ich wünschte, ich würde meine Augen morgens nicht mehr öffnen und könnte für immer aus diesem Leben verschwinden. Eines Tages entdeckte ich auf meinem Rückweg von der Harvard University zu meiner Wohnung am Central Square in Boston ein koreanisch-buddhistisches Meditations-Zentrum namens „Cambridge Zen Center". Mit der Verzweiflung eines Menschen, der im Ertrinken jeden rettenden Strohhalm ergreift, betrat ich das Zen-Center und traf meinen Hauptlehrer Zen-Meister Seung Sahn. Danach veränderte sich alles. Der Zen-Meister führte mich ein in die Welt der Meditation und der heilenden Weisheit des Buddhismus: wie das Leiden des Lebens überwunden und ein Leben in Gelassenheit, Mitgefühl und Weisheit gelebt werden kann. Seine Unterweisung eröffnete nicht nur die großartige neue Spiritualität des Buddhismus, sondern ließ mich auch viele Formen asiatischer Spiritualitäten schätzen lernen. Ich trank aus dem Brunnen der Religionen und Spiritualitäten meiner Vorfahren wie eine spirituelle Waise. Jetzt wird mir bewusst, dass auch viele der traditionellen Religionen Asiens durch Patriarchat und Mächte und Gewalten dieser Welt beschädigt wurden. Sie benötigen auch eine „feministische Taufe", um ihr ursprüngliches Licht wiederzuentdecken.

Auf diesem Weg bin ich zu einer ernsthaften „Doppel-Zugehörigen" von Christentum und Buddhismus geworden. Jedoch weiß ich, dass ich in meinem Herzen eine „Multi-Zugehörige" oder „Total-Zugehörige" bin, die ewige Liebe und Frieden findet im großen Geheimnis des Unbekannten aus dem Schoß des Universums.

**Wie sind Gott und Menschen aufeinander bezogen? Was ist Ihre Vorstellung vom Handeln Gottes in dieser Welt? Wie ist Gott anwesend in der Welt?**

**THKC:** Wir tragen den göttlichen Funken in uns. Gott und Mensch sind nicht getrennt. Im Thomasevangelium ist klar gesagt: „Wenn du das hervorbringst, was in dir ist, wird das, was du hervorbringst, dich retten. Wenn du nicht hervorbringst, was in dir ist, wird das, was du nicht hervorbringst, dich zerstören." Das ist im Buddhismus ähnlich: Wenn du dein „wahres Selbst" entdeckst, wird dich dein „wahres Selbst" befreien von deinem Leiden. Wir sind eher eine Fortsetzung Gottes, als dass wir getrennt wären von Gott.

Wie handelt Gott in dieser Welt? Ich mag, was die deutsche feministische Theologin Dorothee Sölle gesagt hat: „Gott hat keine Hände. Dafür wirkt Gott durch unsere Hände." Ich sehe und erfahre Gottes Anwesenheit in dieser Welt überall dort, wo sich Menschen für Frieden, Gerechtigkeit und die Heilung unserer Gemeinschaften einsetzen. Auch sehe ich die Anwesenheit Gottes in der Schönheit der Schöpfung, ob es nun die der Natur ist oder die von Künstlern aller Art.

**Sie kritisieren die „Gewalt der Abstraktion" in der westlichen Theologie und plädieren für die Wiederentdeckung der Körper. Wie verlieren wir Gott und uns selbst, wenn wir abstrakte Perspektiven auf die Welt, auf Gott und auf uns selbst entwickeln? Und wie könnten Körper und Seele, Verstand und Gefühl, Geist und Körperlichkeit wieder zusammengeführt werden?**

**THKC:** Ich schrieb über die „Verwundungen der Abstraktion" in der westlichen Theologie in meinem ersten theologischen Buch „Schamanin im Bauch, Christin im Kopf. Frauen Asiens im Aufbruch", das 1990 veröffentlicht wurde. Das ist über 30 Jahre her, in denen es in der Welt der Theologien viele Veränderungen gegeben hat. Es sind viele verschiedene Arten von Theologien entstanden, auch in den westlichen theologischen Traditionen. Kein ernst zu nehmender Theologe kann noch behaupten, dass seine Theologie die universal gültige Theologie ist. Wir wissen inzwischen, dass jede Theologie eine kontextuelle Theologie ist. Die Theologien, die am meisten kontextualisiert, verkörpert und in unserem je besonderen alltäglichen Leben verwurzelt sind, sind diejenigen, die am relevantesten für das Leben der Menschen sind und die Menschen inspirieren und verwandeln können, weil sie *wirklich* sind. Die öko-feministische Philosophin Susan Griffin hat eindrücklich über die westliche Kultur geschrieben und festgestellt: „Gespaltene Kulturen führen zu gespaltenen Persönlichkeiten." Die platonisch-aristotelische Kultur ist gegründet gewesen auf einem Geist-Körper-Dualismus und einem hierarchischen Blick auf die verschiedenen Wesen, wie es sich etwa in der „Stufenleiter der Natur" ausdrückt: Männer stehen höher als Frauen. Freie Menschen höher als Sklaven. Menschen höher als Tiere. Tiere höher als Pflanzen. Pflanzen höher als die Erde, der Boden und Materielles. Diese Weltsicht ist nicht nur veraltet, sondern auch falsch. Die neuesten Erkenntnisse der modernen Wissenschaften zeigen, dass wir alle Energien sind, dass wir verbunden sind und miteinander vibrieren für das Ganze des Lebens.

Was ich auch noch von verschiedenen ostasiatischen religiösen Traditionen gelernt habe, ist Folgendes:

1. Wir müssen nicht in einer zweigeteilten, dualistischen, hierarchischen Welt leben. „Yin" und „Yang" sind keine Gegensätze. Sie sind zwei ständig wechselnde Erscheinungsweisen des Lebens. „Yin" enthält bereits „Yang". „Yang" enthält bereits „Yin". Wenn „Yang" sich selbst größtmöglich ausdehnt, verwandelt sich „Yang" in „Yin". Wenn „Yin" sich größtmöglich ausdehnt, verwandelt es sich in „Yang".

2. Wir stammen alle aus der gleichen Quelle und gehen zurück zur selben Quelle, dieser großartigen Einheit.

3. Jeder wird geboren, wächst auf, verdorrt und stirbt wie die Jahreszeiten. Diese sich ständig ändernde Vergänglichkeit ist die Wahrheit der Natur.
4. Alles ist verbunden. Jeder von uns beeinflusst den anderen in diesem Universum.
5. Unser Körper, unser Gefühl, unsere Gedanken und unser Geist sind keine in sich geschlossenen Einheiten. Sie sind sich bewegende Energien, verbunden und „miteinander seiend" und untereinander beeinflusst.

Die neueste Trauma-Studie zeigt auch, dass unsere Körper alles erinnern. Bessel van der Kolk zeigt in ihrem Buch „Verkörperter Schrecken: Traumaspuren in Gehirn, Geist und Körper und wie man sie heilen kann", wie das Trauma unser Wesen aufspaltet und Körper und Gehirn umgestaltet. Das Trauma mindert unsere Genussfähigkeit, unsere Einsatzkraft, unsere Selbstkontrolle und unser Vertrauen. In unserer neoliberalen kapitalistischen Gesellschaft, die geprägt ist von endloser Produktion und endlosem Konsum, ewiger Konkurrenz und Karriere, werden unsere Arbeitsplätze oft zu Kriegsgebieten. Nicht nur die Veteranen der Kriege, sondern auch normale Menschen, die ihre meiste Zeit in entfremdeten und beschleunigten Arbeitsverhältnissen verbringen müssen, erfahren kleine oder große Traumata. Wie der koreanisch-deutsche Philosoph Byung-Chul Han sagt, leben wir in einer „Burnout-Gesellschaft" als „selbstausbeuterische Arbeiter", die einen „inneren Kampf gegen sich selbst" führen. Wir sind derart narzisstisch geworden, dass es uns schwerfällt, echte Beziehungen aufzubauen. Weil ein Narzisst nicht sein wahres Selbst kennt oder kein wahres Selbst hat, weiß er auch nicht, das Anderssein der Anderen zu schätzen. In dieser „benutzerfreundlichen Kultur der Zweckmäßigkeit" sind unsere Beziehungen „pornografisch" geworden und wir leiden am Verlust des Eros. Byung-Chul Han nennt das die „Agonie des Eros".

Alle diese Denker kennen die Gefahr eines „gespaltenen Selbst". Aber wie können wir all unsere „gespaltenen Selbste" wieder zusammenführen? Das ist der eigentliche Sinn von „Religion" („Wieder-Verbindung") und Versöhnung (im Englischen wörtlich: „Zu-eins-Bringen"). Es ist eine zu große Frage, um sie zu beantworten. Es gibt viele Wege, um Wiederverbindung und Einheit zu erreichen. Ich versuche, drei Wege hervorzuheben, die für mich fruchtbar waren.

1. Meditation: Meditations-Praktiken helfen uns erstens, der hektischen Betriebsamkeit unseres heutigen Lebens zu entkommen; zweitens, zu atmen, um unsere Körper und Seelen zu berühren; drittens, tief in uns hineinzuschauen, um uns mit unserem wahren Selbst wieder zu verbinden. Meditation kann uns, wenn sie richtig angewendet wird, zum ursprünglichen Geist führen, dem „Nicht-Wissen-Geist" und unser ganzes aufgespaltenes Selbst zusammenfügen und dessen ursprüngliche Ganzheit aufzeigen. Wenn es kombiniert wird mit bestimmten Formen psychotherapeutischer Praktiken, kann es auf jeden Fall ein Weg der Heilung sein und uns ganz machen.

2. Körperarbeit: Da die meisten Traumata so tief in unseren Körpern verbleiben, erscheint unser Körper wie ein Ausgangspunkt oder eine Eingangstür für die Heilung unseres aufgespaltenen Selbst. Ob es Yoga ist, meditativer Tanz, Tai-Chi oder einige Arten von Kampfkunst, wenn sie behutsam praktiziert wird – sie alle öffnen den Bereich jenseits unserer Manipulationen des Verstandes. Der Körper scheint viel ehrlicher zu sein als unser Verstand.

3. Kulturelle und politische Bewegungen zur Veränderung lebensunterdrückender Systeme: Um das aufgespaltene

Selbst zu heilen und das System, welches die endlosen Spaltungen in unserer inneren und äußeren Welt hervorbringt, brauchen wir nicht nur persönliche Veränderungen, sondern auch systemische. Deshalb müssen wir die Revolutionen in uns und in unseren Gesellschaften fortsetzen. Solange wir auf dieser Erde existieren, müssen wir unaufhörlich das Leben-Gebende, Leben-Erhaltende, Leben-Fördernde erwählen und erschaffen.

**Was bedeutet Erlösung für Sie und wie kann sie erreicht werden?**
**THKC:** Viele feministische Theologinnen haben das verbreitete traditionelle christliche Verständnis von Erlösung ernsthaft infrage gestellt. Dieses besagt: Wir Menschen sind alle Sünder. Gott möchte unsere Sünden vergeben. Um uns von unseren Sünden zu erlösen, ist eine „sündlose" Person nötig. Deshalb hat der liebende Gott seinen einzigen Sohn, den unschuldigen Jesus, gesandt, um uns zu retten. Jesus starb am Kreuz wegen unserer Sünden. Durch Jesu Blut sind unsere Sünden getilgt und wir sind gerettet. Jesus starb, ist aber am dritten Tag auferstanden. So ist er nicht gescheitert, sondern er hat gesiegt – und wir haben mit Jesus gesiegt. Happy End.

Diese Erzählung ist vielen Leuten mit gesundem Menschenverstand zutiefst unangenehm geworden. Erlösung ist ein ökonomischer Begriff: Sie nehmen bei jemandem Schulden auf und müssen diese Schulden zurückzahlen. Das ist der verbreitete Sinn der Erlösung. Doch dieses verbreitete christliche Verständnis von Erlösung hat viele Anfragen von Menschen mit Gerechtigkeitsempfinden auf sich gezogen:

1. Was ist hier mit meiner eigenen Beteiligung? Warum muss jemand anderes meine Schulden bezahlen? Wenn ich Kreditkartenschulden habe, muss ich sie bezahlen. Das ist gesundes erwachsenes Handeln. Wenn man diese

ökonomische Unabhängigkeit und Verantwortung nicht hat, ist man nicht vollständig erwachsen. Es gibt sozusagen kein Mittagessen umsonst. Was bin ich für diesen großen Gefallen schuldig? Das ist kein gerechter Handel.

2. Wenn Gott, „der Vater", ein wirklich liebender Vater ist, warum denkt er überhaupt daran, seinen unschuldigen einzigen Sohn zu schicken, um für die Sünde eines anderen zu sterben? Ist das psychologisch gesund? Ist das nicht sadistisch? Die asiatisch-amerikanische feministische Theologin Rita Nakasima Brock behauptet, dass diese Erlösungstheologie die Tür für Kindesmissbrauch öffnet.

3. Diese Erlösungstheologie kann die grausamste politische Folter des römischen Imperiums oder irgendeines anderen Imperiums, das sich als notwendiger Bestandteil eines kosmischen Dramas des endgültigen Sieges darstellt, glorifizieren und schönreden. Jesus ist nicht gestorben. Er wurde brutal gefoltert und ermordet von der herrschenden Besatzungsmacht seiner Zeit.

Wegen dieser beklemmenden theologischen Deutung der Erlösungstheologie haben zahlreiche Theologen, Psychiater und buddhistische Lehrer versucht, alternative Perspektiven auf die christliche Erlösung zu artikulieren:

1. Die feministische Theologin Delores William hat uns gelehrt, dass uns die Vision Jesu vom Reich Gottes und dessen Leben in Ganzheit und Bejahung dazu inspiriert, ein „Leben in seiner ganzen Fülle" anzustreben, in dem wir befähigt sind, Agenten unseres eigenen Überlebens und unserer Befreiung zu sein und „Wege aus dem Nichts zu bahnen". Das wird uns retten.

2. Der koreanische Psychiater Keun Hoo Lee zeigte seine

psychologische Perspektive darauf, wie Menschen zu erlösen wären, die gegen uns gesündigt haben. Er sagt, dass jeder, der andere aus einer moralischen oder spirituellen Überlegenheit heraus freispricht, unweigerlich den Freigesprochenen schuldig und psychologisch belastet oder moralisch minderwertig zurücklässt. Diese Art von Erlösung kann nicht dazu führen, gesunde, wechselseitig wachsende Beziehungen aufzubauen. Echte Erlösung und Vergebung muss den „Sünder" in irgendeiner Weise seine Schulden bezahlen lassen – buchstäblich oder symbolisch –, um eine künftige gerechte Beziehung möglich zu machen.
3. Die buddhistische Sicht auf Erlösung geht davon aus, dass es grundsätzlich kein „freies Mittagessen" in welcher Weise auch immer gibt. Für jede deiner Handlungen bist du verantwortlich. Das ist „Karma". Alles rächt sich irgendwann, ohne Ausnahme. Man muss bezahlen für seine Lebens-Schulden, wenn nicht in diesem Leben, dann in den vielen Leben, die kommen. Deswegen soll man extrem achtsam sein, was man denkt, sagt und tut. Alles kommt zurück zu dir und du musst zurückzahlen. Diese Sicht auf Erlösung zeigt die eigene Zuständigkeit und Verantwortlichkeit im Erlösungsprozess. Niemand außer dir kann deine eigene Erlösung verwirklichen.

Immer mehr erkenne ich, dass ich die Zuständige für meine Erlösung bin, mein „wahres Selbst" in buddhistischer Sicht oder „Gott in mir" in christlicher Sicht. Die mich am meisten überzeugende Sicht auf Erlösung ist nahe an dem, was Jesus im „Thomasevangelium" sagt: „Wenn du hervorbringst, was in dir ist, wird dich das, was in dir ist, erretten. Wenn du aber nicht hervorbringst, was in dir ist, wird dich das, was du nicht hervorbringst, zerstören."

**Was gibt Ihnen Hoffnung, was nährt Ihren Glauben und was stärkt Ihre Liebe?**

**THKC:** Jeden Morgen geht die Sonne wieder auf nach einer dunklen Nacht. In jedem Frühling kommen die Blumen zurück nach einem langen Winter. Babys werden geboren trotz Krieg, Klimawandel und Pandemien. Die Beständigkeit der Natur gibt mir Hoffnung. Ich kann mich verlassen auf ihr „Tao", auf ihr Wohlwollen. Wann immer unterdrückte Menschen für ein gerechtes und würdevolles Leben auf dieser Erde kämpfen, besonders junge Menschen, spüre ich ein tiefes Gefühl der Hoffnung. Niemand wird diesen Evolutionsprozess hin zu mehr menschlicher Würde und einer gesunden Gesellschaft stoppen. Wann immer ich Menschen sehe, die ihr wahres Selbst finden und ihr Leben mit Mut leben durch Heilung, Bildung und spirituelle Praktiken, zittere ich vor Hoffnung. Alles das zusammen nährt meinen Glauben. Es sagt mir ganz klar:

1. Ich lebe in einem wohlwollenden Universum, das auf unerschütterlicher Liebe gründet.
2. Was immer mir und uns geschieht, trägt zu dem Entwicklungsprozess meiner inneren Welt bei – und möglicherweise am Ende auch der äußeren Welt.
3. Was ich tun muss, ist, zu vertrauen auf die Wahrheit, Güte, Schönheit des Universums – mit offenherziger Präsenz in meiner „Lebenslust" trotz Leid und Trübsal, die zwangsläufig zum Menschsein gehören.

Was stärkt meine Liebe?
1. In etwa das, was der Reggae-Sänger Bob Marley singt: Ich glaube an die „Eine Liebe", die ursprüngliche Quelle und Wirklichkeit des Lebens – wenn ich diese „Eine Liebe" wirklich erfahre und grundsätzlich nicht verschieden oder

getrennt bin von anderen und allem, was ist, dann wächst meine Liebe für jeden und alles.
2. Ich gelangte zu diesem Ort der „Einen Liebe" nicht durch das Auslöschen der Einzigartigkeit oder Unterschiede zu anderen, sondern durch unsere Gemeinsamkeiten und durch ein sich vertiefendes Gefühl der Verbundenheit aller.
3. All das, was mein Herz und ganzes Wesen berührt mit echter Wahrheit, Güte und Schönheit, stärkt meine Liebe.

**Viele heutige Menschen haben große Schwierigkeiten mit der Vorstellung von „Gott" und damit, sich auf eine transzendente Wirklichkeit jenseits der rational fassbaren zu beziehen. Aber es gibt auch ein verbreitetes Leiden an Depressionen und Ängsten. Was würden Sie sagen: Wie könnte für säkulare Menschen ein Anknüpfen an die religiöse Dimension möglich sein?**

**THKC:** Es ist, wie es Dorothee Sölle einmal sagte: „Gott ist verbannt" in unserem Streben nach Modernität und Geld. Es scheint umso schwieriger zu werden, gläubig zu sein, je reicher man ist. Meine Reisen und mein Arbeiten an vielen Orten der Welt haben mir deutlich gemacht, dass ärmere Menschen und ärmere Länder mehr Vertrautheit mit Gott haben. Es gibt eine soziologische Studie, die zeigt, dass Menschen beginnen, mehr Zeit für Freizeitaktivitäten als für religiöse Aktivitäten aufzuwenden, wenn das Bruttonationaleinkommen über 10 000 Dollar liegt. Die ganzen industriellen Epochen hindurch jagen wir mehr Entwicklung, Produktion und Konsum hinterher, um ein „glücklicheres Leben" zu erreichen. In diesem Prozess werden wir entfremdet von der Natur, von Gott und voneinander. In den wohlhabenden Ländern verlassen viele junge Menschen die Kirche. Wenn wir ernsthaft bekennen, dass „Gott die Liebe ist", müssen wir feststellen, dass Menschen im fortgeschrittenen kapitalistischen System zunehmend getrennt werden von Gott, denn dieses System gründet nicht auf der Liebe zum Nachbarn, zur Natur und zu Gott. Wenn das System vielmehr in endloser Konkurrenz gründet und mit allen Mitteln Kapitalmaximierung anstrebt, ist die Frage: Wie können wir in diesem System die Liebe nähren?

Auch ich habe in meinem Leben als Theologin und soziale Aktivistin Erfahrungen der Abwesenheit Gottes und des Verlusts der Verbundenheit mit Gott erlebt. Wenn man so viel Korruption in institutionalisierten Religionen und sogar in theologischen Ausbildungen miterlebt hat, ist es leicht, zynisch und depressiv zu werden. Unser soziales Engagement geht so langsam voran und oft reiben wir uns in den Kämpfen um soziale Gerechtigkeit auf. Meine feministische Mentorin, Beverly Harrison, hat uns immer wieder angestachelt, indem sie gesagt hat: „Zynismus und Depression sind anti-revolutionär." Immer wenn ich zynisch und depressiv werde, erinnere ich mich daran, was Beverly Harrison sagte, und ermutige mich, weiterzumachen. Mir ist es auf folgende Weise gelungen, in die Verbundenheit mit Gott zurückzugelangen beziehungsweise mich wieder mit dem großen „Nichtwissen" zu verbinden:

1. Ruhen in der Fülle der Natur: Ich lebte ein Jahr als buddhistische Nonne in den Himalaya-Bergen. Inmitten der Majestät der Berge erfuhr ich den Schöpfergott. Unberührte Natur lässt uns ehrfürchtig staunen über diese schöne Erde und die schöpferischen Energien, die immerzu in der Erde wirken. Es ist so, wie es Alice Walker in ihrem Roman „Die Farbe Lila" schrieb: Wir erkennen Gott in lilanen Wildblumen und fühlen uns plötzlich verbunden mit allem und unser Kummer darüber, sich wie ein verwaistes Kind zu fühlen, verschwindet und wir beginnen zu tanzen aus lauter Freude, am Leben zu sein.

2. Meditation und Gebet: Als ich den Sinn meines Lebens verlor und unter Ängsten und Depressionen litt, begann ich ernsthaft, Meditation zu praktizieren. Ich wollte einfach wissen, worum es in diesem Leben geht. Durch die Anleitung großartiger Lehrer wie Zen-Meister Seung Sahn, Thich Nhat Hanh, den Dalai-Lama und Maha Gosananda lernte ich langsam, die Leiden des Lebens zu überwinden durch das Akzeptieren der Vergänglichkeit, des Nicht-Ego-Selbst und des Nicht-Anhaftens an Gier, Gleichgültigkeit und Hass. Komischerweise entdeckte und erlernte ich die mystischen Stille-Gebete der christlichen Tradition wieder, indem ich tief in die buddhistische Meditation eintauchte. Indem ich einmal die Kraft der Stille in einer Tradition gefunden habe, kann ich mich durch jede spirituelle Tradition mit der Stille verbinden.
3. Tiefenwirksame Heilung durch Psychotherapie und schamanische Reisen in veränderte Bewusstseinszustände: Ich wurde drei Jahre lang von Dr. Ingo Jahrsetz aus Deutschland und Professor Judith Miller von der Columbia University ausgebildet zur Psychotherapeutin in der Tradition des holotropen Atmens und der transpersonalen Psychologie und wurde später auch Supervisorin. Ich hatte intuitiv schon immer gewusst, dass wir nicht von demselben Bewusstsein geheilt werden können, das das Leiden in unserem Leben hervorgebracht hat. Ich habe viele Menschen erlebt, die durch Atemarbeit, schamanische Reisen und traditionelle psychedelische Kräuter und Medizin Stimmen Gottes/der Göttin hörten und lebensverändernde Visionen hatten, in denen sie ihre Lebensprobleme aus einem größeren, tieferen und höheren Bewusstsein sahen. Das war das verlorene „Einssein", das sie durch diese Praktiken wiedererlangten –

sehr alte und moderne Heilmethoden, die heute an vielen großen Universitätskliniken angewendet werden.
4. Kunst: Schönheit heilt immer. Es gibt weltweit Methoden zur Wiedererlangung von Ganzheit und Menschlichkeit/Göttlichkeit, ohne dass Gott dabei ausdrücklich erwähnt wird. Wie es etwa die alten weisen Frauen der amerikanischen Ureinwohner berichten, die 500 Jahre brutaler Kolonialisierung und Genozid durchhielten und überlebten, indem sie, wann und wo immer sie die Kräfte des Todes und der Zerstörung erlebten, Schönheit erschufen.
5. Schaffung eines gerechten und liebenden Systems: Jede Befreiungsbewegung – feministische, ökologische, ökonomische, politische ... –, die sich für ein gerechteres, liebenderes und friedlicheres System einsetzt, ist eine Tür zur Wiederverbindung mit der transzendenten Wirklichkeit, die viel größer und höher ist als man selbst; diese Bewegung verbindet uns mit anderen und mit Gott.

**Was bedeutet die Auferstehung vom Tod für Sie? Und was ist Ihre Hoffnung über den Tod hinaus?**

**THKC:** Nachdem ich viele Jahre ernsthaft buddhistische Meditation praktiziert habe, hat sich mein Verständnis des Todes verändert. Ich begann, buchstäblich an die „Wiederkehr des Lebens" zu glauben. Diese Wirklichkeit wird im Hinduismus durch die „Reinkarnation" ausgedrückt und im Buddhismus durch die „Wiedergeburt". Im Hinduismus wird dieselbe Seele viele Male reinkarniert, bis sie die Reinheit der Göttlichkeit erlangt hat. Im Buddhismus erlebt dein Bewusstsein so lange Wiedergeburten, bis du Erleuchtung erlangt hast. Wenn man die letztendliche Erleuchtung erreicht hat, braucht man nicht mehr in die menschliche/irdische Existenz zurückkehren. Es gibt allerdings einige Bewusstseine, die Millionen Male zurückkommen möchten, um anderen zu helfen, sich von ihren Leiden zu befreien. Wir nennen sie Bodhisattvas. Ich liebe diese Vorstellung von Bodhisattvas, die aus Mitgefühl schwören, zurückzukommen. Ich möchte das „Solidarität mit allem Leben" nennen. Es gibt weltweit viele Zeugnisse von Kindern unter 5 Jahren, die sich an ihre früheren Leben erinnern. Eine wissenschaftliche Studie an der Universität von Virginia (USA) hat fast 50 Jahre die Erinnerungen dieser Kinder zusammengetragen und aufgenommen. Auch habe ich herausgefunden, dass die Reinkarnation bis zum 5. Jahrhundert eine akzeptierte und verbreitete Vorstellung im Christentum gewesen ist.

Die Leute denken, dass der Hauptgrund für das Scheitern der christlichen Mission in Asien die Auferstehung Jesu vom Tod gewesen sein könnte. Erstens konnte die asiatische Kosmologie den brutalen Tod von Jesus nicht gut akzeptieren. Wenn Jesus wirklich Gottes Sohn war und ein liebender Weiser, warum hatte er so ein Unglück, diese Art der Hinrichtung zu erleiden in seinem jungen Alter, und zudem noch in seinem Leben unverheiratet und kinderlos zu bleiben? Zeichen einer wirklichen Tragödie. Was hat er in seinem früheren Leben getan, um diese Todesart zu erleiden? Auch die Auferstehung war nicht die große Sache, weil wir sowieso alle ins Leben zurückkommen. Warum ist dieser unglückliche junge Mann so besonders und sollte als Sohn Gottes gepriesen werden? Das ist ein Zusammenprall unterschiedlicher Welt- und Seinsvorstellungen.

Warum ich aber im Gegensatz zu diesen asiatischen Vorstellungen trotzdem noch Christin blieb, hat genau mit dem Tod und der Auferstehung Jesu zu tun. Jesu Tod ist ein Zeugnis des klaren und lauten „Neins" zu den Mächten und Gewalten des ungerechten Systems der Welt, das uns alle entmenschlicht. Seine Macht besteht in der Ergebung in die letzte Unversehrtheit der Liebe und

Gerechtigkeit, selbst um den Preis seines eigenen Lebens. Ohne Kompromisse beschloss er aus eigenem Willen, diesen Weg des Widerstands gegen das Böse zu betreten und zu durchschreiten. Das ist die Größe von Jesus. Sein Einsatz für Liebe und Gerechtigkeit für alle war so rein und machtvoll, dass er wieder mit dem Bereich der Göttlichkeit verbunden wurde. Das Vermächtnis seines Todes und seiner Auferstehung verleiht jedem Tod von Menschen, die wegen ihres Einsatzes für größere Liebe und Gerechtigkeit durch die Geschichte der Menschheit hindurch von den Systemen des Bösen ermordet wurden, eine Bedeutung – und/oder auch den Leben der unschuldigen Opfer.

Ich kenne keine religiöse Tradition auf der Welt, die die Bedeutung dieser Art der Liebe und Gerechtigkeit, die dem systematischen Bösen widersteht, so hervorhebt wie das Christentum. Ich brauche dieses Vermächtnis so sehr, um in dem Leiden all der Freiheitsaktivisten in Unterdrückungssystemen und all der unschuldigen Opfer, die unrechterweise ihr Leben verloren, eine Bedeutung zu sehen. Zum Beispiel wurden während des Zweiten Weltkriegs fast 200 000 koreanische Mädchen und junge Frauen als militärische Sex-Sklavinnen von Soldaten der kaiserlichen japanischen Armee benutzt, die mehr als 50 Männer pro Tag erdulden mussten. Viele von ihnen wurden durch sexuelle Krankheiten und Missbräuche getötet. Als sich die japanischen Soldaten aus den Kriegsgebieten zurückzogen, töteten sie oft diese Sex-Sklavinnen, um Beweise für ihre sexuelle Gewalt zu vernichten. Obwohl einige Überlebende nach dem Krieg nach Korea zurückkehrten, konnten sie nicht über ihre Erfahrungen des Missbrauchs durch Kolonialismus, Imperialismus und Militarismus sprechen, weil sie eine kulturelle Scham und ein Schuldgefühl empfanden, als ob die Missbräuche ihre eigenen Fehler waren. Mit dem Aufkommen der koreanischen feministischen Bewegung „entdeckten" feministische Lehrerinnen diese sogenannten „Trostfrauen" und enthüllten das Böse des japanischen imperialen Systems. Diese „Trostfrauen" verwandelten ihre Opferrolle in einen echten Freiheitskampf gegen alle Formen der Gewalt gegen Frauen. Sie setzten ihre Enthüllungen der Wahrheit fort und forderten von der japanischen Regierung Rechenschaft für ihre historischen Vergehen an diesen Frauen, setzten die Anerkennung von Vergewaltigung als Kriegsverbrechen bei den Vereinten Nationen durch und gründeten die „Schmetterling-Stiftung", um all den Vergewaltigungsopfern der weltweiten Kriege zu helfen. Die Geschichte von Tod und Auferstehung Jesu hat uns die symbolische Macht der Würde des Widerstandes gegen das Böse gegeben und schließlich den Sieg der Liebe und Gerechtigkeit. Diese symbolische Erzählung von Jesu Tod und Auferstehung lässt mich jeden Tag aufs Neue teilnehmen an allen Formen von Befreiungsbewegungen für mehr Liebe und Gerechtigkeit.

**Wir leben in schwierigen, beinahe apokalyptischen Zeiten, insbesondere mit Blick auf die ökologische und soziale Situation weltweit. Was könnte der Beitrag religiöser Menschen für diese Welt in dieser Zeit sein?**

**THKC:** Wir leben wahrlich in einer apokalyptischen Zeit. Ich habe das Gefühl, dass das Karma der Menschen jetzt reif wird. Unser Karma der Gier, des Hasses, der Gleichgültigkeit kommt zurück als die Pandemie des Coronavirus, in Gestalt von Kriegen und ökonomischen und ökologischen Kollapsen rund um die Welt. Wir haben diese Situation erschaffen. Es dürfte zu spät dafür sein, das Überleben auf einer nachhaltigen Erde mit ausschließlich wissenschaftlichen Mitteln bewerkstelligen zu wollen. Dies könnte das letzte Jahrhundert sein, in dem wir noch eine menschliche Zivilisation erleben. Jedoch möchte ich immer noch daran glauben, dass ein menschlicher Bewusstseinswandel, ein großes Erwachen

des menschlichen Geistes diese massive Zerstörung der Erde und der menschlichen Gesellschaft noch umkehren könnte. Für dieses Erwachen könnten die religiösen Traditionen der Welt mit ihren ursprünglichen Lehren und Anliegen etwas zur Verwandlung des menschlichen Bewusstseins beitragen. Für diese Transformation des menschlichen Bewusstseins möchte ich uns allen die Lehre „Rückkehr zum Leben" der buddhistischen öko-feministischen Philosophin Joanna Macy empfehlen:
1. Betrachte alles so, wie es ist. Erspüre so tief wie möglich die Situation so, wie sie ist, und teile deinen Schmerz und dein Leiden in dieser apokalyptischen Zeit mit deiner Gemeinschaft.
2. Entdecke das, wofür du immer noch dankbar sein kannst in dieser Situation. Finde den Grund für Dankbarkeit.
3. Finde heraus, was du an dieser Situation verändern kannst, erkenne deine Macht und Fähigkeiten zur Veränderung der Situation und verwende sie dazu, dich selbst und die Welt zu verändern.

Ich mag auch die Metapher der Systemphilosophin Margaret Wheatley, die sagte, wir sollten in dieser Zeit des totalen Kollapses überall, wo wir sind, „Inseln der Vernunft" erschaffen – eine Gemeinschaft vernünftiger Menschen, die genau hier und jetzt mit einer neuen Vision der Ganzheit leben will. Wenn es gelingt, diese Punkte der Inseln der Vernunft zu verbinden, könnten wir zusammen überleben. Das wäre eine Art kollektive „Arche Noah" rund um die Welt. Das gegenwärtige System wird zusammenbrechen. Es funktioniert nicht. Ich jedoch glaube und hoffe immer noch, dass „die uralte Zukunft" die Tür eines Überlebens und Aufblühens des Lebens öffnen wird – *„somewhere over the rainbows"*.

*Aus dem Englischen von Stefan Seidel*

## „Schon jetzt berühre ich eine bleibende Wirklichkeit"

*Gespräch mit Br. David Steindl-Rast*

Die Bedeutung David Steindl-Rasts (geboren 1926) für die Gegenwart liegt wohl darin, dass er dazu befähigt ist, den Kern der Religiosität in einer Weise in diese Zeit hinein zu übersetzen, dass sie wieder zugänglich wird für Menschen, die den traditionellen Zugängen zur Religion entfremdet sind. Wie kaum ein zweiter Theologe, Kirchen- oder Ordensmann dieser Tage findet der österreichisch-amerikanische Benediktinermönch David Steindl-Rast eine weltweite Resonanz und ist insbesondere über Internetkanäle zu einem gefragten Lehrer für Wege des Sich-Rückverbindens mit „Gott" geworden. Dabei verkündet er nicht Dogmen und Formeln und besteht nicht auf theologischen Richtigkeiten, sondern ist mit seinen Impulsen ganz nah an den Lebenserfahrungen vieler Menschen und macht diese durscheinend für größere, spirituelle Zusammenhänge. Weltweite Bekanntheit hat Steindl-Rast erlangt, als er im Jahr 2000 – im fortgeschrittenen Alter von über 70 Jahren – ein Internetnetzwerk für dankbares Leben gegründet hat (www.dankbar-leben.org / www.gratefulness.org). Darin erschließt er die Dankbarkeit als unmittelbare und lebenspraktische Form der Spiritualität, des gelebten Bezogenseins auf das göttliche Geheimnis – die bewusste Dankbarkeit für das, was einem tagtäglich vom Leben geschenkt wird, das Staunen über so viel Gnadenhaftes, so viel Nicht-Selbstverständliches, so viel Schönes und Gutes, aber auch die darin enthaltene Fähigkeit zum Annehmen und Durchtragen des Schweren im Vertrauen auf Überwindungskräfte und das verwandelte Neue, das kommt. Mit dieser „einfachen" Weise, das Leben nicht einfach nur zu leben, sondern es mit Bewusstheit und tieferen Verbindungskräften zu durchweben, hat er unzählige Menschen inspiriert und zu einem bewussteren, getrosteren und erfüllteren Leben geführt. Über die Dankbarkeit als eine Art Schlüssel für eine Mystik der Gegenwart schreibt er in seiner Autobiografie „Ich bin durch Dich so ich" (2016): „Dankbarkeit steht der Liebe sehr nahe, denn die Liebe ist das Ja zur Zugehörigkeit, und Dankbarkeit ist das Immer-wieder-Ja-Sagen zum Leben. Es geht da um ein freudiges, feierndes Ja-Sagen." So schafft er auf ganz „niedrigschwellige" Art einen Weg, die engen Grenzen des Ichs zu übersteigen und zu einem umfassenderen Existieren in Verbundenheit zu gelangen, das für ihn das wesentliche Kennzeichen religiösen Lebens ist. So definiert er Religion als „ein Wiederverbinden von gebrochenen Beziehungen" – „die Beziehung zwischen uns und unserem wahren Selbst, zwischen uns und allen anderen, zwischen uns und dem Großen Geheimnis". Diese Beziehungshaftigkeit macht ihm zufolge das Wesen des Lebens aus, das auf Vernetzung angelegt ist und gleichzeitig ins Offene weist, auf ein „Mehr", auf eine umfassendere Kraft. Aus seiner Sicht zwingen die unvermeidlichen Grunderfahrungen jeden Lebens dazu, sich zum Geheimnishaften des Lebens zu verhalten: „Die Geburt eines Kindes, der Tod der Eltern, Freunde, Verwandten, das eigene Sterben – das alles sind Ereignisse, die zutiefst religiös sind, weil sie uns unumgänglich mit dem Geheimnis des Lebens konfrontieren und zu einer Auseinandersetzung zwingen." Bewusst mit diesen Erfahrungen umzugehen – in Dankbarkeit, in Demut, im Lieben, im Vertrauen, im Verantwortung übernehmen, im Verbundensein – heißt für David Steindl-Rast, sich letztlich „religiös" zu beziehen auf das umfassende Geheimnis, das große Ganze, das geheilte Eine und zu versuchen, mitten im Geheimnis zu leben. Dies war für ihn auch der entscheidende Impuls, Mönch zu werden: die Gespaltenheiten zu überwinden und sich auf das große Geeinte, auf das Eine, das in, mit und unter allem ist, vollumfänglich zu beziehen und darin zu leben, in Gott. Dazu schreibt er: „Heilsein heißt, in sich eins sein, und im Wort *monachos* (Mönch) steckt *monos*, was nicht nur ‚allein' bedeutet, sondern auch auf das Einssein der Gemeinschaft hinweist und auf das All-eins-Sein kraft der einen ewigen Mitte." Und auf alle Menschen bezogen heißt das für Steindl-Rast: „Mir scheint, letztlich kommt es darauf an, sich vom Geheimnis ergreifen zu lassen. (…) Ergriffenheit vom Großen Ganzen ist das Erlebnis grenzenloser Zugehörigkeit."

Steindl-Rast sieht die Mystik der Gegenwart verwirklicht in einer „Spiritualität der Netzwerke": dass man die Vorstellung „von einem isolierten und abgetrennten, abgesonderten und daher ‚sündigen' Ich, vom Ego" überwindet und in ein „Ich-Selbst" hineinfindet, das sich mit allen anderen verbunden weiß und jedem Leben in all seinen Formen tiefe Achtung und Ehrfurcht entgegenbringt. Und so stellt sich für ihn auch die Bezogenheit auf das göttliche Ganze dar – nicht als etwas, das abgetrennt im Transzendenten liegt, sondern als eine große Kraft der Verbundenheit, die auch über Raum und Zeit hinaus da ist. Es sei ihm zur tiefen Erkenntnis geworden, schreibt er, dass er „nicht in einem Nebeneinander von Zeit und Ewigkeit lebe, sondern in ihrem Ineinander, in der dynamischen Spannung des *einen* Doppelbereichs. (…) Er ist ungeteilt und unteilbar eins."

So will David Steindl-Rast auch der letzten Enge des Lebens, dem Sterben, vertrauensvoll entgegengehen, in dem Bewusstsein und der Erfahrung, *schon jetzt* teilhaftig der größeren Wirklichkeit des All-Einen zu sein. „Ich erlebe schon mitten in Raum und Zeit

– in der Erfahrung des Jetzt – eine Dimension, die über Raum und Zeit hinausgeht, und die unterliegt dem Tod nicht. (…) Hier und jetzt bringen mich meine Sinne und mein Denken an die Grenze von etwas, das über Zeit und Raum hinausgeht, das nicht gebunden ist durch Zeit und Raum. Und dieser Dimension meines Daseins – dem Bleibenden – gehöre ich genauso an, wie ich Zeit und Raum angehöre. Das ist eben der Doppelbereich, in dem ich lebe. Diese Erfahrung gibt mir Vertrauen und Zuversicht auf etwas Bleibendes, auch wenn meine körperliche Wirklichkeit endet. Schon jetzt berühre ich eine bleibende Wirklichkeit." Und weiter: „Wenn unser Ich in Raum und Zeit vergeht, bleibt noch unsere Beziehung zum Ur-Du. Die war und ist das grundlegend Erste, aus dem alles entspringt, und wird das Letzte sein, was übrig bleibt." Dies ist der tiefste mystische Gedanke, den Steindl-Rast mitteilt und der vermutlich auf eine frühe Kindheitserfahrung zurückgeht, die ihn zeitlebens prägte und führte: „In diese Zeit, also etwa in mein viertes oder fünftes Lebensjahr, fällt auch ein Traumbild, das mir – ohne dass ich es damals ahnte – grundlegend werden sollte für mein Lebensgefühl: Ich gehe die steinerne Wendeltreppe vom ‚alten Stock' hinunter. Auf halber Höhe begegnet mir Jesus Christus, der von unten heraufkommt. Er sieht so aus wie auf dem Bild, das über dem Bett meiner Großmutter hängt. Wir bewegen uns aufeinander zu, aber anstatt aneinander vorbeizugehen, verschmelzen wir miteinander."

***

**David Steindl-Rast, können Sie sich noch daran erinnern, wann und wie Ihr Gottesglaube begann? Ist das rückblickend für Sie möglich zu beschreiben, wann und wie der Glaube zu einer entscheidenden Bezugsgröße in Ihrem Leben wurde?**

**David Steindl-Rast:** In meinem Elternhaus war Gott für mich als Kind ebenso selbstverständlich gegenwärtig wie meine Eltern und Brüder, unsere Haustiere und was es sonst noch gab. Gott war unsichtbar, aber seine Gegenwart war wichtiger als die alles Sichtbaren, weil er alles erschaffen hatte, sich liebend um alles kümmerte und uns allen vorschrieb, was man tun sollte und was man nicht tun durfte. Daher tauchte die Frage, ob es Gott gebe, überhaupt nicht auf. Sonntagsmesse, Morgen- und Abendgebet, Tischgebete vor und nach den Mahlzeiten und Gebete, die meine Großmutter mich lehrte, hielten mein Bewusstsein von Gottes Gegenwart wach und stärkten mein Gottvertrauen.

So war also die Wirklichkeit Gottes durch ihre Wirkung von Anfang an fraglos gegeben und mein Glaube bestand – wie noch heute – in Gottvertrauen und liebender Beziehung zu Gott.

**Sie haben als junger Mensch den Zweiten Weltkrieg erlebt. Inwiefern haben die Erlebnisse aus dieser Zeit Sie geprägt? Und welchen Einfluss hatten sie auf Ihre Gottessuche und Ihren Glauben?**

**DSR:** 1938, beim „Umbruch", war ich zwölf. Zwei Jahre im Internat der Neulandschule hatten mich mit Begeisterung das Beste der „christlichen Jugendbewegung" erleben lassen, und es fiel mir nicht schwer, die Hitlerjugend als Verfälschung unserer Ideale zu durchschauen. Unsere Lehrer aus dem Bund Neuland wurden sofort durch Nazis ersetzt, die Feindseligkeit des Staates gegen die Kirche wurde immer offensichtlicher, und deshalb mussten meine Freunde und ich hinsichtlich all dessen, was uns das Wichtigste war, „untertauchen." Wir identifizierten uns vollkommen mit unserem Glauben. Für uns als Jugendliche machte die damit verbundene Gefahr das alles nur umso spannender. Wir trafen uns im Geheimen, sangen geheim unsere Lieder und gingen auf Fahrt in abgelegene Gebiete, wie es damals der Böhmerwald war. Die Triebkraft unserer Lebensbejahung und Lebensfreude war unser Glaube. Wir bildeten eine geheime Runde um Pater Arnold Dolezal, später Domprobst in der Wiener Neustadt, der unsere Glaubensfragen ernst nahm und uns half, uns aufrichtig über unsere Überzeugungen Rechenschaft zu geben. Diese Haltung beizubehalten, wurde mir zur Lebensaufgabe.

**Was hat Sie dazu bewogen, in einen Mönchsorden einzutreten? In gewisser Weise ist dieser Schritt ein sehr radikaler, der im Gegensatz zu gängigen Lebensentwürfen steht. Viele verbinden damit vor allem den Verzicht auf vieles, was gemeinhin als wichtig angesehen wird – wie Familie und Eigentum, zum Beispiel. Haben auch Sie diesen Schritt als Verzicht gesehen, war es ein schmerzhafter Preis, den Sie dafür gezahlt haben? Oder wurden Sie in einer anderen Weise erfüllt?**

**DSR:** Meine Großmutter lebte schon seit Jahrzehnten in den USA, weil sie dort für ein von ihr in Österreich gegründetes Kinderhilfswerk Spenden sammelte. Sie ermöglichte es gleich nach Kriegsende meinen beiden Brüdern, drüben zu studieren. Ich selber aber hatte mein Studium schon in Wien begonnen, wollte es hier zum Abschluss bringen und folgte erst nach meinem Doktorat in Psychologie 1952 der Familie in die Vereinigten Staaten. Während meines Studiums war Stift Heiligenkreuz mein geistliches Zuhause, wo ich durch Pater Walter Schücker den Geist des heiligen Benedikt kennen- und lieben lernte. Schon damals fühlte ich mich vom benediktinischen Mönchsleben tief angezogen, mir schien aber, dass die großen Klöster sich im Laufe ihrer langen Geschichte weit entfernt hatten vom ursprünglichen Ideal des heiligen Benedikt, wie ich es aus dem Regelkommentar des großen Abtes von Maria Laach, Ildefons Herwegen, kannte.

In den USA jedoch erlebte ich zunächst einen argen Kulturschock, entdeckte aber bald das von P. Damasus Wizen, einem Mönch aus Maria Laach, neu gegründete Reformkloster Mount Saviour im Staat New York. Bei meinem ersten Besuch, der weniger als 24 Stunden dauerte, wurde mir sofort bewusst, dass ich in diese Gemeinschaft eintreten wollte. Das ist jetzt schon 67 Jahre her, und ich habe diesen Entschluss niemals bereut. Jede Wahl ist zugleich Verzicht auf das Nicht-Gewählte, aber ich habe das gewählte Mönchsleben so erfüllend gefunden, dass Verzicht mir kaum bewusst wurde.

**Sie lebten auch viele Jahre als Eremit. Was hat Sie in die Einsamkeit gezogen und warum ist Ihnen diese Art des Lebens wichtig geworden?**

**DSR:** Die für einen Benediktinermönch recht ungewöhnliche Form meines Lebenslaufes und besonders die weiten Vortragsreisen verlangten nach einem Gegengewicht in der Einsiedelei, um das innere Gleichgewicht aufrechtzuerhalten. Das erkannte auch mein Abt und verhalf mir dazu. Wir alle verbringen unsre Zeit teils gemeinsam, teils allein; wieviel Alleinsein wir brauchen, ist Veranlagungssache. Mir gab beides Grund für Dankbarkeit, das Geschenk von Gemeinschaft und das Geschenk allein sein zu dürfen. Beides bringt Schwierigkeiten, beides bringt Freuden. Die große Freude beim Alleinsein ist für mich die Gelegenheit, in tiefe Stille einzutauchen.

**Wie hat sich Ihr zunächst sehr christlich geprägter Glaube weiterentwickelt? Heute vertreten Sie eine Anschauung, nach der es nicht möglich ist, den einen und einzigen „Heilsweg" zu bestimmen. Was hat Sie zu dieser Weite geführt und wie fügt sich dahinein Ihre Verbundenheit mit dem christlichen Glauben?**

**DSR:** Mir wurden ungewöhnliche Gelegenheiten geschenkt, andere spirituelle Traditionen aus nächster Nähe kennenzulernen, besonders den Zen-Buddhismus. Das gab meinem christlichen Glauben Anstoß, allumfassend, also im Vollsinn des Wortes „katholisch" zu werden. Ich sehe jetzt, dass die verschiedenen Religionen – meine eigene eingeschlossen – wie verschiedene Brunnen aus ein und demselben Grundwasser menschlicher Religiosität schöpfen. Diese Religiosität ist die uns als Menschen angeborene Beziehung zu dem großen Geheimnis, das wir Gott nennen. Ein solcher Brunnen, wie unsere christliche Tradition einer ist, stellt ein unermessliches Geschenk dar. „Geh nicht von einem zum andern", warnt Swami Satchidananda: „Wenn du einen gefunden hast, grab' immer tiefer." Das habe auch ich mir zu Herzen genommen. Es erweitert den Horizont und ist für das dringend notwendige gegenseitige Verständnis ungemein wichtig, andere Religionen kennenzulernen, es ist aber auch wichtig zu wissen, wo wir zu Hause sind.

**Welche prägenden Erfahrungen und Begegnungen mit Menschen gab es, die Einfluss auf Ihren weiteren Glaubensweg hatten?**

**DSR:** Mein wichtigster christlicher Lehrer war wohl Karl Rahner, durch seine streng vor der Tradition verantwortliche und doch schöpferische Theologie. Martin Buber und Ferdinand Ebner haben mich durch ihre Betonung der Ich-Du-Beziehung stark beeinflusst. Auch dem großen amerikanischen Psychologen Abraham Maslow verdanke ich wichtige Einsichten, vor allem aber dem dichterischen Werk Rainer Maria Rilkes. Mir scheint, dass diese Lehrer mich durch ihre Schriften stärker beeinflussten als alle, die ich persönlich kennenlernen durfte, mit Ausnahme von Raimundo Panikkar, dem Religionsphilosophen und ökumenischen Theologen, der mir ein halbes Jahrhundert lang Lehrer und Freund war.

Das Schicksal hat mir so viele Begegnungen mit wegweisenden Menschen geschenkt, dass es mir schwerfällt, die Wichtigsten hervorzuheben, jedenfalls gehören dazu der Dalai Lama, P. Thomas Keating, Thor Heyerdahl, Fritjof Capra, Rupert Sheldrake, Dorothy Day, Cynthia Bourgeault, Pema Chödrön, Kumar Satish, Fritz Schumacher, Joan Baez und Ken Wilber. Auch als Mitglied der Lindisfarne Fellowship und als Referent bei den Cortona-Wochen in der Toskana und den Waldzell-Meetings im Stift Melk wurden mir ungemein viele bereichernde Begegnungen zuteil.

**Heute sind Sie weltbekannt für Ihr eindrückliches Eintreten für die Dankbarkeit. Gab es hierfür eine Art Schlüsselerlebnis? Wann und wie ist Ihnen diese besondere Kraft und Dimension der Dankbarkeit aufgegangen?**

**DSR:** Beim Nachdenken über unsere benediktinische Spiritualität wurde mir nach und nach klar, dass sie im Begriff „dankbar leben" zusammengefasst werden kann. Mein erstes Buch, „Dankbarkeit, das Herz allen Betens", erschien 1982 in Englisch und fiel auf so fruchtbaren Boden, dass es seither in viele Sprachen übersetzt und unter verschiedenen Titeln gedruckt wurde und heute nach fast 40 Jahren mehr gelesen wird denn je. Es hat sich nämlich gezeigt, dass für viele Menschen Dankbarkeit eine recht einfache Form der Spiritualität ist, die sich im Alltag bewährt und als wirkungsvoll erweist. Das Buch hat mitgeholfen, ein anschwellendes Interesse an Dankbarkeit auszulösen, das heute fast schon zum Trend geworden ist. Sogar ernst zu nehmende wissenschaftliche Studien konnten den positiven Einfluss von Dankbarkeit auf viele Lebensbereiche nachweisen. Darüber staune ich selber und freue mich.

**Gerade haben viele ein schweres Jahr 2020 verlebt, mit vielen Zumutungen und Einschränkungen und zum Teil auch schweren Krankheitsverläufen und Verlusten. Man wagt kaum, auch in dieser Situation von Dankbarkeit zu sprechen. Aber können Sie dazu ein paar Worte sagen, wie auch angesichts von Schwerem der Dankbarkeit Raum gegeben werden könnte?**

**DSR:** Es gibt vieles, wofür man nicht dankbar sein kann. Und doch kann man in jedem Augenblick dankbar sein. Auch wenn das Leben uns etwas Widerwärtiges auftischt, schenkt es uns zugleich die Gelegenheit, es zu nutzen – die Gelegenheit etwa, die ungute Lage zu verbessern, aus der Erfahrung zu lernen, daran zu wachsen, oder sich gegen Unrecht zur Wehr zu setzen. Für diese Gelegenheiten können wir dankbar sein. Dankbarkeit aber ist der Schlüssel zur Freude, der in unseren eigenen Händen liegt. Auch Glück schenkt uns nur dann Freude, wenn wir dafür dankbar sind, mitten im Unglück aber macht Dankbarsein uns freudig. Freude ist das Glück, das nicht davon abhängt, ob uns etwas glückt oder nicht, sie ist das bleibende Glück, das unser Herz ersehnt.

**Haben Sie Angst vor dem Tod? Und welche Hoffnung haben Sie über den Tod hinaus?**

**DSR:** Wer dem Leben vertraut, braucht vor dem Tod keine Angst zu haben, denn Leben und Sterben gehören untrennbar zusammen. Nur vor dem physischen und psychischen Zusammenbruch, der oft dem Tod vorausgeht, habe ich Angst. Das gibt mir aber Gelegenheit, mein Lebensvertrauen zu stärken. Bisher hat das Leben stets besser gewusst als ich selbst, was gut für mich war, das wird wohl so bleiben. Und dem Leben vertrauen, heißt Gott vertrauen, der uns in allem, was wir erleben, begegnet. Lebensvertrauen ist Gottvertrauen. Wir können vieles erleben, das über unser vergängliches Leben hinausgeht: etwa selbstlose Liebe, Vertrauen und die Lebendigkeit selbst. Darauf verlasse ich mich, auch wenn ich mir ein Leben jenseits des Todes so wenig vorstellen kann wie eine Raupe ihr Leben als Schmetterling in einer Blumenwiese.

## Liebe zum Leben
*Gespräch mit Jürgen Moltmann*

Als ich am Telefon die Nummer Jürgen Moltmanns wählte und er sich kurz darauf tatsächlich mit „Moltmann" meldet, war es mir, als riefe ich in der großen Geistesgeschichte des 20. Jahrhunderts an und erhalte wie durch ein Wunder direkten Anschluss. Der 95-jährige weltberühmte Theologe aus Tübingen wehrte zunächst den Wunsch eines Gesprächs für ein Buch über das heutige Gottsuchen ab mit den Worten: „Ich bin doch schon gar nicht mehr richtig auf dieser Welt. Ich weiß nicht, ob ich da noch ein geeigneter Gesprächspartner bin." In aller Deutlichkeit antwortete ich dem großen Gottesdenker, dass er gerade deshalb in höchstem Maß geeignet ist, weil wir Jüngeren auf die Weitergabe der Gotteserfahrungen und Gotteserkenntnisse der Alten, die oftmals auch in Grenzsituationen gewonnen wurden, angewiesen sind. Wir brauchen diese Weisheit, da viele nicht mehr wissen, wie man sich in einer Beziehung zu Gott verorten kann. Und ich sagte: Wir brauchen den Trost und den Mut, auch über die Grenze des Todes hinaushoffen zu können. Er sagte zu, dieses Gespräch auf schriftlichem Weg per Brief zu führen. So sandte ich ihm meine Fragen und erhielt wenig später postalische Antwort. Für das manchmal nicht ganz einheitliche Schriftbild entschuldigte er sich mit dem Hinweis auf die neue Schreibmaschine, mit deren Gebrauch er noch nicht so sicher sei. Für mich war es, als hielte ich einen Schatz in den Händen. Und dass diese Antworten noch mit einer neuen Schreibmaschine geschrieben wurden, war mir wie ein Symbol: Es gilt, immer wieder aufzubrechen, auch im Blick auf die Gottsuche, Neues zu erwarten und zu wagen und mit seinen Mitteln je und je zu antworten – nicht müde zu werden, zu hoffen und diese Hoffnung auch zu teilen.

Jürgen Moltmanns Antworten sind sehr dichte und prägnante Beschreibungen seiner Erfahrungen und Erkenntnisse Gottes – wie eine Summe seines gefüllten Lebens, in dem er Dutzende Bücher über Gott geschrieben hat, die nicht selten theologische Weltbestseller wurden.

Eines seiner wohl wichtigsten Bücher ist die „Theologie der Hoffnung" von 1964. Dieses Buch war in dem Sinne revolutionär, als es die alles grundlegend verändernde Kraft des christlichen Glaubens neu formulierte, indem es sie als Hoffnungskraft herausstellt – und damit zu einer Kraft gegen die Resignation, gegen den Fatalismus, gegen vermeintliche politische Alternativlosigkeiten, gegen apokalyptisches Zerstörungsstreben macht. Zur Methode dieses berühmten Buches schreibt Moltmann im Vorwort, dass er mit der „Theologie der Hoffnung" versucht habe, das Ganze der Theologie in einem einzigen Brennpunkt zu fassen: der Hoffnung.

Ich las das Buch im Theologiestudium in einem Lesekreis. Es war phasenweise nicht einfach, dieses dichte Denkwerk zu entschlüsseln, und doch merkte ich, dass in diesen Zeilen etwas pulsiert, das mit der enormen, weltverändernden Kraft des Christentums zu tun hat, das mit seiner großen, universalen Hoffnungsbotschaft die Religions- und Weltgeschichte so nachhaltig verändert hat. Da glühte etwas von dem heißen Kern des Christentums, seiner ungeheuerlichen und grenzensprengenden Auferstehungsbotschaft, die aus allen Unterdrückungen, Einengungen, Finsternissen herausführen will. Ich habe mir viele Sätze unterstrichen.

Sätze, die zur heutigen Suche nach einem getrosten Leben und einem Bezogensein auf die Gotteshoffnung passen. Einer dieser Sätze Moltmanns heißt: „‚Vom Tode bedroht' und ‚der Nichtigkeit unterworfen': das ist der Ausdruck allgemeiner Daseins- und Welterfahrung. ‚Auf Hoffnung hin': das ist offenbar die Weise, in der christliche Theologie diese Fragen aufnimmt und an die verheißene Zukunft Gottes richtet."

Als Dreh- und Angelpunkt kristallisiert sich dabei das Ereignis der Auferweckung Jesu von den Toten heraus. Diese als bahnbrechendes Wirken Gottes zu begreifen, das als Möglichkeit für alle in die Welt gekommen ist, ist für Moltmann der bis heute gültige und entscheidende Punkt des Christentums: Die Auferweckung Christi gilt allen, der ganzen Welt. Sie ist der alles verändernde Möglichkeitshorizont. Jesu Auferstehung müsse als „Überwindung der Tödlichkeit des Todes verstanden werden", schreibt Moltmann – „als Überwindung der Gottverlassenheit, (…) als Anfang der Erfüllung des verheißenen und gelobten Lebens, also als Überwindung dessen, was im Tod tot ist, als Negation des Negativen (Hegel), als Negation der Negation Gottes".

Solche Sätze hallen nach und setzen die Koordinaten des Lebens- und Weltverhältnisses neu, führen die Erfahrungen der Jüngerinnen und Jünger Jesu am Ostermorgen in die Gegenwart: Vergangenheit und Zukunft der Welt sind nun entscheidend qualifiziert „von jenem geschichtlichen Ereignis der Auferweckung des gekreuzigten Christus, an welchem die Macht der Vergänglichkeit, die Tödlichkeit des Todes überwunden und ein für alle Mal die Zukunft des Lebens eröffnet ist". Dieses Getroffensein vom Auferweckungsereignis, in dem die geheilte Zukunft Gottes in die unheile Welt eingebrochen ist und in allem Leid und Tod die angebrochene ewige Tendenz zum geheilten ewigen Leben hat aufscheinen lassen, führt zu einem hoffenden Leben. „Was die Zukunft bringt, ist durch das Christusgeschehen der Auferweckung des Gekreuzigten ‚ein für alle Mal' zuversichtlich erhoffbar geworden." Das Negative des Lebens wird als „Noch-nicht-Positives" qualifiziert und im Vertrauen auf die Verheißung Gottes überschritten und an der Verwirklichung der Hoffnung mitgewirkt. „Solange nicht ‚alles sehr gut' ist, bleibt die Differenz der Hoffnung zur Wirklichkeit, bleibt der Glaube unabgefunden und muss er hoffend und leidend die Zukunft bedrängen. So führt auch die Verheißung des Lebens aus der Auferstehung Christi in die Tendenz des Geistes, der im Leiden lebendig macht und auf das Lob der neuen Schöpfung aus ist", schreibt Moltmann.

Man lebt im „Vorraum des Möglichen" und ist gerufen, die Zukunft „zu bedrängen", dass sie Wirklichkeit werde. Dabei ist und bleibt es aber Gottes (Auferstehungs-)Wirken, das als Tendenz angebrochen ist und die Heilung der Schöpfung vollenden wird. Mit der Auferstehung Jesu Christi im Rücken wird mit der „Ankunft von kommendem Heil, Leben, Freiheit und Gerechtigkeit" gerechnet – und man verortet sich in dem „Geburtsprozess" dieser umfassend geheilten Welt Gottes, die als Vorschein aufgeschienen ist zu Ostern und als lebendiger Hoffnungsprozess angebrochen ist.

Der „Christenheit" schreibt Moltmann am Ende seiner „Theologie der Hoffnung" ins Stammbuch: „Sie hat ihr Wesen als Leib des gekreuzigten und auferstandenen Christus nur, wo sie in konkreten Diensten der Sendung in die Welt gehorsam ist. Ihre Existenz ist an die Erfüllung ihres Dienstes gebunden. Darum ist sie nichts für sich selbst, sondern ist alles, was sie ist für andere. (…) Die Christenheit hat der Menschheit nicht zu dienen, damit die Welt bleibe, was sie ist, oder bewahrt werde in dem, was sie ist, sondern damit sie sich wandle und werde, was ihr verheißen ist." Moltmann spricht vom Christlichen als „Hoffnungsdenken über den Menschen und die Dinge", als „Phantasie der Liebe ins Offene und Mögliche hinein". Es gilt, der Welt „den Horizont der Zukunft des gekreuzigten Christus zu eröffnen".

Bezeichnenderweise hat Jürgen Moltmann diese „Theologie der Hoffnung" in seinem bislang letzten Büchlein noch einmal ganz persönlich durchbuchstabiert. In seinem 2020 erschienenen Buch „Auferstanden in das ewige Leben. Über das Sterben und Erwachen einer lebendigen Seele" befragt er unter dem leidvollen Schmerz des Verlustes seiner 2016 verstorbenen Frau Elisabeth Moltmann-Wendel noch einmal die Auferstehungshoffnung und stellt sich dem Sterben. Darin schreibt er: „Unsere Todesstunde ist unsere Auferweckungsstunde. Wenn wir sterben, erwachen wir zum ewigen Leben. Die Todesschmerzen sind die Geburtsschmerzen des ewigen Lebens. Wenn unser Leichnam mit der Summe seiner Glieder tot daliegt und verwest, wird das Ganze unseres Lebens, unsere lebendige Seele, mit einem neuen Leib zum ewigen Leben auferstehen." Und über das „Danach" des Todes schreibt er: „Wenn wir sterben, erwachen wir an einem Hoffnungsort des ewigen Lebens, der vom ‚Morgenglanz der Ewigkeit' erleuchtet wird."

Der Tod sei ein Tor zum verklärenden Licht und das Sterben ein Weg dorthin. Im Nachvollziehen der biblischen Hoffnung kann er aussagen: „Alles, was Gott geschaffen hat, wird wiedergebracht und auferweckt. Es geht nichts verloren. Alles wird vollendet." Wenn die Gestorbenen „im Himmel" sind, seien sie „in einer Art ‚zweiter Gegenwart'", so Moltmann weiter. Wir können bewusst mit ihnen leben – auf die kommende Vereinigung im Reich Gottes hin. Dabei sind Gegenwart und Zukunft verflochten in der Liebe: „Unser sterbliches Leben ist mit dem ‚Keim' der Verheißung des ewigen Lebens begabt. Dieser ‚Keim' ist die Liebe." Die Menschen, die das „Licht des Lebens" aufgeweckt habe, seien „Kinder des Lichts" (Martin Luther) mitten in der Finsternis „und damit Hoffnungsträger des Kommens des Lichtes, das die Finsternis endlich aus der Schöpfung vertreibt, bis wir ganz im Lichte stehen".

\*\*\*

**Herr Moltmann, Sie sind in der Kriegszeit aufgewachsen und mussten früh mit Bedrohung, Zerstörung, Angst und Verlusten umgehen. Wie hat das Ihre Gottsuche und Ihren Glauben geprägt?**

**Jürgen Moltmann:** Im Juli 1943 begann die „Operation Gomorrha". Hamburg wurde bombardiert. 40 000 Tote. Ich war mit meiner Schulklasse als Flakhelfer in Hamburg-Innenstadt. Die Bombe, die mich verschonte, zerriss den Freund an meiner Seite. Damals habe ich zum ersten Mal nach Gott geschrien: „Mein Gott, wo bist du?", und die Frage „Warum bist nicht auch du tot? Warum lebe ich?" verfolgt mich seit dieser Nacht. Seitdem bin ich ein Gottsucher. Der mörderische Krieg war für mich keine Widerlegung Gottes, sondern eine Widerlegung der Menschlichkeit des Menschen. Der Humanismus meiner Familie zerbrach in mir. Goethe- und Schillergedichte, die ich auswendig konnte, sagten mir nichts mehr.

**Und wie ist dann der Glaube an Gott zu einer überzeugenden Wahrheit in Ihrem Leben geworden?**

**JM:** Im Jahr 1945 geriet ich in englische Gefangenschaft. Im Lager in Schottland kriegte ich eine Bibel. Die Klagepsalmen des Alten Testaments sprachen zu mir, besonders Psalm 39: „Ich muss mein Leid in mich fressen ..." Als ich die Passionsgeschichte Christi las und an seinen Todesschrei kam „Mein Gott, mein Gott, warum hast du mich verlassen?", hatte ich den starken Eindruck: Da ist einer, der dich versteht, der bei dir ist in deiner Gottverlassenheit. Meine Gottesfrage vom Juli 1943 war durch den sterbenden

Christus beantwortet. Gott erleidet das Leid der Welt und ist bei uns in unseren Schmerzen. Später fand ich in Dietrich Bonhoeffers Briefen aus dem Gestapo-Gefängnis den Satz: „Nur der leidende Gott kann helfen." Und er half mir, die dreijährige Gefangenschaft zu überstehen. Ich wollte eigentlich Mathematik und Atomphysik studieren. Doch der leidende Christus hat mich überzeugt und ich studierte Theologie.

**Ist Ihnen nicht der Gedanke gekommen, dass dieses entfesselte Böse auch darauf schließen lassen könnte, dass Gott nicht ist? Wie können Gott und das Böse zusammengebracht oder zusammengedacht werden?**

**JM:** Sie können überhaupt nicht „zusammengebracht" werden: Einer muss weichen. Ich bin dafür, das „Böse" muss weichen. Natürlich steckt in Ihrer Frage die alte Theodizeefrage: „Wenn Gott gerecht ist, warum das Böse?" Diese Frage ist unbeantwortbar bis zum Jüngsten Gericht, weil eine Erklärung des „Bösen" eine Rechtfertigung des „Bösen" wäre. Auch die Frage des sterbenden Christus blieb ohne göttliche Antwort. Die Antwort Gottes ist die Auferstehung Christi. In ihrem Leiden wollen die Menschen keine Erklärungen, sondern Hilfe und Heilung. Im Juli 1943 kam mir die Theodizeefrage nicht in den Sinn. Ich suchte nach Rettung und Heilung meiner Wunden.

**Welche Menschen oder Bücher oder andere Einflüsse haben Ihre weitere Gottsuche geprägt und Ihren Glauben geformt?**

**JM:** Zuerst ist meine Frau zu nennen: Dr. Elisabeth Moltmann-Wendel. Wir haben zusammen in Göttingen Theologie studiert und 66 Jahre gemeinsam Theologie betrieben, bis sie 2016 gestorben ist. Sie war eine führende Persönlichkeit in der deutschen feministischen Theologie. Wir haben alles gemeinsam besprochen und doch mit zwei Stimmen geredet. Dann ist unser gemeinsamer Doktorvater zu nennen: Otto Weber. Für mich persönlich sind Karl Barth und Dietrich Bonhoeffer maßgeblich geworden und aus der Ökumene der katholische Theologe Johann Baptist Metz und der orthodoxe Theologe Dumitru Staniloae.

**Wir sind oft stark eingebunden in die beherrschenden Kategorien unseres hiesigen Lebens: Raum und Zeit und Vergänglichkeit. Es fällt schwer, diese im Geist zu übersteigen. Es gibt so etwas wie eine zwingende Evidenz des Hiesigen, des Natürlichen. In dieser Perspektive will es kaum gelingen, in eine Dimension auszugreifen, die jenseits des hier so umfänglich und beherrschend erfahrenen Irdischen liegt. Und doch, so scheint mir, liegt der Kern des Christlichen in einer Sprengung von Raum und Zeit, einer Verflechtung des Hiesigen mit dem Jenseitigen, des Irdischen mit dem Jenseitigen, des Sterblichen mit dem Ewigen. Sie haben ein Leben lang mit diesen Fragen gerungen und zuletzt noch einmal Ihre Auffassung von der Auferstehung revidiert. In Ihrem 2020 erschienenen Buch „Auferstanden in das ewige Leben" schreiben Sie, dass Sie sich früher die Auferstehung als ein in der *Zukunft* stattfindendes Ereignis vorstellten, nun aber als eine *gegenwärtige Wirklichkeit*: Sie bricht an in unserer Todesstunde, aber ragt gewissermaßen in der schon jetzt erlebten Christusgemeinschaft und in allen Taten der Liebe, des Teilens und Aufrichtens schon in diese Zeit hinein. Was macht Sie gewiss, dass die Auferstehung auch eine gegenwärtige Realität ist und dass sie dann vollumfänglich im Moment des Todes geschieht? Ist es das Vertrauen auf die biblischen Verheißungen? Oder sind es auch Erfahrungen?**

**JM:** Wir sind wie eingemauert in unser Weltbild „Raum, Zeit und Vergänglichkeit" – warum aber haben wir nicht ein Weltbild der Anfänglichkeit, wie ich vorschlage? Wir haben ein anthropozentrisches Weltbild aufgebaut: Der Mensch ist die Mitte seiner Welt (Pico de la Mirandola, 1486), das heißt aber, der Mensch ist der Gott seiner Welt. Das ist der „Gotteskomplex" der modernen Menschen (Horst Eberhard Richter). „Divide et impera", herrsche durch Teilung: Wir haben das letzte Unteilbare entdeckt, das „Individuum" und das „Atom" und wir teilen weiter. Die moderne Theologie ist dem entgegengekommen, sofern sie Gott weltlos dachte und die Welt gottlos wird. Doch die Bibel denkt so ganz anders: das Eine *in* dem Anderen. „Gott war *in* Christus und versöhnte die Welt" (2. Korinther 5,19). Und: „Ist jemand *in* Christus, so ist er eine neue Kreatur" (2. Korinther 5,17); „Wer *in* der Liebe bleibt, der bleibt *in* Gott und Gott *in* ihm" (1. Johannes 4,16). Die Theologie hat das die „Perichoresis" genannt, die „Einwohnung" Gottes im Menschen und die „Einwohnung" des Menschen in Gott: Das Erste ist die Menschwerdung Gottes in Jesus Christus, die Transzendenz in der Immanenz oder die *immanente Transzendenz*, das Zweite ist die Auferstehung des Menschen in Jesus Christus zur Göttlichkeit des ewigen Lebens, die *transzendente Immanenz*. Der Mensch und Gott bleiben unterschieden, doch das Göttliche wohnt *im* irdischen Leben ein und das Menschliche wohnt *im* Göttlichen ein. Die jüdische Theologie hat an dieser Stelle die Vorstellung von der „Schechina" geprägt, die Einwohnung Gottes *in* Israel, *in* den Leiden Israels und *im* Exil Israels.

**Wo haben Sie selbst diese irdische Göttlichkeit oder göttliche Irdischkeit erfahren?**

**JM:** Ich spüre bei der Geburt eines Menschen den neuen Lebensanfang Gottes, die „Natalität", wie Hannah Arendt sie genannt hat, sie hat etwas von der Schöpferfreude Gottes in sich. Jeder „neue" Morgen, den ich begrüße, hat etwas von der neuen

Schöpfung an sich, auf die ich hoffe. Unser irdisches Leben, auch wenn es corona-krank wird, ist „Keim des ewigen Lebens", es ist mit Verheißung getränkt. „Jedem Anfang wohnt ein Zauber inne …", dichtete Hermann Hesse. Ich spüre nicht nur Gottgeborgenheit, sondern Ermutigung zum Leben, zur Freiheit des Lebens, zum Abenteuer des Lebens, zur Liebe dieses Lebens.

**Können Sie etwas zu der Frage sagen, *wo* das ewige Leben ist?**

**JM:** Manche glauben es „im Himmel". Das apostolische Glaubensbekenntnis nennt es ortlos. Das nizäische Credo bezeichnet seinen Ort „in der zukünftigen Welt Gottes". Also in der „neuen Schöpfung" werden wir ewig leben, in der der Tod nicht mehr sein wird (Offenbarung 21). Doch die neue Schöpfung hat mit der Auferstehung Christi begonnen, sonst könnte Paulus nicht von einer „neuen Kreatur in Christus" sprechen (2. Korinther 5,19).

**In Ihrem Buch „Auferstanden ins ewige Leben" verwenden Sie den Begriff „zweite Gegenwart". Ist der Übergang vom Diesseits ins Jenseits, vom Irdischen ins Ewige als Kontinuität denkbar? Bei Ihnen klingt die Vorstellung durch, dass die unsichtbare Welt Gottes unsere sichtbare Welt umgibt, eben als „zweite Gegenwart", und diese auch so glaubbar und spürbar ist. Wie kommen Sie zu dieser Gewissheit?**

**JM:** Wir werden unmittelbar nach unserem Sterben auferweckt zum ewigen Leben. Das hat Martin Luther so verstanden: Ewigkeit ist gleichzeitig Gegenwart, Vergangenheit und Zukunft. Vor Gott ist der letzte Mensch gleichzeitig wie der erste Mensch. Gleichzeitigkeit ist der zeitliche Begriff der Ewigkeit. Wenn im oben genannten Sinn von „gegenwärtiger Realität" die Rede ist, handelt es sich um Ewigkeit.

**Wie ist es Ihnen möglich, so tief und gewiss von dieser uns letztlich entzogenen Wirklichkeit des ewigen Lebens zu sprechen?**

**JM:** Ohne die Auferstehung Christi wüssten wir von Jesus gar nichts. Die Osterzeugen, allen voran Maria Magdalena, sind historisch glaubwürdig. Das Grab Jesu war leer. Jerusalem war ein gefährlicher Platz für die Anhänger des von den Römern als „Terrorist" gekreuzigten Jesus von Nazareth. Und doch verkündeten sie öffentlich die Auferstehung Jesu und den Beginn der allgemeinen Totenauferstehung: „Wie in Adam alle sterben, so werden sie alle in Christus lebendig gemacht" (1. Korinther 15,22). Wir sehen Ostern und Pfingsten zusammen: die Auferstehung Christi und die Geistkraft der Auferstehung, die uns lebendig macht, Mut zur Zukunft und Liebe zum Leben gibt. Auferstehung ist ein irdisches Ereignis: im Ende – der neue Anfang. Die Geistkraft der Auferstehung wird in jedem neuen Lebensanfang erlebt. So wie es Marie Luise Kaschnitz dichtete: „Manchmal stehen wir auf / stehen wir zur Auferstehung auf / mitten am Tage / mit unserem lebendigen Haar / mit unserer atmenden Haut." In unserem Leben gibt es zwei Gleichnisse für das Sterben und Auferstehen: unsere Geburt und die Taufe. An unsere Geburt erinnern wir uns nicht mehr: Es muss ein Ende des embryonalen Lebens und das Erwachen in einer ganz anderen Welt gewesen sein. Die Wiedergeburt wird durch die Taufe symbolisiert: Da stirbt ein „alter Mensch" und ein „neuer Mensch" wird geboren: „Das Alte ist vergangen, siehe, es ist alles neu geworden" (2. Korinther 5,17). So können wir uns das Sterben als Geburt zum ewigen Leben vorstellen.

**Heißt das auch, dass Sie keine Angst vor dem Tod haben?**

**JM:** Ich habe keine Angst vor dem Tod. Das Sterben mag unangenehm sein, aber der Tod macht mir keine Angst. Im eigenen Ende erfahren wir nur das Sterben, nicht den Tod. Vor dem eigenen Sterben müssen wir nicht Angst haben, die moderne Medizin nimmt uns die Schmerzen. Den Tod erfahren wir an geliebten Menschen, denn wir müssen mit ihrem Tod leben. Vor dem Tod geliebter Menschen ist Angst natürlich und geboten. Je nachdem, wie tief die Liebe ist, schmerzt der Tod.

**Und was erwarten Sie über den Tod hinaus?**

**JM:** Ich hoffe, dass mein ganzes Leben in das ewige Leben aufgenommen wird, geheilt von Wunden, vergeben die Schuld, unendlich die Liebe. Ich hoffe für diese Welt, dass das Reich Gottes, das Jesus als „nahe herbeigekommen" verkündigte, bald komme und Gerechtigkeit und Frieden bringe. Ich erwarte das Leben der kommenden Welt. Ich stimme mit Jochen Klepper überein: „Die Nacht ist vorgedrungen, / der Tag ist nicht mehr fern. / (…) Auch wer zur Nacht geweinet, / der stimme froh mit ein. / Der Morgenstern bescheinet / auch deine Angst und Pein" (Evangelisches Gesangbuch Nr. 16). Das ist reine „Theologie der Hoffnung". Der Morgenstern ist schon sichtbar.

**Doch bisweilen ist „die Nacht" so stark, dass das Vertrauen schwindet. Wie kann es gelingen, trotzdem Hoffnung zu haben und die Ängste zu zähmen?**

**JM:** Jedes Kind kommt mit Urvertrauen auf das Leben zur Welt. Gottvertrauen ist die reife Form dieses Urvertrauens. Gottvertrauen trägt das Selbstvertrauen, selbst in der Corona-Pandemie. Ohne Vertrauen gelingt keine Kontrolle. Besser hundertmal enttäuscht werden, als das Vertrauen auf Gott und das Leben zu verlieren.

**Wir haben nun sehr viel über den Menschen gesprochen. Aber wird auch die ganze übrige Schöpfung an der ewigen Welt Gottes teilhaben?**

**JM:** Die neue Erde wird neu in einem ungeahnten Ausmaß sein. Aber alle Lebewesen sind auf Hoffnung hin geschaffen und keines geht verloren.

**Sie haben sich immer auch stark mit ökologischen Fragen auseinandergesetzt und ein neues Verhältnis zur Erde, zu ihrer Heiligkeit angemahnt. Ist das ökologische Umdenken auch eine religiöse Frage? Was müsste geschehen, dass die Erde überlebt?**

**JM:** „Liebe diese Erde wie dich selbst!" Wir brauchen eine neue Reformation, eine „grüne Reformation". Mehr Achtsamkeit für das natürliche Leben und der Übergang vom industriellen Fortschritt zur „Kreislaufwirtschaft" ist notwendig. Es müsste eine Umkehr im Denken geben: weg vom Anspruch auf Weltbeherrschung des Menschen, hin zur Integration, zur Zusammenarbeit mit den Kräften der Natur und den anderen Formen des Lebens. Im modernen Paradigma der Welt stand der Mensch im Zentrum und die Erde war untertan zu machen. Aber die Erde ist mehr als das Herrschaftsgebiet des Menschen. Die Erde ist nach biblischem Verständnis produktiv. Sie bringt Leben hervor und der Mensch ist abhängig von den anderen Formen des Lebens. Den Menschen gäbe es gar nicht, wenn es die Bäume und die Pflanzen und die Tiere nicht gäbe. Wir müssen die eigenen Interessen zurückstellen, denn das Gemeinwohl der Erde hat Vorrang.

**Trägt das Christentum eine Mitschuld an der Naturzerstörung? Schließlich heißt es in der Bibel, der Mensch solle sich die Erde untertan machen ...**

**JM:** Nein, das Christentum trifft keine Schuld. Es ist das Menschenbild der Renaissance, das den Menschen als Mitte der Welt versteht und es als seinen Auftrag ansieht, die Erde untertan zu machen. Die moderne Welt ist aber erst vor 400 Jahren entstanden durch die Kolonisation der afrikanischen und südamerikanischen Länder und durch den Aufschwung von Wissenschaft und Technik. Das hat man damals gedeutet als die Erfüllung der biblischen Verheißung, dass der Mensch eine Sonderstellung im Kosmos habe und die Erde ihm untertan sei. Die biblischen Interpretationen sind immer von Interessen geleitet. Und die Interessen des modernen Paradigmas sind offensichtlich. Aber im Altertum und Mittelalter hat man den Menschen nicht so verstanden, sondern war eher auf die Zusammenarbeit mit anderen Formen des Lebens und einer Symbiose mit anderen Lebewesen ausgerichtet.

**Also sieht die Bibel den Menschen nicht als Krone der Schöpfung und „Herrscher" über die Erde?**

**JM:** Die Krone der Schöpfung ist nicht der Mensch, sondern der Sabbat. Gott krönte seine ganze Schöpfung, indem er den Sabbat schuf und ruhte. Die Sabbatgesetze sind für die Sicherung der Zukunft des Landes eingesetzt: Alle sieben Jahre soll das Land unbestellt bleiben, damit das Land seinen großen Sabbat für den Herrn feiert. Das ist die Religion der Erde. Und die verlässt man nicht ungestraft. Wir brauchen heute einen Sabbat für die Erde, einen Sabbat für das Meer und einen Sabbat für die Luft, damit die Erde wieder fruchtbar wird, das Leben im Meer sich wieder erholt und die Luft wieder rein wird.

**Wie könnte eine „grüne Reformation" aussehen?**

**JM:** Die Spiritualität der Christen richtet sich auf die Seele und den Himmel, wie es sich am deutlichsten in dem Gebetsspruch ausdrückt „Lieber Gott, mach mich fromm, dass ich in den Himmel komm". Die Erde kommt nicht vor. Wenn ich ein „Gast auf Erden" bin, wie Paul Gerhardt sang, bin ich für das Gasthaus nicht verantwortlich. Wir brauchen eine Spiritualität der Sinne und des Lebens. Denn der Heilige Geist ist ausgegossen auf alles Fleisch, wie wir zu Pfingsten feiern. Und „Fleisch" heißt „Leben". Wir brauchen eine neue Ehrfurcht vor allem Leben.

**Wie steht das Verletzte, Beschädigte, Abgebrochene, Zerstörte dieser Welt – und damit auch das Leiden der ganzen Schöpfung im Zeitalter des menschengemachten Ökozids – im Verhältnis zur ewigen Welt Gottes, zum göttlichen Ganzsein, zum „Heil" Gottes? Sind das doch getrennte Welten, die „geistige" Welt Gottes und die „leibliche" Welt der Erde? Oder wie verhalten sich das „körperliche" und „natürliche" Leben zum „Leben Gottes"?**

**JM:** Ich lehne die Aufteilung des Menschen in einen Körper und eine Seele ab. Ich habe dagegen den Begriff des Lebens gesetzt. „Das Ganze ist mehr als die Summe der Teile": Das Ganze des Lebens ist die Lebensgeschichte und die Lebensgestalt: Das nenne ich Leben – die lebendige Seele. Folglich bezieht sich die „Auferstehung" auf das ganze Leben. Wir werden ganz sterben und ganz auferstehen. Was nicht stirbt, das kann Gott auch nicht aufwecken. Unser Leben wird durch das Sterben und Auferstehen verwandelt und geheilt zum ewigen Leben.

## An eine Liebe glauben, die größer ist als das Trauma
*Gespräch mit Deanna A. Thompson*

Die Geschichte der US-amerikanischen Theologin Deanna A. Thompson erscheint wie eine moderne Variante der Hiob-Geschichte. In der Einleitung ihres Buches „Ein flüchtiger Blick auf die Auferstehung. Krebs, Trauma und Spiritualität" schreibt sie: „Im Dezember 2008 erhielt ich die Diagnose ‚Brustkrebs im 4. Stadium'. Mein Leben, wie ich es bisher geführt habe, war nicht wiederzuerkennen. Aus einer gesunden, aktiven 42-jährigen Ehefrau, Mutter, Tochter, Schwester, Professorin, Nachbarin und Freundin wurde praktisch auf einen Schlag eine Invalidin mit einem Leben und einer Familie in der Krise und einer miesen Prognose für die Zukunft. Zu der Zeit, als bei mir metastasierender Brustkrebs diagnostiziert wurde, hatte der Krebs bereits in die Knochen gestreut, zwei Wirbel gebrochen und er war dabei, sich in Becken und Hüfte auszubreiten." Wie schon in ihrem ersten Buch über die Bewältigung ihrer Krebserkrankung („Hoping for more"/„Auf mehr hoffen") erzählt sie hier ihre dramatische Geschichte vom plötzlichen Herausgerissenwerden aus der Fülle des Lebens, von Todesangst und Todesnähe, aber auch von unerwarteten Schritten der Heilung und Genesung, dem Zurücktasten ins Leben, dem neuen Blick auf das Leben und die Erfahrungen von Gnade, Liebe und Hoffnung. Dabei ist sie immer tiefer in die spirituelle Bewältigung dieses schweren Erkranktseins hineingereift.

Zunächst deutete sie ihr Schicksal auf der klassischen Linie der christlichen Grundbotschaft, die von der Erlösung des Leides und des Todes in der Auferstehung kündet. Doch als sich bei ihr über die Jahre immer wieder Tief- und Höhepunkte abwechselten, Krankheit und Heilung auf und ab gingen, begann sie zu zweifeln an der allzu einlinigen Geschichte „vom Kreuz zur Auferstehung". Nach und nach begann sie, über ihren wahrhaften Zustand zu reflektieren, der von einem andauernden Leben mit einer unheilbaren Krankheit geprägt ist. In dem Buch „Glimpsing Resurrection" schreibt sie, dass ihr die Krankheit eine Welt des Schmerzes geöffnet hat, die nur schwer gesehen und gehört werden kann, wenn alles nur durch die „Brille" der christlichen Botschaft von der großen Wiederherstellung von Gerechtigkeit gesehen würde. Sie sah es fortan als ihre Aufgabe an, das Leiden und das Negative des Lebens nicht einfach zu überspringen und vorschnell in den Horizont der Erlösung einzuzeichnen, sondern ihm Raum zu gewähren und das Leben und Leiden zunächst auch als das anzunehmen und zu bewältigen, was es ist: ein Leben im Leiden. Statt allzu leicht und schnell von Heilung und Rettung zu sprechen, gelte es, auch in der christlichen Gemeinschaft ein größeres Bewusstsein für das Leiden zu schaffen und herauszufinden, was es heißt, die Lasten derer mitzutragen, die leiden, betont Thompson. Ihre Berufung sah sie fortan darin, die Erfahrungen eines Traumas, das mit dem Wegbrechen von Halt und ordnenden Kategorien und dem Verlust von Verstehen und Sinn einhergeht, mit den Möglichkeiten des Glaubens an Gott und der Rückgewinnung eines tieferen Vertrauens und einer größeren Hoffnung zu verbinden. Sie schreibt: „Die Hoffnung ist, dass wir lernen können, inmitten der Beschädigung zu leben und ein Gleichgewicht zu finden zwischen dem Schmerz über das Chaos, in das uns eine ernste Krankheit hineinführt, und dem Erkennen dessen, was an Leben noch möglich ist. Ich behaupte, dass das Verstehen des Traumas der Beschädigung, die der Krebs den Betroffenen bringt, dabei helfen kann, den Schmerz auszubalancieren mit einer Vision darüber, wie es weitergehen könnte – auch inmitten der anhaltenden Beschädigung."

Im Kern geht es Thompson um die Gewinnung echter Hoffnung – auch und gerade für die Situationen, in denen nicht einfach alles wieder gut ist, sondern Verletzung, Beschädigung, Verwundung eine dauerhafte Realität sind. Unter Bezugnahme auf den Apostel Paulus versucht sie, das Ungelöste anzunehmen und diese Zeit des „Noch-nicht-Auferstandenseins" als „Zeit der Hoffnung auf die kommende Heilung" zu verstehen – eine Hoffnung, die entsteht aus der Fähigkeit, den Schmerz auszudrücken und gleichzeitig zu hoffen auf „das Mehr" von Gottes Zukunft. Das ist keine „billige Hoffnung", die gewissermaßen auf einer göttlich beglaubigten Zusage, dass schon alles wieder gut werden wird, beruht, sondern auf einer Art inneren Eingliederung in den Körper Christi, in die Geschichte des Lebens, Leidens, Sterbens und Verwandeltwerdens, in die man als Christ – mit Christus – hineingenommen ist, auch schon in der Zeit des „Noch-nicht-Auferstandenseins". Es geht Thompson um eine tragfähige Hoffnung, die auch der Situation des Betroffenseins von einer schweren Krankheit standhält; um eine „Hoffnung inmitten von Leiden und Tod"; um eine „Hoffnung, die beides umarmt: Gefahr und Vertrauen"; um eine „Hoffnung, die sich weigert, das Trauma zu verleugnen, das durch Leiden und Tod entsteht, und sich gleichzeitig weigert, die Hoffnung auf die Bedingungen der ‚Noch-nicht-Auferstehungs'-Zeit zu begrenzen". Es geht ihr darum, die Realität dieses Lebens mit seinem unauflösbaren Leiden nicht schwärmerisch zu übersteigen, sondern die Situation eines Lebens im Angesicht von Leid und Sterben auszuhalten und den Schmerz darüber auszudrücken. Sie betont, dass die christliche Hoffnung auf die Zeit zwischen Tod und Auferstehung zielt – also „eine Art Karsamstag (ist) für diejenigen, die auf das Kommen des Herrn warten". Das bedeutet: Inmitten des Traurig- und Bedrängtseins eröffnet sich gewissermaßen in der geistlichen Vereinigung mit dem gestorbenen und auferstandenen Christus, von der Paulus in seinen Briefen zeugt, ein erweiterter Horizont, der auch über das Leiden und das irdische Ende hinausreicht und vor Augen hält, „dass dieses Leben mit all seiner Traurigkeit, Gebrochenheit, Freude und Schönheit nicht alles ist". Thompson versucht, die Hoffnung auf die jenseitige Auferstehungswirklichkeit als ein geistliches Ankern in der größeren Welt Gottes zu kultivieren – ohne dabei die Grenzen des Vorstell- und Sagbaren zu verletzen und ohne den Schmerz und die Trauer über abgebrochenes und beschädigtes Leben im Hier und Jetzt wegzuwischen. In der Umarmung der endzeitlichen Hoffnung auf Auferstehung und Gemeinschaft mit dem Auferstandenen ist es auch hier und jetzt, auch inmitten der Beschädigungen und Traumata möglich, Erfahrungen der Auferstehung zu machen und „flüchtige Blicke" auf die ansonsten unverfügbare und unzugängliche Auferstehungswirklichkeit zu erhaschen.

Ihre christliche Hoffnung drückt Deanna A. Thompson mit diesen Worten aus: „Uns ist versprochen, dass die Liebe, die uns an Gott und den Nächsten bindet, eine Liebe ist, die bestehen bleibt, auch im Angesicht des Todes. (…) Auch wenn die Vorstellung unserer versprochenen Auferstehung keine Auflösung unserer widersprüchlichen Situation bietet, hilft uns doch die Vorstellung des versprochenen ewigen Lebens mit anderen und mit Christus, die Kräfte des Traumas, des Leidens, der Beeinträchtigung und des Todes neu zu strukturieren. Dieses Bild der Hoffnung hilft uns sich vorzustellen, dass das Begrabenwerden wegen einer Krankheit nicht das Ende der Geschichte unserer verkörperten Leben ist. Unsere Lebensgeschichten, die beherrscht sind vom Verlust der

Gesundheit, sind eingefasst in eine größere Geschichte der Hoffnung, in ein ‚Mehr' von Leben – sowohl in dieser Welt als auch in der jenseitigen. Die Trompeten, die die Prozession der erkrankten Körper grüßt, wenn sie sich aus den Gräbern herausbewegen und in die Stadt zurückkehren (vgl. 1. Thessalonicher 5,13–18, Anm. d. Verf.) bezeichnet die Möglichkeit der Wiederentdeckung eines Rhythmus' in unseren Körpern. Sogar in unseren noch-gebrochenen Körpern können wir auf dem von Christus gebahnten Weg schreiten, der uns zu sich winkt, damit wir wieder leben."

\*\*\*

**Deanna Thompson, erinnern Sie sich noch daran, wann und wie „Gott" zu einer Sie überzeugenden Wahrheit in Ihrem Leben wurde?**

**Deanna A. Thompson:** Seit meiner Kindheit bin ich gewissermaßen „eingetaucht" gewesen in kirchliches Leben: Mein Großvater, mein Vater und zwei meiner Onkel waren Pfarrer. Ich erlebte Gottes Gegenwart durch das kirchliche Leben, aber auch durch das Leben zu Hause, in unseren vielen Familienzusammenkünften, und in unseren Urlauben in den Rocky Mountains im Westen der Vereinigten Staaten. Auch die Musik war und ist für mich ein intensiver Weg, um Gottes Anwesenheit in meinem Leben und in der Welt zu erfahren.

**Können Sie sagen, was es für Sie bedeutet, an „Gott" zu glauben?**

**DAT:** Als Lutheranerin ist für mich Luthers Verständnis sehr wertvoll, das „Glaube" versteht als ein Vertrauen darauf, dass Gottes Versprechen wahr sind und dass uns nichts trennen kann von der Liebe Gottes, die in Jesus Christus ist. Ich vertraue darauf, dass das Universum nicht einfach ein zufälliges Zusammenkommen von Teilchen ist, sondern dass es eine Kraft gibt, die in, mit und unter unseren Leben wirkt. Ich vertraue darauf, dass es Liebe ist, die uns im Mutterleib geformt hat, und dass es Liebe ist, die uns durchträgt, sogar über die Macht des Todes hinaus.

**Als eine Frau, die selbst von einer Krebserkrankung betroffen ist, haben Sie einige Bücher geschrieben über die Fragen von Krankheit, Leiden und die Traumatisierung durch Krebs. Wie hat Ihre ernste Erkrankung Ihren Glauben und Ihr Denken über Gott beeinflusst? Sind auch Zweifel aufgekommen? Gab es eine Verwandlung Ihrer Religiosität?**

**DAT:** Die besten theologischen Gedanken haben immer Raum geschaffen für Zweifel als Teil des Glaubens. Der Glaube droht im Leiden zu scheitern, wenn sein Verständnis auf Sicherheit und Nicht-Zweifeln beruht. In der ersten Zeit nach meiner Krebsdiagnose habe ich Gottes Abwesenheit weit öfter verspürt als seine Anwesenheit. Doch als ich immer tiefer in die Psalmen, in das Buch Hiob und in die Kreuzigungsberichte eintauchte, wurde mir bewusst, wie stark in der Bibel Erfahrungen von Gottes Abwesenheit bezeugt sind (Psalm 88 gipfelt in den Worten „Finsternis ist mein einziger Begleiter") und wie Christen darüber nicht annähernd genug sprechen. Ich begegne häufig anderen Menschen, die mit einer ernsten Krankheit oder einer anderen Schrecklichkeit leben und sich von Gott verlassen fühlen und sich sicher sind, dass das Problem auf ihrer Seite liegt, dass sie nicht genug Glauben haben. Aber wie wir in der Geschichte von Hiob und sogar in Jesu Verzweiflungsschrei am Kreuz sehen, haben selbst die gläubigsten Menschen sich von Gott verlassen gefühlt. Die meisten Klagepsalmen enden zwar mit einer wie auch immer gearteten Lösung, dass Gott unsere Schreie erhört oder Gott heilt, aber dieser Psalm 88 endet in Finsternis und der Vermutung, dass unsere Traurigkeit und unser Trauma nicht erlöst werden. Das ist nun ein zentraler Grundsatz meines Glaubens, den ich sehnlichst mit anderen teilen möchte.

**Können Sie das ein wenig ausführen: In welcher Weise sind Trauma und Gott in Ihren Augen verbunden? Wie passen für Sie die Erfahrung von Gottverlassenheit und der Glaube an Gott zusammen? Wie „handelt" Gott in diesen Situationen, in denen man verwundet, beschädigt und deformiert wird?**

**DAT:** Ich teile Shelly Rambos Definition von Trauma als ein „Leiden, das bleibt". In meiner Arbeit über Trauma und Krankheit und auf der Suche nach Räumen in den biblischen Texten für diejenigen von uns, die von Traumata getroffen wurden, habe ich festgestellt, dass die Christen oft angezogen sind von Erzählungen, die auf eine Erlösung hinauslaufen. Das kommt sicherlich auch daher, dass der Sinn der christlichen Botschaft auf Erlösung zielt. Man hat diese Sichtweise: Sicherlich sind die Dinge schlimm gelaufen – es gab die Kreuzigung, die traumatisierend und grausam ist –, aber die Geschichte endet nicht dort, sondern läuft auf die Erlösung zu. Es hat sich mir in meiner Forschung über Trauma und dessen Thematisierung in den biblischen Erzählungen immer deutlicher gezeigt, dass das christliche Verständnis des Glaubens gegenwärtig eher geprägt ist von einem „Noch-nicht-Auferstandensein" als von „Auferstehung", eher von „Unerlöstsein" als von „Erlösung". Ein anschauliches Beispiel dafür ist, dass die „Emmauserzählung" des Neuen Testaments in den Gottesdienstordnungen als „Ostertext" behandelt wird, obwohl diese Geschichte, die von der unerkannten Begegnung des auferstandenen Jesus mit zweien seiner Jünger handelt, genauso gut als „Karfreitagstext" gelesen werden könnte, wie der Theologe Jason Micheli bemerkt hat. Die um ihren gekreuzigten Herrn trauernden Jünger auf ihrem Weg von Jerusalem in ihre alte Heimat Emmaus bemerken nicht, dass es der auferstandene Christus ist, der ihnen unterwegs begegnet und mit ihnen läuft – bis er das Brot mit ihnen bricht. Und in dem Augenblick, als sie ihn erkennen, verschwindet er. Sie hatten einen flüchtigen Blick auf die Auferstehung, aber das Trauma, die Unschlüssigkeit blieben, obwohl sie Zeichen der Hoffnung inmitten der Wirrnis ihres gegenwärtigen Lebens erfahren haben. Das zeigt, dass die „Vom-Kreuz-zur-Auferstehung"-Erzählung viel aussagt über das Trauma und die Erfahrungen von Gottes Abwesenheit und über flüchtige Blicke auf Gnade und Hoffnung inmitten der Verwundungen und Wirrnisse unserer unerlösten Leben.

**Was bedeuten „Erlösung" oder „Heilung" für Sie? Wie können wir als verwundete und verwundbare Wesen in einer guten Weise existieren?**

**DAT:** Als eine, die mit unheilbarem Krebs lebt, hat sich mein Interesse immer mehr dahin entwickelt, über die Wege und Möglichkeiten zu reden, wie wir inmitten des chronisch unheilen Zustands unseres Lebens Augenblicke der Gnade, des Hereinbrechens von Gottes liebender und heilender Fürsorge erfahren können. Es ist wichtig anzuerkennen, dass viele Menschen in dem chronischen Zustand leben, in dem eine Heilung nicht mehr möglich ist. Ich habe einen Kommentar zu dem biblischen Buch „Deuteronomium", dem 5. Buch Mose, geschrieben und darin die Deutung Franz Kafkas über das Ende des „Deuteronomiums" gewürdigt, die er in einem Tagebucheintrag vom Oktober 1921 festgehalten hat:

„Die Witterung für Kanaan hat Moses sein Leben lang; dass er das Land erst vor seinem Tode sehen wollte, ist unglaubwürdig. Diese letzte Aussicht kann nur den Sinn haben, darzustellen, ein wie unvollkommener Augenblick das menschliche Leben ist

… Nicht weil sein Leben zu kurz war, kommt Moses nicht nach Kanaan, sondern weil es ein menschliches Leben war." Es gibt eine schöne und herzbrechende Unvollständigkeit jedes irdischen Lebens und das Versprechen Gottes ist, dass das Leben in einer wie auch immer gearteten Form nach dem Tod weitergeht.

**Können Sie dazu noch etwas Näheres sagen? Was bedeutet die Auferstehung von den Toten für Sie und was ist Ihre Hoffnung über den Tod hinaus?**

**DAT:** Martin Luther hat einmal gesagt, dass wir über das Leben nach dem Tod weniger wissen als ein ungeborenes Baby über dieses Leben hier weiß. Mit Luther bin ich der Ansicht, dass wir über das, was jenseits des Grabes liegt, nichts zu wissen beanspruchen können. Für diesen Bereich gilt das Vertrauen in das Versprechen Gottes, dass es dort eine wie auch immer geartete Form einer Existenz jenseits der Gräber gibt, wo es kein Sterben und keine Tränen mehr gibt, sondern nur Licht, nur Liebe.

**Viele heutige Menschen haben Schwierigkeiten mit der Vorstellung von Gott. Und dennoch gibt es auch eine verbreitete Suche nach Sinn und Halt. Wie könnten säkulare Menschen wieder eine Verbindung zur religiösen Dimension finden? Wie könnte der „Sprung" aus der Angst in das Vertrauen, der für Kierkegaard der Glaube ist, gelingen?**

**DAT:** Ich denke, dass die Erkenntnis, dass Zweifeln, tiefes Fragen nach Gott, Wut über die Ungerechtigkeiten dieses Lebens, Protest gegen so viele traumatisierende Erfahrungen viel mehr zu einem Leben mit dem Glauben als zu einem Leben ohne Glauben gehören, eine Botschaft sein könnte, die die Christen der Welt mitzuteilen haben. Die Arbeit mit jungen Menschen in den vergangenen zweieinhalb Jahrzehnten hat mir gezeigt, dass einer der

Hauptgründe für die Abwendung von der organisierten Religion mit der Überzeugung zu tun hat, dass sie nicht die ganze Breite menschlicher Erfahrung zulässt und dass es für das Religiössein erforderlich ist, in eine vorgefertigte Form hineinzupassen. Aber ich habe festgestellt, dass die Auseinandersetzung mit Psalm 22 und Psalm 88 viele anzieht, die sich der Religion entfremdet fühlen. Sie sehnen sich nach einem spirituellen Anker, der in allem hält, was das Leben ihnen entgegenwirft.

**Wir leben in schwierigen Zeiten, in denen viele Bedrohungen herrschen. Was könnte der Beitrag religiöser Menschen für die Welt in diesen Tagen sein?**

**DAT:** Zwei Dinge: Zuerst die öffentliche Ausübung der Klage. Angesichts von Millionen Covid-Toten weltweit und täglich zunehmender ökologischer Krisen brauchen wir mehr Möglichkeiten, Ungerechtigkeit, Trauer und Trauma zu beklagen. Diese öffentliche Praktizierung der Klage kann reinigend wirken und neuen Raum eröffnen, um Auswege zu finden. Das Zweite ist, dass die besten religiösen Traditionen alle das Konsumdenken herausfordern, das heute unsere Welt so beherrscht und den Sinn und Zweck des Lebens in der Anhäufung materieller Güter sieht. Die religiösen Einsichten in das, was am wichtigsten und sinnvollsten im Leben ist – für Christen ist das eine Art von selbstaufopfernder Liebe –, sind Botschaften einer Gegenkultur, die heute gebraucht werden.

**Was gibt Ihnen Hoffnung?**

**DAT:** Es gibt heute so vieles, das unser Gefühl der Hoffnung bedroht. Tatsächlich betonen heute sogar eine Reihe von Theologen die Hoffnungslosigkeit, weil sie befürchten, dass die Hoffnung zu einer falschen Haltung führe, die notwendige Veränderungen verhindert. Eine kritische Botschaft der Bibel besteht aber darin, dass Gott ein „Mehr" verspricht als das, was zunächst sichtbar ist – und er verspricht das nicht nur den Menschen, sondern der ganzen Schöpfung. Und Hoffnung entsteht für mich, wenn ich miterlebe, wie etwas von diesem „Mehr" hineinbricht in unsere individuellen und gemeinschaftlichen Leben.

*Aus dem Englischen von Stefan Seidel*

## „Gott handelt nicht unabhängig von uns"
*Gespräch mit Elsa Tamez*

Die in Mexiko geborene und in Costa Rica lehrende Theologin Elsa Tamez hat mich buchstäblich überrascht. Ginge es nach dem üblichen Ablauf eines Theologiestudiums an deutschen Hochschulen, blieben die Bücher von ihr und anderer sogenannter Befreiungstheologen „außen vor". Es markiert tatsächlich einen blinden Fleck hiesiger akademischer Theologie, dass sie nicht ernsthaft zur Kenntnis nimmt, wie Gott in anderen Kontexten der Welt gedacht wird und welche Konsequenzen daraus gezogen werden. Doch es gibt einige wenige „Schlupflöcher", durch die hindurch die enorme Horizonterweiterung, die mit der Lektüre der Bücher von Befreiungstheologen einhergeht, wahrgenommen werden kann. Ein solches „Schlupfloch" war für mich ein freiwillig zu belegendes und studientechnisch nicht „abrechenbares" Seminar bei Prof. Ulrich Duchrow in Heidelberg über unterschiedliche Verständnisse der Gnade Gottes. Es stellte sich heraus: Während hierzulande diese Gnade Gottes meist bezogen auf das Leben des einzelnen Gläubigen verstanden wird – als eine Art innerliche Heilsökonomie –, fordern die befreiungstheologisch orientierten Denkerinnen und Denker aus Lateinamerika, Afrika oder Asien Gnade *für alle* – insbesondere für die, die ihrer am dringendsten bedürfen, für die Ausgegrenzten, Ausgebeuteten, Ausgeschlossenen. Gnade könne nur aus dem Blickwinkel des gemeinsamen Menschseins betrachtet werden. Ihnen ging es nicht um die Rettung eines Einzelnen, sondern um die Verwirklichung von Gnade für alle „Gnadenbedürftigen". Jedenfalls lasen wir in diesem Seminar auch Elsa Tamez' Buch „Gegen die Verurteilung zum Tod. Paulus oder die Rechtfertigung durch den Glauben aus der Perspektive der Unterdrückten und Ausgeschlossenen". Das war ein wirklicher Ausbruch aus der oft zu einem abgeschotteten Denken im Elfenbeinturm gewordenen hiesigen akademischen Theologie. Plötzlich geschah eine Art Verschmelzung der Zeitebenen: Das, was die ersten Christen als oft arme und an den Rand gedrängte Menschen erfuhren und durch den neuen Glauben und die Gemeinschaft untereinander bewältigten, erleben heutzutage viele Christen in Lateinamerika und anderen arm gemachten Gegenden der Welt. Plötzlich zog eine neue Dringlichkeit in das Reden von Gott und das Verständnis der biblischen Texte ein. Die oft sehr intellektuellen Überlegungen über Gott und die Welt, die hierzulande von Theologinnen und Theologen angestellt werden und mitunter einen schwindelerregenden Abstraktionsgrad erreichen, bekamen eine Art „Körper", eine Art „leibliche Dimension", eine elementare Erdung, eine „Inkarnation" in die Welt – es wurde klar: Es geht auch um das Leben im Hier und Jetzt, um soziale Realitäten, um Teilhabe, Anerkennung, Würde, Gewährleistung von Nahrung, Schutz und Bildung. Wenn all dies prekär und nicht gegeben ist, sondern erkämpft werden muss, lesen sich die Bibeltexte von Gott als Streiter für Gerechtigkeit und Anwalt der Schwachen, als Befreier der Unterdrückten und Ausgeschlossenen ganz anders; weniger symbolisch und metaphorisch als vielmehr real und mit einem drängenden Zug zur Veränderung leidvoller Realitäten. In Elsa Tamez' Buch las ich Sätze, die mir nicht nur die Bibel in einem neuen Licht erscheinen ließen, sondern generell die Rede und das Verständnis des Göttlichen. Glaube versteht sie als Lebensbejahung und Wiedergewinnung der

Gottebenbildlichkeit, was seinen Ausdruck in gegenseitiger Solidarität findet, die wiederum der Solidarität Gottes mit den Ausgeschlossenen entspringt. Tamez folgert aus dem biblischen Zeugnis die Forderung, dass niemand zurückgelassen werden dürfe und den ausgrenzenden Prozessen der kapitalistischen Wirtschaft widerstanden werden müsse. Da ereigne sich Gott – in der Wahrung und Wiederherstellung der Würde eines jeden Menschen, allen voran der Schwachen und Ausgeschlossenen, in der „Geschwisterlichkeit aller mit allen". Tamez macht das große „Ja" Gottes zu den Menschen stark. Dieses „Ja" ist der unverlierbare, rettende Hintergrund der Welt, die größere Liebe, die in Christus erschienen ist und schon alles verändernd durchwirkt. In alten Worten gesprochen: die Rettung, die Erlösung, die Befreiung, die darauf zielen, dass „die Kinder Gottes" diese Erlösung leben, teilen, sichtbar machen. Das beinhaltet dann eben auch ein „Nein" zu allem, was Menschen ausschließt, unterdrückt, ausbeutet, entmenschlicht, unter die Räder kommen lässt. Konkret: ein Aktivwerden gegen die „strukturelle Sünde" eines „ausgrenzenden Wirtschafts- und Finanzsystems, das viele zum Tode verurteilt", wie es Elsa Tamez ausdrückt – zum Beispiel indem man sich gegen die Vorherrschaft der Marktgesetze, gegen die Privatisierung daseinsnotwendiger Versorgungseinrichtungen und gegen Sozialabbau einsetzt. Die Abwesenheit von Gerechtigkeit sei die Abwesenheit Gottes und die Solidarität Gottes zeige sich in der Solidarität der Menschen, so Tamez. Das herrschende Wirtschaftssystem sei das Gegenteil dessen, was als Logik und Wille Gottes in der Rechtfertigungslehre der Bibel beschrieben werde: „Dieses auf den Kriterien von Leistung und Bevorzugung basierende System predigt Erlösung mittels des Gesetzes der Gewinnmaximierung (im Augenblick: durch Privatisierung). Es ist das Gesetz des Verdienstes. Alle, die vor der Welt als ehrenwerte Leute dastehen und heil davonkommen wollen, müssen sich im Rahmen ihrer Möglichkeiten diesem Gesetz unterwerfen. Da das Heil aber nur durch (gesellschaftliche, wirtschaftliche und kulturelle) Verdienste zu haben ist, fallen viele heraus und gehen zugrunde. Dies sind die ‚Verdammten der Erde'. Für sie gibt es keine Vergebung; denn das System kennt nicht die Dimension von Gnade und Glauben. Und auch der einzige Ausweg, den es zu bieten hat: die Kreditaufnahme, führt gleichfalls in den Tod, weil sich der Kreditnehmer mit den Zinsen zu Tode zahlt", schreibt Elsa Tamez. Dem gegenüber stellt sie das Sich-Festmachen in Gott: „Trotzdem und trotz aller Macht, die dieses Reich auch darstellen mag, stehen jene, die wie Paulus glauben, dass die Gnade Gottes überströmt, wo die Sünde strömt (vgl. Römer 5,25), für eine alternative, vom Gott des Lebens getriebene Logik. Gottes Logik lässt sich auf die Formel bringen: Leben für alle."

Und so kann Elsa Tamez in der Auslegung der Botschaft des Apostels Paulus zu einer Beschreibung dessen gelangen, wie Göttliches und Menschliches miteinander verflochten sind, wie eine heutige Mystik aussehen könnte: „Der Apostel appelliert an die Kraft des Göttlichen in den Menschen; denn da sie im Glauben das Geschenk der Gerechtigkeit angenommen haben, gehört die Gottheit zu ihnen; immerhin sind oder leben sie ja in Christus, und ihr Denken, Auftreten und Tun orientiert sich an Gottes Logik. Auf der Schiene dieser Theologie gelangt Paulus zu der Feststellung, sie seien Kinder und Erben Gottes und Miterben Christi … Dank Jesus Christus wird der Mensch mit hineingenommen in die göttliche Verwandtschaftslinie."

So könnte man eine heutige lebendige (christliche) Religiosität in dem Versuch entdecken, die Gottebenbildlichkeit des Menschen zurückzugewinnen und die große Bejahung des Gottes, der Leben für alle will, in einen Prozess der Solidarität und Verlebendigung zu übersetzen. Indem sich die Ausgeschlossenen als „Bilder Gottes" erkennen, erwachse in ihnen auch der Glaube an die Gestaltbarkeit des Lebens, so Tamez. Der Mensch heute habe den Auftrag, „seine Berufung zum Leben wiederzufinden, und zwar auch in einer Gesellschaft, die ihm dies rundweg verwehrt, insofern sie nicht mit dem Zement des Gottes des Lebens gebaut ist, sondern auf dem Fundament eines geschaffenen Götzen, der Menschenopfer fordert". Und Tamez schreibt programmatisch: „Nur die Menschlichkeit Gottes kann uns weiterbringen." In dieser Verflechtung von Göttlichem und Menschlichem ereignet sich dann auch eine Verflechtung von Zeit und Ewigkeit: „Geschwisterlichkeit ist ein Projekt für das ganze Leben, ja für die Ewigkeit, das gleichwohl hier und heute zu beginnen hat."

Gott zu lieben geht demnach nur über den Weg des Liebens des Nächsten. Diese Mystik nimmt den Weg zu Gott über die Menschen, über die Kreatur, über den Prozess des Mitleidens und der Solidarität und zeigt, wie bahnbrechend das Sich-Festmachen im Auferstehungshorizont Gottes ist. Plötzlich tun sich zahlreiche Spuren Gottes auf, in die einzutreten wäre in tätiger Liebe; sie erweisen sich plötzlich als tragend, gerade auch in der Überschreitung von Leid- und Todesrealitäten. Mystik ist eine Bewegung, die einen zutiefst ins Leben verwickelt und mit allem und allen verbindet.

\*\*\*

**Elsa Tamez, erinnern Sie sich noch, wie „Gott" zu einer überzeugenden Wahrheit in Ihrem Leben geworden ist?**

**Elsa Tamez:** Schon immer, seit ich ein Kind war, habe ich Gott erfahren. Ich bin in Mexiko geboren, in ein christliches Elternhaus hinein. Meine Eltern und Großeltern waren evangelisch-reformierte Presbyterianer, was sehr ungewöhnlich war in Mexiko zu dieser Zeit. Für eine lange Zeit war ich das einzige evangelische

Mädchen, alle meine Kameradinnen und Kameraden waren Katholiken. Zu dieser Zeit war es geradezu verpönt, evangelisch zu sein. Aber die Kirche, zu der ich gehörte, war sehr lebendig. So fühlte ich von einem sehr jungen Alter an Gott nahe bei mir. Wir waren sehr arm, aber gerade deswegen war die Kirche ein hervorragender Ort für mich und meine Familie. Sie war ein Ort, der uns das Gefühl vermittelte, Menschen mit einer großen Würde zu sein. Das hat sehr dabei geholfen, meinen Glauben zu stärken. Die Kirche war zwar ziemlich konservativ und traditionell, aber das wusste ich nicht, bis ich an das Lateinamerikanische Bibelseminar in Costa Rica ging, um Theologie zu studieren.

**Was bedeutet für Sie, an Gott zu glauben?**

**ET:** Für mich ist der Glaube an Gott keine intellektuelle oder emotionale Bejahung, es ist eine Erfahrung des Fühlens von etwas, das mich übersteigt. Es ist wie ein Spiegel, in dem du dich gleichzeitig siehst in deiner Zerbrechlichkeit und Stärke. Etwas, das dich einlädt, einfach Mensch zu sein. Das bringt dich dahin, eine Person zu sein, die unterstützend und mitfühlend ist mit dem Leiden anderer und ihrer Bedürfnisse. Es bringt dich auch dazu, beständig selbstkritisch zu sein.

**In Ihren Büchern behandeln Sie oft die Situation der Armen, Ausgegrenzten und Unterdrückten und zeigen ihre Not und ihr Leiden. Waren diese Erfahrungen großer Ungerechtigkeit und großen Leidens manchmal ein Grund für Sie, an Gott zu zweifeln?**

**ET:** Nein, nie. Vielmehr sehe ich das menschliche Gesicht Gottes im gekreuzigten Jesus Christus als seine große Solidarität mit den Menschen, die Verfolgung und Unterdrückung erleiden. Ich glaube, dass die theologische Kategorie der Inkarnation auf großartige Weise dabei hilft, den „Immanuel", den „Gott-mit-uns" zu erkennen, der uns den zu gehenden Weg aufzeigt – Gott lacht und weint mit uns, und stärkt unsere Hoffnung, dass Gottes Gnade die tödliche strukturelle Sünde überwinden wird. Glaube an die Auferstehung bedeutet, dass Menschen sich nicht zerschlagen lassen und das alltägliche Leben leben können, mit all dem Guten und all dem Bösen.

**Wie stellen Sie sich das Wirken Gottes in dieser Welt vor? Wie ist Gott präsent in der Welt?**

**ET:** Gott handelt nicht unabhängig von uns. Oftmals begreifen wir nicht, was vor sich geht, weil wir eine zweigeteilte Vorstellung vom Leben haben: Wir sehen den leuchtenden Gott getrennt vom Bösen, aber es ist, wie die Theologin Ivone Gebara sagt: Das Böse ist vermischt mit dem Guten. Manchmal erkennen wir Gottes Gegenwart durch etwas Unerwartetes und Gutes, aber manchmal ist Gottes Präsenz eine Abwesenheit von etwas oder jemandem. Dann nehmen wir Gottes Anwesenheit als Abwesenheit wahr. Und das ist sehr gut, weil die Abwesenheit Gottes uns in aller Schärfe erkennen lässt, was die Grundbedingung des Menschseins ausmacht: die Zerbrechlichkeit und Verwundbarkeit. Ich glaube auch, dass Gottes Anwesenheit in den alltäglichen Dingen erscheint, in den kleinen Dingen, den guten wie den schlechten, die uns geschehen im Haus, im Stadtteil, im Volk. Wenn hier in Kolumbien Massaker geschehen, sehe ich Gott in den Opfern, ich sehe Gottes Tränen, sein Bewegtsein, wie es bei Jesus war, als er zu seinem gerade verstorbenen Freund Lazarus kam. Und wie dessen Schwester Martha rufen wir aus: „Wenn du hier gewesen wärest, hätte es keine Massaker gegeben!" Dann lässt uns Gottes Abwesenheit schreiend Gerechtigkeit fordern. Gottes Abwesenheit mobilisiert die Menschen.

**Was gibt Ihnen Hoffnung, was nährt Ihren Glauben und was stärkt Ihre Liebe?**

**ET:** Diese Frage erfordert verschiedene Antworten – entsprechend der verschiedenen Situationen. Was meinen Glauben und meine Hoffnung während dieser Covid-19-Pandemie gestärkt hat, war die Solidarität der Menschen mit denen, die unter dieser Pandemie leiden – entweder aus wirtschaftlichen Gründen, zum Beispiel bei Arbeitsplatzverlust, oder aus emotionalen Gründen, zum Beispiel wenn Familienangehörige oder Freunde verloren wurden.

Auch die Demonstrationen junger Menschen gegen die Ungerechtigkeit der Regierungen, gegen Korruption, gegen die Ermordung von Anführern sozialer Organisationen, gegen den Mangel an Unterstützung für Bildung, Gesundheit und Wohnungsbeschaffung stärken meinen Glauben, meine Hoffnung und meine Liebe. Es erfüllt mich mit Liebe und Zärtlichkeit, zu sehen, dass die Jugend einen neuen Weg sucht, miteinander eine Gesellschaft zu sein, eine gerechtere und mitfühlendere Gesellschaft.

**Religiös zu sein und an Gott zu glauben, bedeutet, bezogen zu sein auf eine tiefere und größere Wirklichkeit des Heiligen. Was ist Ihre Vorstellung von dieser „Sphäre Gottes", dieser „heiligen Welt"? Und wie sind die irdische und die göttliche Dimension aufeinander bezogen?**

**ET:** Ich möchte auf diese Frage nicht antworten aus dem Blickwinkel der klassischen, systematischen Theologie, weil das nur rationale Diskurse sind. Ich muss von Erfahrungen reden, weil diese Frage auf die Spiritualität anspielt.

Zunächst einmal trenne ich nicht zwischen heiligen und materiellen Welten. Erfahrungen des Heiligen sind im Körper lebendig, materiell. Das Gefühl des Genusses eines köstlichen Desserts zum

Beispiel, kann eine heilige Erfahrung sein genauso wie die zärtliche Szene eines Mädchens, das ein anderes weinendes Mädchen tröstet – das lässt mich Gott fühlen. Auf der anderen Seite lässt mich eine grausame Szene, etwa wie jemand einen anderen schlägt, aufschreien und nach Gott rufen, als flehe man um Schutz. Aber in meiner Vorstellung habe ich nicht das Bild von spezifisch heiligen Gesichtern, wohl aber von Kräften, Energien oder Transzendierungen – Vorstellungen von etwas, das mich übersteigt, weil ich verletzlich bin.

**Und wie verhalten sich die zeitlichen Ebenen zueinander, die irdische Zeit und die göttliche Ewigkeit? Erwarten wir eine künftige Erlösung oder ist Erlösung ein gegenwärtiger Prozess?**

**ET:** Die dogmatische Theologie hat darauf sehr gut durchdachte Antworten gegeben und manchmal finden wir solche Antworten auch in der Bibel, manchmal allerdings nicht sehr klar. Aber, um die Wahrheit zu sagen, ich weiß die Antwort nicht. Ich lebe und erfahre die Geschichte von Erlösung als eine Einheit, räumlich und zeitlich. Für mich ist es schwer zu glauben, dass am Ende der Zeit einige in den Himmel kommen und andere in die Hölle. Vielmehr erfahren wir *in diesem Leben* Leben und Tod, Immanenz und Transzendenz.

Ich lerne aus den Lehren und Handlungen Jesu, die in den Evangelien beschrieben sind, und versuche, ein guter Mensch zu sein, das Göttliche und die Gnade im alltäglichen Leben auszustrahlen. Gott in sich zu fühlen, ist, denke ich, was mich durchhalten lässt, wenn ich das große Wüten des Bösen auf dieser Welt sehe, die Ungerechtigkeiten, Massaker, Vergewaltigungen, Femizide, Gier.

**Was genau bedeutet Erlösung für Sie? Ist die Vorstellung einer Seele für Sie überzeugend, dass Mensch und Kreatur einen göttlichen Funken in sich tragen?**

**ET:** Erlösung bedeutet für mich Befreiung. Ich denke, die Göttlichkeit ist in uns. Manchmal strahlen Menschen diese Göttlichkeit aus. Aber nicht sehr oft. Sie ist versteckt. Das liegt an der Grundverfassung des Menschen, die zur Gier neigt. Gier führt zu Korruption, zu Mord, zur Empathielosigkeit angesichts des Leidens anderer Menschen. Ein Wirtschaftssystem wie das gegenwärtige, dessen Motor das Selbst-Interesse ist, führt leicht zu Entmenschlichungen, zu einem Mangel an Gnade, dazu, „ohne Seele" zu sein. Im Spanischen wird eine sehr grausame Person „Desalmado" genannt – ein Mensch, der keine Seele hat.

**Viele heutige Menschen haben Schwierigkeiten mit der Vorstellung von „Gott" und wissen nicht, wie sie sich auf eine transzendente Wirklichkeit jenseits der gängigen rationalen Perspektive beziehen können. Und doch wird vielfach gesucht nach Auswegen aus Ängsten und nach Sinn und Halt. Wie könnte eine Wiederverbindung mit der religiösen Dimension für säkulare Menschen möglich sein? Wie könnte der „Sprung" aus der Angst in ein größeres Vertrauen, von dem Sören Kierkegaard einmal schrieb, gelingen?**

**ET:** Ich glaube, dass eines der Probleme darin besteht, dass wir eine systematische Theologie hervorgebracht haben, die sehr rational ist und die erschaffen wurde aus Kategorien des griechischen Denkens, die die Welt zweiteilen und sehr patriarchal sind. Dieses Denken ist sehr dominant in den Kirchen. Ich glaube, wir würden dadurch glücklich, wenn wir einfach selbst versuchen, gute Menschen zu sein in der Welt, in der wir zu leben haben. Wenn wir dabei helfen, eine neue Art des Zusammenlebens zwischen uns und den anderen Menschen und zwischen uns und der Natur aufzubauen. Das erinnert mich an das biblische Gleichnis von dem Vater, der zwei Söhne zur Arbeit auf das Feld sandte, worauf der eine sagte „Ich gehe nicht", dann aber doch ging, und der andere sagte „Ich gehe", dann aber nicht ging. Was zählt, sind die Taten (Matthäus 21,28–32).

**Was bedeutet Ihnen persönlich die Auferstehung von den Toten? Was ist Ihre Hoffnung über den Tod hinaus?**
**ET:** Für mich ist die Auferstehung das Gericht Gottes über diejenigen, die Jesus getötet haben. Einen Unschuldigen zu ermorden, war der Vollzug der Gesetze des römischen Imperiums. Das römische Imperium ermordete Jesus wegen seiner Taten, und Gott erweckte ihn vom Tod als den Ersten von vielen Gekreuzigten. Nach meiner Erfahrung ist es möglich, die Auferstehung hier und heute zu leben. Doch es ist eine Herausforderung, als Auferstandene zu leben, als solche, die ins Leben zurückkommen, wie es im Römerbrief Kapitel 6 ausgedrückt wird. Es ist die Art der Erfahrung, die jemand macht, der dem Tod sehr nahe kommt: Er oder sie erlebt das Leben nach dieser Erfahrung in einer neuen, veränderten, intensiveren Weise. Lebten wir als Auferstandene, würden wir das Leben schöner finden, wir würden die Fähigkeit gewinnen, über die vielen kleinen Dinge, die um uns herum sind, zu staunen. Und der Schaden, den wir der Schöpfung zufügen, würde uns tief schmerzen und zugleich dazu bewegen, sie zu beschützen. Als eine Mexikanerin mag ich die Tradition meiner Vorfahren, die sagten, dass wir uns im Sterben in eine andere Dimension des Lebens hineinbewegen – und dass wir unsere Familie oder Freunde am 1. und 2. November treffen können, wenn im ganzen Land der Todestag feierlich begangen wird. Das ist ein großer Feiertag in Mexiko. Ich glaube allerdings, dass meine Eltern, die bereits verstorben sind,

*immer* um uns herum sind und ich sie zum Beispiel noch um Verzeihung bitten kann, wenn ich mich an etwas erinnere, mit dem ich sie verletzt habe, und dass ich sie um Rat fragen kann, wenn ich nicht mehr weiterweiß. Ich sehe sie nicht, aber ihre Gegenwart ist wie eine Sinnesempfindung. Natürlich ist das für eine rationale und sehr säkulare Person lächerlich. Aber ich mag es, in dieser Weise zu denken und zu fühlen.

**Wir leben in schwierigen, beinahe apokalyptischen Zeiten. Wie könnte der Beitrag religiöser Menschen für diese Welt in Not aussehen?**

**ET:** Ich glaube, dass ein erster Schritt für Menschen aller Religionen wäre, dauerhaft Selbstkritik zu üben und die Fähigkeit aufzubringen, einander zuzuhören über Religions- und Konfessionsgrenzen hinweg. Sie sollten damit aufhören, einander zu bekämpfen und zu glauben, man selbst habe die einzig wahre Religion. Dann sollten wir in einen Dialog eintreten, um herauszufinden, was gemeinsam getan werden kann, um die gegenwärtige Wirklichkeit einer ungerechten Welt zu verändern, in der Wenige den Wohlstand und die Macht horten. Es gilt, nach Wegen zu suchen, wie die Klimaerwärmung, die soziale Ungerechtigkeit und die Kriege beendet werden können. Und drittens sollten alle Religions- und Konfessionsgemeinschaften, alle Gemeinden, Gruppen, Orden und Kirchen Bildungsprojekte für ihre Mitglieder entwickeln, beginnend bei den Kindern. Dass Kirchen und religiöse Gruppen pädagogische Projekte auf den Weg bringen, in denen ein neuer Weg des Lebens, des Menschseins und der Fürsorge für unseren Lebensraum gelehrt und praktiziert wird – inmitten dieser patriarchalen, gewaltförmigen und ungleichen Welt.

*Aus dem Englischen von Stefan Seidel*

# Geborgen und frei
*Gespräch mit Pierre Stutz*

Der Schweizer Theologe und Autor Pierre Stutz, geboren 1953 in Neuchâtel, zählt zu den bekanntesten und meistgelesenen Mystikern der Gegenwart. Stark kirchlich geprägt, beginnt er 1978 ein Theologiestudium in Luzern, wird 1985 zum katholischen Priester geweiht und ist als Jugendseelsorger und Dozent tätig. Eine Lebenskrise führte ihn 1992 zurück nach Neuchâtel, in die Gemeinschaft Abbaye de Fontaine-André, mit der er 1994 ein offenes Kloster initiiert – eine Gemeinschaft von Frauen und Männern, zölibatär oder verheiratet, die miteinander leben und eine Spiritualität im Alltag suchen. 2002 erfolgt die große Lebenswende – Stutz legt sein Priesteramt nieder, geht 2003 eine Partnerschaft mit seinem Lebensgefährten ein, wird als freier Autor, Referent und spiritueller Begleiter tätig. Sein Buch „Geborgen und frei. Mystik als Lebensstil" (2008) erlebte viele Auflagen und eine große Verbreitung. Darin folgt er den Spuren zahlreicher Mystikerinnen und Mystiker sowie großen Kinofilmen, die ihn immer wieder auf das Wesentliche des Lebens aufmerksam machen. Darin schreibt er: „Ich bin mit der Theologin Dorothee Sölle sicher, dass wir alle Mystikerinnen und Mystiker sein können, wenn wir nicht ein Leben lang auf die großen Wunder warten, sondern zum Wunderbaren erwachen, das sich uns in der Schöpfung, im Selbstwerdungsweg und im fairen Gestalten von Beziehungen vielfältig zeigt. In Kampf und Kontemplation können wir jene befreiende Erleuchtung erkennen, die Menschen aufblühen lässt, weil sie erahnen, dass sie nie Einzelne, nie Einzelner sind, sondern immer Teile eines Ganzen, aufgehoben in einer größeren Wirklichkeit, die im Grunde immer schon da ist als Urgrund allen Lebens." Gott ist für ihn das große Geheimnis, das ihm im Geschenkcharakter des Lebens entgegenkommt und gegenüber dem er sich mystisch verhalten möchte: „immer mehr hineinwachsen können in dieses Urvertrauen, das mir zuspricht, sein zu dürfen vor aller Leistung, weil Gott in mir wesentlich wohnt und wirkt". Dabei wird ihm „die Kunst, die sich in Musik, Bild und Skulptur, in Lyrik, Roman, in Film und Theater ausdrückt" zum „Eingangstor zur Mystik". Dabei äußert sich sein Gottesverhältnis einerseits kosmisch-universell, als Auf- und Eingehen in die alles umfassende Gottheit, und andererseits durchaus personal, als Beziehung zu einem göttlichen „Du". So schreibt er: „Ich lebe aus dem Vertrauen, dass mein Dasein, mein Lachen und Weinen, meine Leichtigkeit und Schwere, in einem liebend-göttlichen DU gut aufgehoben ist. Ein DU, das in der Tiefe meiner Existenz atmet und mich verbindet mit allen Menschen, mit der Schöpfung, dem ganzen Kosmos."

\*\*\*

**Pierre Stutz, können Sie sich noch daran erinnern, wie und wann der Glaube an Gott für Sie persönlich zu einer überzeugenden, einleuchtenden Wahrheit geworden ist?**

**Pierre Stutz:** Entscheidend war eine überraschende Erfahrung mit 16 Jahren: Weil ich in der Schule, vor allem in der französischen Sprache ein fauler Hund war, haben mir meine Eltern, ohne mich zu fragen, ein Jahr katholisches Internat verordnet, 18 Stunden Französisch pro Woche. Umwerfend war für mich der

Moment, als in der ersten Religionsunterrichtsstunde 1968 ein Ordensmann uns sagte: „Wir werden im Religionsunterricht auch ins Kino gehen, um danach über aktuelle Filme diskutieren zu können und um eine Spur zum eigenen Leben und zum Mann aus Nazareth entdecken zu können." Meine ganze vorherige Erfahrung, in der Glaube oft mit „müssen" zu tun hatte, wurde durchgewirbelt ... Glaube wurde mir zur Lebenshilfe, in der ich nicht mehr alte Weisheiten ohne Kritik auswendig lernen muss, sondern in der ich mir aneignen kann, was mein Selbstwertgefühl, mein Vertrauen in das Gute im Menschen und mein Engagement für eine friedvollere Welt stärkt. Übrigens, seit dieser legendären Religionsunterrichtsstunde gehe ich 2 bis 3 Mal pro Monat ins Kino, weil ich leidenschaftlich gerne in aktuellen Kinofilmen eine göttliche Spur entdecke ... Gottes Geist weht, wo *sie* will!

**Können Sie kurz beschreiben, was „Glauben" für Sie ist?**
**PS:** Wie soeben erwähnt, hat Glaube für mich sehr viel mit Vertrauen und Gutheißen zu tun. Glauben heißt für mich, jeden Tag neu, aller grausamen Nachrichten zum Trotz, das Gute zu entdecken und es anderen weiterzuerzählen. Entscheidend ist dabei, dass eine unselige, dualistische Konkurrenz zwischen Selbstvertrauen, Vertrauen in die Mitmenschen und Gottvertrauen überwunden wird. Glauben ist kein Zustand, sondern ein Tätigkeitswort, wie ihn der evangelische Berner Dichterpfarrer Kurt Marti umschreibt.

**Welche Personen oder Einflüsse haben Ihren Glauben noch geprägt?**
**PS:** Sehr viele unscheinbare Menschen, die authentisch und mit innerer Freiheit Gott suchen und sich dann unerwartet von ihm/ihr finden lassen. Meine Oma, eine fleißige Bauersfrau, die

mitten in der Arbeit, beim „Brechen des Brotes" zum Himmel blickt und mir als kleinem Jungen dadurch zeigt, dass es wohl auf uns ankommt, jedoch nie alleine von uns abhängt. Seit meiner Jugendzeit gehe ich bis heute gerne in die Lebensschule Jesu, weil dieser gewaltfreie Friedensmann mit Zivilcourage sich ein- und aussetzt für die Menschen am Rande, organisierte Religion kritisiert und zugleich aus seinen biblischen Wurzeln lebt, in denen seit der ersten Seite der Bibel uns gesagt wird, dass wir gesegnet sind vor allem Tun … Seit meinem zweijährigen Burnout mit 38 Jahren prägt mich die mystische Tradition, weil darin Kampf und Kontemplation (Frère Roger aus Taizé) wie Ein- und Ausatmen sind. Dorothee Sölle, Dag Hammarskjöld, Madeleine Delbrêl, Thomas Merton – Gottsuchende aus dem 20. Jahrhundert – inspirieren mich täglich, genauso wie Meister Eckhart und die kämpferische Teresa von Avila.

**Können Sie noch Näheres dazu sagen, wie Sie mit Ihrem Burnout umgegangen sind?**
**PS:** Für mich spielte und spielt das richtige, das tiefe Atmen eine wichtige Rolle. Als ich den Burnout erlitt, da ist mein ganzes Leistungs- und Lebensgebäude zusammengebrochen. Ich war im wahrsten Sinn sehr kurzatmig. Mein Atem ging nicht einmal in den ganzen Brustbereich, weil ich mich von der Hektik so terrorisieren ließ. Dann bin ich der mystischen Tradition begegnet und habe den Atem als Gebet entdeckt. Seither versuche ich, in meinem Alltag immer wieder bewusst zu atmen. Ich reise viel mit dem Zug, das heißt: Ich muss immer wieder warten. Früher war für mich jede Wartezeit eine Störungszeit. Aber heute kann ich die Wartezeit verwandeln. Ich atme tief durch. Ich stelle mich mit beiden Füßen bewusst auf den Bahnsteig und sehe das als Möglichkeit, wieder geradezustehen für mein Leben. Das gelingt mir immer mehr, aber

es gibt auch Tage, da bin ich wie gefangen in diesem Hamsterrad. Auch ich bin jeden Tag Übender. Aber ich weiß: Wenn ich nicht schöpfe aus der göttlichen Quelle, dann brenne ich aus. Ich kann nicht immer nur geben. Es gehört zum Grundrhythmus des Lebens, auch zu nehmen.

**„Gott" ist ja ein viel gebrauchter Begriff – auch in gewissem Sinn ein verbrauchter Begriff, der schon mit großer Geste verabschiedet wurde. Wie kann aus Ihrer Sicht heute von „Gott" gesprochen werden? Wer ist „Gott" für Sie heute?**

**PS:** Leider, leider wurde im sogenannten Namen Gottes so viel Grausames legitimiert. An solche Unrechtstaten müssen wir uns immer wieder erinnern und uns davon distanzieren. Als Sprachliebhaber bin ich gut aufgehoben in der hebräischen Umschreibung Gottes „Ich-bin-der-ich-bin-da / Ich-bin-der-ich-da-sein-werde" (Exodus 3,14). All die himmelschreienden Religionskriege hätten nie stattfinden können, wenn sich dieser wunderbare, interreligiöse Name als verbindende Hoffnung entfaltet hätte. Deshalb tue ich mich, auch in Gottesdiensten, unglaublich schwer, wenn nur in einer männlichen Ausdrucksform vom Göttlichen gesprochen wird. Verheerend ist, dass die biblischen Worte „Ich bin da", die Herzenstüren öffnen, mit „Kyrios" (= „Herr") übersetzt wurden und aus einem vom tiefsten Wesen her liebenden Gott ein männlicher Herrscher wurde! Gott\* – ich füge bewusst das Sternchen an, damit wir beim Lesen stolpern und zum Beispiel entdecken, dass wir *die Ewige* sagen könnten, wie es in der Bibel in gerechter Sprache angeregt wird – ist für mich die liebende Kraft in allem, die alles beseelt, *Schöpfung, den ganzen Kosmos*. Auch in dieser Frage können uns mystische Menschen interreligiös inspirieren, weil sie für das Unsagbare immer neue Worte und Symbole suchen, die nicht ausschließen, sondern uns im Innersten berühren können wie „Quelle", „Grund", „Vertrauenskraft", „Liebe", „Tanz", „Mitte" ... Gott* ist für mich das ewige DU (Martin Buber). Hunderte von Meditationen, die ich geschrieben habe, beginnen mit dem offenen Wort „DU". Es wird mir dabei warm ums Herz, obwohl ich in diesem personalen Sprechen immer mehr darauf achte, mich nicht auf Bilder vom Göttlichen festzulegen ... Ich hole mir gerne immer wieder den Tag hindurch die Worte „DU, Grund meiner Hoffnung" in Kopf und Herz.

**Wie hat sich Ihr Glaube verändert oder entwickelt? Sind Sie aus einem „Kinderglauben" irgendwann herausgewachsen und haben dann auf einer neuen Ebene eine Beziehung zu Gott geknüpft? Oder braucht es für den Glauben auch ein Stück die Unmittelbarkeit, Unbedingtheit und Direktheit des kindlichen Vertrauens in die „guten Mächte, die uns wunderbar bergen" (D. Bonhoeffer) und wir sollten als Erwachsene in eine „zweite Naivität" (P. Ricoeur) hineinzufinden versuchen?**

**PS:** Mein Glaube verwandelt sich immer wieder, zum Glück. Ich bin in einem kleinen katholischen Dorf aufgewachsen, in dem ich nebst der Enge auch durch die Kirche Geborgenheit erfahren habe. Sobald jedoch Geborgenheit ohne Freiheit, ohne kritisches Hinterfragen, verordnet wurde, habe ich innerlich rebelliert. Befreiend war für mich, dass ich in einem katholischen Internat, auch inspiriert von der 1968er-Bewegung, Glaube als Befreiung, als kämpferisch-gewaltfreie Widerstandskraft erfahren habe. Deshalb bewegen mich die zwei Worte der lebensfrohen, jüdischen Etty Hillesum, die kurz vor ihrer Ermordung im Konzentrationslager sagt, sie möchte das „denkende Herz" sein. Innerlichkeit und kritische Fragen sind im Glauben keine Gegensätze, sondern die wesentlichen Grundpfeiler, um Glaube geborgen und frei leben zu können. Davon erzählt die ganze prophetische Tradition der

Bibel, weil Konfliktfähigkeit und Visionen sich umarmen, damit „Schwerter zu Pflugscharen" (Micha 4,1–4) umgewandelt werden können.

**Die Religion wurde ja gerade vonseiten der Psychologie scharf kritisiert, dass sie den Menschen in Zwänge und Ängste führt. Wie kann Religion heilend sein für die Seele?**

**PS:** Da lohnt ein Blick auf die Heilungsgeschichten Jesu, die für mich allesamt Selbstverwirklichungsgeschichten sind. Die Religion hat dem Menschen zu oft und zu schnell gesagt, er müsse selbstlos werden. Aber wie soll das gehen, wenn ich nicht gelernt habe, „Ich" zu sagen? Die Psychologie stärkt das Ich der Menschen. Für mich darf ein Gegensatz zwischen Religion und Psychologie nicht bestehen. Wenn Jesus die verdorrte Hand oder den Blutfluss heilt, dann befreit er die blockierten, heilenden Kräfte in den Menschen. Es ist nicht zufällig, dass er immer wieder sagt: „Dein Glaube hat dir geholfen."

**Doch es geht dabei nicht nur um etwas Innerliches, oder?**

**PS:** Das zeigt gerade Jesus. Für mich ist es eine falsche Vorstellung, zuerst sich selbst zu finden und dann für andere da zu sein. Heilung geschieht, wenn wir in unserer Zerbrochenheit für andere da sind, und nicht, wenn wir immer warten, dass wir ganz heil sind. Denn das werden wir auf dieser Welt nie sein. Für mich ist die alte griechische Weisheit wahr: Nur der Arzt, der selber verwundet ist, kann wirklich heilen.

**Für manche ist das oft und vielfach zu beobachtende real existierende Böse und das zum Teil unfassliche Leid auf der Welt schwer mit der Vorstellung eines liebenden und im Hintergrund der Welt wirkenden Gottes zu verbinden. Wie gehen Sie**

**mit den Erfahrungen des Bösen um und wie verbindet sich das mit Ihrem Glauben an Gott?**

PS: Die Frage nach dem Leid in der Welt hat mich zum Theologiestudium geführt. Unzählige Bücher habe ich dazu gelesen und zum Glück (!) keine endgültige Antwort gefunden. Eines ist mir klar, Gott straft nicht, sendet uns nichts Böses als Erziehungsmethode, sondern ist mitschöpferisch auf jede und jeden von uns angewiesen, damit das Gute stärker als das Böse ist ... In meinem begrenzten Denken kann ich Liebe nur in Verbindung mit Freiheit sehen. Wir werden von der schöpferischen Kraft Gottes als liebende, freie Menschen erschaffen, auch als kraftvoll und zerbrechlich, wie die ganze Schöpfung. Die Frage „Warum lässt Gott das zu?" stellt sich mir nicht mehr. Viel mehr die Frage, warum wir so viel Hunger, Fremdenfeindlichkeit, Ungerechtigkeit zulassen ... Weil schon angesichts eines einzigen leidenden Kindes (es sind leider Millionen!) alle Antwortversuche unendlich frag-würdig bleiben und bleiben müssen, kann ich seit meiner Jugendzeit nicht – und konnte es auch nie als Priester – beten: „Allmächtiger Gott" ... Dietrich Bonhoeffer stützt mich mit seinen Worten „Gott ist ohnmächtig und schwach in der Welt, und gerade so ist er bei uns und hilft uns ... Die Bibel weist den Menschen an die Ohnmacht und das Leiden Gottes, nur der Leidende kann uns helfen." Auch in meinen dunkelsten Stunden möchte ich vertrauen, dass Christus mit mir leidet, mit mir den Weg vom Dunkel zum Licht geht, sogar vom Sterben zum Leben!

**Für Kierkegaard war das Gegenteil des Glaubens die Angst – und er empfahl den Sprung aus der Angst in das tiefe Vertrauen in den ewigen Gott. Auch heute ist Angst ein großes Thema. Wie zähmen Sie Ihre Ängste und wie kann in ein tieferes Vertrauen auch in das Ungewisse hineingefunden werden?**

**PS:** Ja, die Liebe und die Angst sind unsere großen Verwandlungskräfte. Ich bekämpfe meine Angst nicht mehr, sondern versuche mit ihr in einen Dialog zu treten. Sie gehört zu mir, doch ich bin nicht bereit, ihr die Regie des Lebens zu überlassen. In meiner inneren Teamsitzung setze ich der Angst Grenzen, indem ich ihr mit Bestimmtheit sage, dass sie nur eine Stimme hat, weil ich auch auf die Stimmen des Vertrauens, der Hoffnung, der Liebe achten werde! Diese spirituelle Grundhaltung hindert mich allerdings nicht daran, manchmal schon morgens sehr schwer zu erwachen und Angst vor dem Leben und vor jeder Begegnung zu haben. Wenn dieses Gefühl sein darf, dann ist der Stachel schon weg. Das Psalmwort „Du hast mir Raum geschaffen, als mir angst war" (Psalm 4,2) ist mir zur Lebenshilfe geworden, nicht ein für alle Mal, sondern immer wieder neu!

**Viele Menschen haben heute Probleme, einen Zugang zur Religion zu finden. Insbesondere in Ostdeutschland gibt es eine große Entfremdung von den Traditionen der Religion. Der ostdeutsche Schriftsteller Thomas Brussig hat einmal gesagt: „Religion ist für mich wie eine Fremdsprache, die ich nicht beherrsche." Und von manchem Bekannten habe ich schon den Satz gehört: „Ich würde so gerne glauben, aber ich kann das einfach nicht …" Können Sie etwas zu der Frage sagen: „Wie geht das eigentlich, glauben?"**

**PS:** „Alles beginnt mit der Sehnsucht", schreibt die Dichterin Nelly Sachs. Wenn Menschen mir sagen, dass sie nicht glauben können, dann frage ich sie nach ihrer Sehnsucht, nach dem, was sie unmittelbar angeht, was ihnen wichtig ist im Leben. Es bedeutet, hellhörig zu sein und zwischen den Worten zu erahnen, wonach Menschen sich sehnen. Einer meiner ersten Artikel, den ich vor über dreißig Jahren geschrieben habe, heißt „Die Kinderzimmer sind voller Heiligtümer!". Schon damals habe ich darauf aufmerksam gemacht, dass wir bei Kindern und Jugendlichen (und jetzt ergänze ich: bei vielen Erwachsenen) keine explizit religiösen Symbole und Sprache finden. Zugleich sind die Zimmer von Kindern und Jugendlichen voll von Gegenständen, Posters und anderem, in denen sie uns unbewusst zeigen, was ihnen „heilig" ist. Ohne sich anzubiedern oder es zu vereinnahmen, kann in dem, was Menschen umgibt, eine tiefere Sehnsucht freigelegt werden, als Einladung, auch der Tiefendimension des Lebens einen Ausdruck zu verleihen. Diese dialogische Grundhaltung fordert jene heraus, für die eine religiöse Sprache keine Fremdsprache ist, feste Glaubensformeln aufzubrechen, damit neue Worte für das Unsagbare gefunden werden können. Mystische Menschen waren alles Sprachjongleure, die im schlimmsten Fall verfolgt oder getötet wurden, weil sie von der Erfahrung des Menschen ausgegangen sind – in der Haltung, dass keinem Menschen Gott beigebracht werden muss, weil er/sie längst schon als innerste Quelle in jeder und jedem von uns wesentlich lebt und fließt. Wir sind nicht von Gott getrennt; längst bevor wir ihn/sie suchen, werden wir von der heilend-göttlichen Lebenskraft gesucht, bewohnt. Das ist in der alten Sprache der „Heilige Geist". Ich spreche sehr gerne vom heilenden Geist, das ist der Atem Gottes, der alles beseelt, dem ich vertrauen darf. Im Atem sind wir verbunden und getragen. Der Atem Gottes geht durch mich, er hält alles zusammen, er durchatmet und beseelt die ganze Schöpfung. Unsere Aufgabe ist es, dass wir uns daran erinnern, diesen Atem Gottes wieder mehr in unser Leben hineinfließen zu lassen. Beim Versuch, sich auf das Wesentliche auszurichten, hilft das Vertrauen, dass der Atem Gottes immer schon da ist und darauf wartet, dass wir zu ihm finden. Der Atem Gottes ist unsere innere Quelle. Nur schöpfen wir nicht immer daraus. Wenn wir im Stress verkrampfen, schneiden wir uns von unserer inneren Quelle ab.

**Wie können wir konkret zum Atem Gottes, zu dieser Quelle in uns finden?**

**PS:** Ich mache Mut, kleine Atempausen im Alltag zu schaffen, innezuhalten, durchzuatmen. Dabei helfen kleine Rituale wie das bewusste Stehen oder das bewusste Hinsetzen. Uns kann alles, was wir tun, zum Gebet werden. Eben auch mein Schwimmen, mein Joggen, meine Gartenarbeit. Es geht darum, etwas ganz bewusst und achtsam zu tun. Das fängt schon am Morgen an. Ich bleibe beim Aufstehen einen Moment stehen und vertraue darauf, dass ich nicht alleine aufstehe, sondern dass Christus mit mir aufsteht. Jedes Aufstehen könnte uns erinnern, dass wir von der Auferstehungskraft unterstützt werden.

**Eine zentrale Frage des Menschen, die vor langer Zeit vermutlich auch zur Ausbildung der Religion geführt hat, ist die Frage nach dem Tod. Wie ist Ihr Verhältnis zum Tod? Haben Sie Angst vor ihm? Und was ist Ihre Hoffnung über den Tod hinaus?**

**PS:** Als Jugendlicher habe ich ein paar Worte des französischen Philosophen Gabriel Marcel über meinem Bett aufgehängt: „Einen Menschen lieben, heißt ihm sagen: Du wirst nicht sterben." Damit wollte ich meine Revolte gegen den Tod ausdrücken und zugleich meine Hoffnung, dass die Liebe stärker ist als der Tod. In der Zwischenzeit lehne ich mich nicht mehr gegen den Tod auf. Werden und Sterben gehören zu einem intensiven Leben, wie Lachen und Weinen. Ich tue mich sehr schwer damit, dass Sterben, Tod und die dazu notwendige Trauer tabuisiert werden und nur noch im Privaten als Störung versteckt werden sollen. Es bedeutet für mich eine Trauerkultur zu fördern, in der wir das Schwierigste im Leben miteinander einüben können: das Loslassen. Soweit ich es als gesunder Mensch sagen kann, meine ich, keine Angst vor dem Tod zu haben, sondern Ängste vor den Schmerzen, vor zu vielen ärztlichen Operationen. Mit meiner Patientenverfügung setze ich der Machbarkeit Grenzen. Ich wünsche uns, dass wir einander zum Leben und zum Sterben verhelfen, sowie ich inspiriert von Meister Eckhart darauf vertraue, dass ich im Leben und im Sterben in Gottes Liebe hineingeboren werde.

**Was wünschen Sie sich für die Religiosität der Zukunft? Was soll sie ausmachen?**

**PS:** Sie geht von der eigenen Erfahrung aus und nicht von dogmatischen Verengungen, um in allen Lebensvollzügen eine göttliche Spur freilegen zu können. Sie sucht das Verbindende mit anderen Religionen und Kulturen, dank der eigenen Wurzeln, die es erlauben, sich auf die Äste hinausbewegen zu können.

# „Sich ausrichten auf die höchste Liebe"

*Gespräch mit Tord Gustavsen*

Tord Gustavsen, geboren 1970 in Oslo, ist ein renommierter Jazzpianist, der bereits acht Alben veröffentlichte, zuletzt das Werk „Opening" im April 2022. Bekannt ist er insbesondere für meditative Jazzelemente, die er unter anderem in einer 2017 in Leipzig uraufgeführten „Jazz-Messe" zum Ausdruck bringt. Die Musik ist für Gustavsen dabei ein wesentlicher Weg des Verbundenseins auch mit dem großen Geheimnis Gottes. In einem Gespräch anlässlich der Uraufführung seiner „Jazz-Messe" sagte er mir über den Gehalt seiner Art der Musik: „Es geht darum, verbunden zu sein mit etwas Heiligem, sich zu nähern und zu öffnen dem Mystischen oder dem, was uns übersteigt." Um sich in diesen Prozess des Tastens nach Transzendenz hineinverwickeln zu lassen, kommt ihm das Wesen des Jazz entgegen. Über seine „Jazz-Messe" sagte er, sie versuche eine Verschmelzung zu schaffen zwischen dem Zerbrechlichen, Suchenden und Offenen auf der einen Seite und dem lebensbejahenden Feiern und dem Sinnenfreudigem auf der anderen. Dabei denkt er Göttliches und Menschliches nicht getrennt voneinander, sondern als vielfältig wechselseitig durchdrungen, was sich durch das Spielerische und Suchende und das In-Resonanz-Sein des Jazz-Musizierens in gewisser Weise nachbilden und in Gang bringen lässt. In der „Jazz-Messe", in der Gustavsens christliche Prägung zum Tragen kommt, wollte er unter anderem darstellen, dass Gott seit seiner Menschwerdung „nicht länger getrennt von uns ist, sondern genau genommen in uns ist". Das ist so etwas wie der Kern von Gustavsens Christsein, den er so beschreibt: „Wir haben die tiefe Weisheit von der Menschwerdung Gottes, dass Gott Fleisch wurde und hineinreicht in alle unsere Leiden, Begehren, Sehnsüchte und tiefste Freuden."

Doch immer wieder möchte er das Spirituelle aus dem allzu festen Zugriff einer bestimmten Religion oder Konfession befreien, da Enge und ausschließende Wahrheitsansprüche aus seiner Sicht dem Wesen Gottes widersprechen. Sich selbst bezeichnet er als freisinnigen Christen auf der Suche nach einem integrierenden Christentums. Was das sei, erläuterte er mir gegenüber so: „Also eine Spiritualität, die nicht vorgibt, alle Antworten zu wissen, und die die Weisheit in anderen Traditionen anerkennt, die offen ist für buddhistische Lehren, Meditationsbräuche, sufistische Poesie – während sie aber im Fluss der christlichen Traditionen bleibt." Man könnte es auch eine stark musische Religiosität nennen, die Gustavsen in die Welt trägt, offenbar wissend um die tiefe Verwandtschaft von Musik und Mystik, die in der Offenheit, Prozesshaftigkeit und Resonanz liegt. Musik wie Religion handelt von einem Angesprochensein und einem Antworten, von einem In-Schwingung-Sein, von einem Getragensein und davon, dass es unendlich verschiedene Töne, Klangfarben und Weisen des Musizierens gibt, weil jeder einen eigenen bestimmten Ton und Klang einbringen kann – Geschöpf- und Schöpfersein wechseln sich ab in diesem göttlichen Geschehen, von dem der Mensch ein Teil ist.

Dabei war die Musik für ihn schon früh ein besonderer Zugang auch zur spirituellen Ebene des Lebens. Seine Beheimatung in der Kirche in Verbindung mit der dort erlebten und gepflegten Spiritualität der Musik seien für ihn bis heute zugleich „geistliche Wurzel" und „eine tägliche Quelle von Kraft, Hilfe, Trost und Lebensenergie". Die Zukunft des Christentums stellt sich Tord Gustavsen so vor: „Ich denke, die Zukunft liegt in einem integrierenden Christentum, also in einer Spiritualität, die sowohl Entschiedenheit und echte Frömmigkeit umfasst, aber die ohne jene unterdrückenden Eigenschaften eines patriarchalen, dogmatischen, mittelalterlichen Christentums auskommt. Und ohne die Buchstabengläubigkeit an die Bibel und Dogmen, die nicht vereinbar ist mit der Wissenschaft und dem heutigen Leben."[17]

\*\*\*

**Tord Gustavsen, wie hat Ihre persönliche „Geschichte mit Gott" begonnen? Welche Erfahrungen oder Einflüsse haben dazu geführt, dass Gott für Sie zu einer überzeugenden Bezugsgröße geworden ist?**

**Tord Gustavsen:** In meiner Kindheit sind Kirche, Sonntagsschule und verschiedene christliche Zusammenkünfte ein wichtiger Teil des Lebens gewesen. Dort hatte ich schon sehr früh prägende Erfahrungen des Glaubens und Verbundenseins mit dem Göttlichen. Allerdings begann auch mein eigenes Ringen mit Teilen der Theologie und religiösen Praxis, der ich begegnete, zeitig – etwa um mein 15. Lebensjahr, als ich Dinge erlebte, die sich für mich falsch anfühlten. Und von da an wuchs meine Leidenschaft für ein weites Verständnis des Religiösen, für Integration und Einbeziehung.

**In einem früheren Interview haben Sie über den tiefen Einfluss der Musik auch für Ihre geistliche Entwicklung gesprochen. Können Sie beschreiben, was da vor sich ging? Wie haben die traditionellen Lieder und die Erfahrung des Klavierspielens Sie beeinflusst? Ist Musik ein Weg zu Gott?**

**TG:** Musik kann auf vielfältige Weise ein Weg zu Gott sein. Zuallererst ist die Musik an sich „heilig" und „göttlich" – man kann durch sie herausragende Erfahrungen machen, tiefen Trost erleben und angeregt werden zu Leidenschaft, Sinnlichkeit und Erkenntnis, ohne dass irgendwelche ausdrücklichen spirituellen Begrifflichkeiten nötig sind. Das kann gewiss schon ausreichen. Aber dann kann Musik auch ein Weg zu Gott in dem Sinne sein, dass sie uns hineinführt in Meditation, Stille, Gebet und Hingabe. Und die Musik der verschiedenen religiösen Traditionen kann uns auch dabei helfen, uns für die größere Wirklichkeit des Pluralismus und der Integration zu öffnen, in der es gleichermaßen wichtig ist, *verwurzelt* und *offen* zu sein. Und dann kann Musik ein Weg zu Gott sein durch die Verbindung der Texte mit den Liedern und Chorälen. Bei mir ist das jedenfalls der Fall: Die Lieder, die ich von Kindesbeinen an gesungen und mit denen ich gelebt habe, sind wichtige Bestandteile meines spirituellen Lebens, meiner emotionalen inneren Landschaft und meines geistigen Verstehens. Die Melodien und Texte verstärken sich gegenseitig oder ringen miteinander. Oft enthalten die Texte von mehrstrophigen Liedern auch Aussagen, denen ich nicht zustimme oder die eine neue Deutung notwendig machen, um sie gänzlich anzunehmen. Und dieser energiegeladene Prozess, diese fruchtbare Spannung zwischen dem Sich-Lossagen von und dem Ringen mit dem Inhalt oder dem Neuinterpretieren ist auch ein Schlüsselelement meiner Spiritualität. So ist Musik tatsächlich ein facettenreicher Weg zu Gott.

**Gab es weitere Erfahrungen oder Einflüsse in Ihrem Leben, die Ihren religiösen Sinn geformt haben?**

**TG:** Ja, einige. Charismatische Zusammenkünfte, wo ich Gott oder die Kräfte der Liebe körperlich und ganzheitlich gespürt habe; charismatische Zusammenkünfte, wo ich etwas über die Gefahr der Manipulation in diesem Rahmen gelernt habe, was mich für mehrere Jahre vom charismatischen Christentum entfernt hat; tantrische Übungen; christliche Meditationen mit Gesängen in der Tradition von Taizé; das Schreiben unserer eigenen nicht-patriarchalen Gebets-Liturgie in der Kirche, in der ich arbeite; das Entwickeln einer Art biblischer Chakra-Meditation; und, ganz wesentlich, das Lesen der Bücher „Integrales Christentum" und „Integrale Spiritualität" von Ken Wilber.

**Was bedeutet der Begriff „Gott" für Sie? Ist die biblische Beschreibung Gottes als Liebe für Sie eine zentrale Vorstellung?**
**TG:** Ja. Dieses „Gott ist Liebe" ist die fundamentale Wahrheit, und es ist in gewisser Weise alles, was wir sagen können. Doch dann hat sich mir kürzlich der Begriff der „Dreieinigkeit Gottes" auf machtvolle und nicht-patriarchale Weise wiedereröffnet und mir einen überwältigenden und heilenden Weg des Verstehens dessen aufgezeigt, wie wir auf „Gott" bezogen sind und ihn erfahren können. 1. Gott – das Unendliche: Gott ist das, was den Kosmos umfasst und trägt; Gott ist unendliche Schönheit jenseits der Worte, Gott ist die schöpferische Kraft in der Evolution. Darin zu Hause zu sein, kann eine zarte, tiefe Freude sein; und es hat das Potenzial, uns aus mancher Selbst-Zentriertheit und Kurzsichtigkeit herauszuführen. 2. Gott – das Intime: Gott als persönliche, *zugängliche* Anwesenheit. Gott als das heilige „Du", das einem so nahe kommt, dass wir den Herzschlag des anderen spüren. Gott als Beziehung – aktiv in all meinen Begegnungen und all meinen menschlichen Beziehungen, aber auch indem er ein Feld eröffnet für ein sicheres, liebendes, zärtliches Sich-Ergeben, das die menschliche Schwachheit übersteigt. 3. Gott – das Innere: Gott als die vitale Energie *in* uns. Gott als die in mir sprudelnde Quelle von Leben und Liebe. Gott als Energie, *Kundalini*, Heiliger Geist, Wasser des Lebens ... – immer anwesend und nie weit weg; es sind nur wir, die das vergessen und für uns blockieren können.

**Und können Sie beschreiben, was „Glaube" für Sie bedeutet?**

**TG:** Zu glauben bedeutet für mich, einen grundsätzlichen Glauben an die Liebe und die Möglichkeit des Sich-Öffnens für die Kräfte der Liebe in jeder Situation zu haben.

**Sie haben auch einen kritischen Blick auf Religion entwickelt und zum Beispiel die männlich-dominierten Inhalte von Chorälen oder biblischen Texten kritisiert. Ist das für Sie notwendig, um den Kern der Religion, die befreiende Bindung an „Gott" zu retten? Und was wäre der Maßstab, an dem über die Gültigkeit von religiösen Inhalten entschieden werden könnte?**

**TG:** Das ist eine riesige Frage. Ich habe schon einige Beispiele hierfür angesprochen und bin nicht in der Lage, ein politisch-theologisches „Manifest" zu verfassen. Aber dieses ist doch sicher: Um das Christentum weiterzutragen und zu einer inklusiveren und liebenderen Religion für heute und morgen zu machen, sollten wir das Beste behalten und das Schlimmste wegwerfen und den Rest unserer Tradition wieder zusammenfügen. Für einige könnte das bedeuten, die Kirche ganz zu verlassen, für andere könnte das bedeuten, die Kirche neu zu interpretieren. Aber es wird in jedem Fall bedeuten, sich für die persönliche Erfahrung Gottes zu öffnen in einer „neo-charismatischen" Weise, ohne dabei zurückzufallen in einen *wortwörtlichen* Bibelglauben mit all seinen Widersprüchen, Paradoxien und historisch gebundenen Regeln und Vorschriften; oder zurückzufallen in unterdrückende Dogmen und ein exklusives Erwählungsdenken, wovon große Teile der traditionellen Kirche und der rechtsgerichteten evangelikalen Religion beherrscht sind. Grundsätzlich gilt: Das Christentum ist nicht der einzige Weg zu Gott und es geht nicht darum, dass wir recht haben und andere falschliegen. Spiritualität ist eine viel größere poetische

Wirklichkeit. Aber wir können immer noch tief verwurzelt und verbunden mit unserer Tradition sein, in einer offenen und aufgeschlossenen Weise. Das Christentum hat etwas ungemein Schönes und äußerst Wirkungsvolles zu bieten.

**Wie sehen Sie die institutionalisierte Religion? Brauchen Sie die geprägten Formen und Traditionen, die gemeinsam praktiziert werden, oder genügt Ihnen eine persönliche, mystisch-religiöse Existenz?**

**TG:** Ich persönlich brauche die Kombination aus Gottesdienst, Liturgie, gemeinsamen Beten auf der einen Seite und Zeiten der Meditation für mich alleine auf der anderen Seite.

Viele mussten sich verabschieden von der Kirche und jeder organisierten Religion, und das kann ich wirklich verstehen. Allerdings bin ich selbst dankbar, Teil der lutherischen Kirche Norwegens zu sein, weil diese Kirche in einem großen Umfang die integrierenden Sichtweisen, über die wir gesprochen haben, aufgenommen hat – zumindest in einigen Teilen des Landes. Die Unterdrückung und Ausgrenzung von LGBT-Menschen ist dabei, Geschichte zu werden – obwohl es noch nicht gänzlich überwunden ist und auch bestimmt noch nicht in allen Teilen des Landes so weit ist. Man kann sehr aufgeschlossene Gebetsgottesdienste neben traditioneller Liturgie finden, und alle Formen der Musik. Es gibt sehr offene und poetische Auslegungen der Bibel. Aber diese Realität gibt es nicht ohne beständiges Engagement und Herzblut. Wir müssen jeden Tag arbeiten an der Balance zwischen den Traditionen, die wir *vorfinden,* und den Traditionen, die *neu gedeutet*, *neu verlebendigt* und *neu geöffnet* werden müssen. Für Kirchenmitglieder und Kirchenmitarbeiter ist das eine gesegnete Verantwortung, ein ständig weitergehender Prozess.

**Viele Menschen haben heute Probleme mit dem Zugang zum religiösen Feld. Was könnte denn eine geeignete Möglichkeit sein, mit der religiösen Dimension heute in Berührung zu kommen? Wie kann heute angemessen vom „Heiligen" gesprochen werden? Und inwiefern wäre eine „reife" und freie Religion nützlich, um mit den heutigen Bedrohungen des Menschen umzugehen?**

**TG:** Ein integrales Christentum – wie auch ein integraler Buddhismus, ein integraler Sufi-Islam, ein integraler Hinduismus – hat alles zu bieten. Und „spirituelle" Menschen sollten auch bedenken, dass Atheismus und Agnostizismus notwendige Bestandteile der Evolution sind, um einen falschen Glauben, unterdrückende Religion und so weiter zu überwinden. Wir sollten dankbar für die Religionskritik sein und sie in unsere Weise des Religiösseins einbeziehen.

**Wie gehen Sie mit dem Tod um? Ist es möglich, die Angst vor ihm zu zähmen? Und wie könnte das gelingen?**

**TG:** Der Tod kann brutal und grausam sein. Aber er ist letztendlich ein Teil des Kreislaufs des Lebens und bringt uns zurück zur nicht-materiellen Seinsweise. Und er ist in geheimnisvoller Weise verbunden mit unserem Schlaf. Wie gehe ich mit dem Tod um? Nun, ich trauere und weine, wenn einer meiner Lieben stirbt. Wenn zutiefst tragische Todesfälle durch Unfälle oder Krankheiten geschehen, bedarf es Zeit und Mühe und harter Arbeit. Mein Bruder ist vor 19 Jahren von einem psychisch Kranken ermordet worden und diese Trauer ist natürlich der intensivste und härteste Prozess gewesen. Wir müssen auch protestieren und widersprechen, wenn der Tod gewaltsam verursacht wird durch Leichtsinn, Gewalttätigkeit und Krieg. Aber ich persönlich finde etwas Trost in der Verbindung, die ich spüre zwischen meinem Schlaf und dem Zustand derer, die schon auf die andere Seite gegangen sind.

**Was ist Ihre Hoffnung für das, was nach dem Tod kommt? Und was bedeutet die Auferstehung von den Toten für Sie? Glauben Sie an die Unzerstörbarkeit und Unsterblichkeit der Seele?**
**TG:** Ich weiß es nicht wirklich. Wir können es nie wissen. Aber unsere Energie ist nicht verschwunden, wenn wir sterben. Auferstehung geschieht sicherlich jedes Mal, wenn eines Menschen gedacht wird oder wir dabei die Energie fühlen. Ob die Seele eine Größe für sich ist, die in einem neuen Körper weiterlebt oder in irgendeiner Form aufersteht, weiß ich nicht. Aber ich weiß, dass die Vorstellung vom Himmel zu dem Schönsten und Gefährlichsten in der christlichen Tradition gehört. Der Himmel ist der reine, gute Zustand, in dem die Liebe vollständig verwirklicht ist, Armut überwunden und Verbitterung sich in Schönheit auflöst; ein Zustand, den wir sehen und fühlen können in flüchtigen Augenblicken und nach dem wir uns sehnen und nach dem wir streben können. Der „Jüngste Tag" ist *jeder* Tag – es bedeutet, sich auszurichten auf die höchste Liebe, uns in unserem Nacktsein zu erkennen, mit den Unzulänglichkeiten und Fehlern und Segnungen und Großartigkeiten, um Verzeihung zu bitten, wo wir versagt haben, das Gute zu tun und dann zu wagen, uns zu feiern, dass wir Gottes Strahlen im Universum sind. Und für Ungläubige oder solche in der Art wartet sicherlich keine Hölle nach dem Tod. Diese Vorstellung gehört zu denen, die wir aktiv *überwinden* sollten, anstatt nur weniger häufig von ihr zu reden …

*Aus dem Englischen von Stefan Seidel*

## „Ich fühle mich geführt"
*Gespräch mit Herbert Blomstedt*

Der schwedische Dirigent Herbert Blomstedt, geboren 1927, blickt auf ein langes und erfolgreiches Leben zurück. Aufgewachsen als Sohn eines adventistischen Pastors absolvierte er seine ersten musikalischen Ausbildungen am Königlichen Konservatorium Stockholm sowie an der Universität Uppsala und studierte Dirigieren an der Juilliard School of Music in New York. Er dirigierte als Chefdirigent zahlreiche berühmte Orchester, darunter von 1975 bis 1985 die Staatskapelle Dresden und von 1998 bis 2005 als Nachfolger Kurt Masurs das Gewandhausorchester Leipzig sowie als Gastdirigent unter anderem die Berliner und die Wiener Philharmoniker. Seit 1984 lebt er in Luzern. Er ist bekennender Siebenter-Tags-Adventist. Die Musik betrachtet er als etwas, das eine tiefe Kraft in die Seele des Menschen tragen kann. Dabei sieht er es als die Aufgabe des Musikers an, „Licht zu senden in die Tiefe der menschlichen Seele". Und weiter: „Wir haben ja alle, jeder von uns, eine Dunkelkammer in unserer Seele. Krankheit oder Enttäuschung im Leben – das haben wir alle. Und man braucht Licht in dieser Dunkelheit."[18] Blomstedt betrachtet den Menschen als auf ein Absolutes bezogen, das „außerhalb von uns liegt", wie er in einem weiteren Interview erklärte. Für ihn sei „Gott" etwas Absolutes. Musik und Religion seien besondere Wege des Sich-Verhaltens zu diesem Absoluten. Den Musiker und den religiösen Menschen verbinde die Wahrnehmung von etwas Absolutem, „was außerhalb von uns liegt". Dazu erklärt er näher: „Der religiöse Mensch erkennt, dass es ein Wesen außerhalb unserer Welt gibt, das das Absolute und Ideale symbolisiert. Manche nennen das Gott, andere glauben an ‚etwas'; es gibt sogar den ‚Etwasismus.'"[19]

Letztlich käme es darauf an, dass der Mensch sich auch zu Absolutem verhalten könne und sich selbst in dieser dem Leben innewohnenden Tiefe, diesem anderen Horizont aufgehoben fühlt. Die Musik ist dafür eine Art Königsweg oder Himmelsleiter. So sagte Blomstedt im Magazin des Leipziger Gewandhauses: „Ich glaube, die Musik kann helfen, zum Kern des Lebens zu finden. Denn sie ist ein Symbol für das Leben. Die Musik ist nicht irgendeine schöne Sache, sondern sie drückt aus, was wir erlebt haben und erleben möchten, wovor wir Angst haben und wovon wir träumen. Darum geht es in der Musik, und das sollen wir Musiker vermitteln."[20] Und so versteht sich der große Dirigent Herbert Blomstedt als ein Diener, der etwas von dem großen Licht Gottes in die Seele der Menschen bringen möchte – so als führte eine größere Kraft der Liebe den eigentlichen Taktstock des Dirigierens dieses geheimnisvollen Lebenskonzertes.

\*\*\*

**Herr Blomstedt, können Sie sich noch daran erinnern, wann und wie Ihr Gottesglaube begann? Ist das rückblickend für Sie möglich zu beschreiben, wann und wie der Glaube zu einer entscheidenden Bezugsgröße in Ihrem Leben wurde?**

**Herbert Blomstedt:** Sehr früh, schon als Kind – aber natürlich auf Kindes-Art. Ich hatte das Glück, in einer sehr gläubigen Familie geboren und aufgewachsen zu sein. Mein Vater war Pastor in der Adventgemeinde, hochintelligent und ein ausgesprochener Pflichtmensch. Meine Mutter war Pianistin, sehr gesellig und fantasiereich. Jeden Morgen gab es eine kurze Andacht vor dem Frühstück mit Bibellesung und Gebet. Die biblischen Gestalten, besonders im Alten Testament, haben meine Fantasie sehr früh gefangen genommen. Meine Idole waren Joseph, der als Sklave nach Ägypten verkauft wurde und dort zu Macht und Ehren kam, einfach durch Klugheit und Treue. Und dann Daniel, der als Gefangener nach Babylon kam und dort gleichermaßen durch Klugheit und Treue zum Ratgeber und engen Vertrauten des Königs emporstieg. Beide blieben ihrem Gott bedingungslos treu in einem sehr feindlichen Umfeld und haben trotzdem dem Land ihrer Unterdrücker mit allen Kräften gedient und in Gefahr sogar gerettet. Das war für mich ungemein mutig und edel. Bessere Modelle konnte ich nicht bekommen.

In der Pubertät bekam mein Gottesbild viele zusätzliche Nuancen. Ich war ein recht eigensinniges Kind und merkte, dass ich manchmal auch die Gefühle meiner Eltern und meines lieben Bruders verletzt habe. Da bekam ich ordentlich Gewissensbisse und dachte – das muss ich ändern. Meine Gebete wurden persönlicher und ich fand neue Vorbilder im Neuen Testament. Jesus Christus wurde das unerreichbare Vorbild, und sein Prinzip des unbedingten Dienens wurde mein Lebensideal. Höher geht es nicht, dachte ich. Als ich 14 Jahre alt war, ließ ich mich von meinem Vater taufen, und das habe ich nie bereut. Aber das war nur der Anfang. Gott wurde für mich immer größer und unbegreiflicher.

**Können Sie näher beschreiben, was „Gott" für Sie ist? Oft bereitet ja gerade die Vorstellung eines personalen Gottes Schwierigkeiten ... Welches Gottesbild ist für Sie zur Evidenz geworden?**

**HB:** Der Gott meiner Kindheit war quasi ein „Weihnachtsmann": Er sieht mich und belohnt mich, wenn ich artig gewesen bin. Er ist wie mein „himmlischer Vater", er liebt mich, er will mein Bestes, auch wenn er mich manchmal züchtigt. Als das Weltbild sich für das Kind veränderte, änderte sich auch das Gottesbild. Ich las jetzt meine Bibel mit anderen Augen und merkte, dass der Gott des Alten Testaments ganz andere Züge hatte als der Gott des Neuen Testaments. Trotzdem war ich überzeugt, dass „Gott" immer derselbe geblieben ist – das liegt schon in der Definition: Gott ist „der Unveränderliche". Wir sehen ihn nur verschieden.

Er verliert oft ganz die persönlichen Züge – aber das ist nicht so schlimm. Er erschien schon Moses in Ägypten als ein Feuer im „brennenden Busch" unter dem Namen „Ich bin" oder „Ich bin, der ich bin". Das klingt nach bei dem revolutionären Theologen des vorigen Jahrhunderts, Paul Tillich, der sagte: „Gott ist der Urgrund der Existenz." Oft denke ich auch so. Aber dann sehe ich, wie wichtig es war, dass Gott, „als die Zeit da war", Mensch wurde in Gestalt von Jesus Christus. Gott ist einfach so groß, dass man ihn nicht mit unseren Begriffen beschreiben kann.

**Und können Sie versuchen zu beschreiben, was „Glaube" für Sie ist?**

**HB:** „Glauben" ist für mich eine Lebensform, die alle Gebiete des Daseins einschließt. Das ist nicht nur ein Bekenntnis zu gewissen religiösen Lehrsätzen, also ein rein intellektuelles „Für-wahr-Halten", das auch Schwankungen unterliegen kann, sondern eine grundlegende Überzeugung, dass „Gott" der Schöpfer aller Dinge ist und die ganze Schöpfung in die Obhut der Menschen gegeben hat, damit wir sie pflegen und weiterentwickeln. Wir sind aber nur seine „Statthalter", wir sind vor ihm verantwortlich. Er ist der „Herr", nicht wir.

**Können Sie im Rückblick auf Ihr Leben von Bewahrungen, Fügungen, Lenkungen sprechen, die sich für Sie ohne Gott nicht erklären lassen würden?**

**HB:** Solche „Fügungen" habe ich oft erlebt. Man muss sie nur wachsam bemerken. Und sich gleichzeitig bewusst sein, dass man sich „auf dünnem Eis" befindet. Denn wie schon Leibniz richtig sagte: „Alles, was geschieht, hat eine Ursache." Wenn wir die Ursache nicht gleich sehen – dann alles auf Gott zu schieben, ist sicher naiv. Aber ich denke hier oft wie Sören Kierkegaard: „Das Leben kann nur rückwärts verstanden werden – aber es muss ja vorwärts gelebt werden." Wenn ich an mein Leben zurückdenke, stehe ich vor vielen Rätseln. Ich weiß, dass alles, was mir passiert ist, eine unmittelbare Ursache hatte – oder eine ganze Kette von Ursachen. Aber wer hat die Ursachen so koordiniert, dass sie zu meinem Besten gekoppelt waren? Ich fühle mich geführt, das stärkt meinen Glauben und steigert meine Dankbarkeit.

**Für Kierkegaard war das Gegenteil des Glaubens die Angst – und er empfahl den Sprung aus der Angst in das tiefe Vertrauen auf den ewigen Gott. Auch heute ist Angst ein großes Thema. Wie zähmen Sie Ihre Ängste? Wie kann der Sprung aus der Angst in den Glauben, in ein tieferes Vertrauen auch in das Ungewisse gelingen?**

**HB:** Lebensangst oder Todesangst habe ich, glücklicher Mensch, nie gehabt. Meine Eltern haben mir nie die Hölle ausgemalt als die Endstation für unartige Kinder, so streng puritanisch sie auch waren. Wenn die Bibel von der Hölle spricht, muss man hier die Bildsprache auch bildlich verstehen. Zu gerne wurden diese Bilder früher genutzt, um Angst einzujagen und Macht zu demonstrieren. Aber es gehört schon Mut dazu, mit Vertrauen sich in die Arme Gottes zu werfen. Kierkegaard, um mit ihm weiterzusprechen, vergleicht den Glauben mit einem Schwimmen über 20 000 Faden Tiefe. Aber erst wenn man es wagt, merkt man, dass er auch trägt.

**Für Sie ist die Musik sehr wichtig und zu einem zentralen Lebensinhalt geworden. Ist für Sie die Musik auch eine Art der „Gottesbegegnung"?**

HB: Ja, tatsächlich. Es bestehen zwischen Religion und Musik sehr enge Beziehungen. Nikolaus Harnoncourt hat sehr treffend die Musik bezeichnet als „die Nabelschnur, die uns mit dem Göttlichen verbindet". Ein musikalisches Meisterwerk ist so vollkommen in seinem Beziehungsreichtum, in seinem intellektuellen und emotionalen Inhalt, und gleichzeitig so unbegreiflich in seiner Wirkung, dass es einem Wunderwerk Gottes gleichkommt. Aber Musik kann kein Ersatz sein für Gott, denn sie ist kein Schöpfer, sondern eine Schöpfung. Doch die genaue Anhörung eines Musikwerkes kann in eine Geistesverfassung münden, wo man sich von der Gottheit angesprochen fühlt, als wäre man in dem Moment ein Teil der göttlichen Schöpfung. Als wäre man „in den Vorhöfen des Herrn" angelangt, wie der Psalmist so schön sagt (Psalm 84,3). Es ist mehr als eine reine Begeisterung oder sogar Ekstase über eine perfekte Darbietung. Ich erlebe es oft selbst, wenn ein Werk in Stille mündet und das ganze Publikum spontan den Atem anhält und vielleicht minutenlang seinen Applaus zurückhält. In der Stille spricht Gott zu jedem – und zu jedem spricht er verschieden.

**Wie ist Ihre Beziehung zur Natur, zur Schöpfung? Wie gehören Mensch und Schöpfung zusammen?**

HB: Wenn man die Welt als ein Werk Gottes betrachtet, kann man nur mit Ehrfurcht reagieren. Unsere Musik, mehr oder weniger vollkommen, ist nur ein matter Abglanz von Gottes Schöpfung, die in ihrer unfassbaren Größe, Vielfalt und rätselhafter Schönheit alles übertrifft, was wir schaffen können. Unser Körper ist dabei wie eine Welt *en miniature*, aber auch mit einem wichtigen Plus: den Geist. Wenn man den Menschen als „Gottes Tempel" respektiert, weil Gottes Geist darin wohnt, kann man alle Menschen nicht anders als etwas „Heiliges" behandeln, mit größter Achtung.

**Albert Schweitzer hat einmal gesagt: „Wer erkannt hat, dass die Idee der Liebe der geistige Lichtstrahl ist, der aus der Unendlichkeit zu uns gelangt, der hört auf, von der Religion zu verlangen, dass sie ihm ein vollständiges Wissen von dem Übersinnlichen bietet". Und auch im Neuen Testament steht: „Gott ist die Liebe und wer in der Liebe bleibt, der bleibt in Gott und keine Furcht ist in ihm" (1. Johannes 4). Ist für Sie die Liebe diese Brücke zwischen Gott und Mensch, Diesseits und Ewigkeit? Sind wir im Lieben in Gott und entkommen der Furcht?**

**HB:** Das ist wohl die Kernbotschaft des Neuen Testaments: „Gott ist die Liebe." Paulus war sich ganz sicher: Unter den drei „großen" evangelischen Gaben: Glaube, Hoffnung und Liebe, ist die Liebe die Größte. Um an die Eingangsfrage anzuknüpfen: Das ist das edelste und endgültige „Gottesbild": Gott als Liebe. Nicht nur ein schöner Gedanke. Denn Jesus hat es durch sein Leben und Handeln bewiesen. Besser als in Liebe kann man nicht leben. Furcht hat da keinen Platz.

**Wie ist Ihr Verhältnis zum Tod, was ist er für Sie? Ängstigen Sie sich vor dem Tod? Und: Was ist Ihre Hoffnung über den Tod hinaus?**

**HB:** Das einzig Sichere auf dieser Welt ist, dass wir alle sterben müssen. Dieses Schicksal teile ich denn mit allen – wie sollte ich davor Angst haben? So wie ein Musikwerk einen Anfang hat und einen Schluss, so natürlich ist es auch mit dem Leben. Es gibt aber auch eine Fortsetzung. Die Bibel nennt den Tod so poetisch „einen Schlaf". Und nach dem Schlaf stehen wir doch wieder auf. Paulus drückt sich nirgends so sicher aus, als wenn er über die Auferstehung spricht. Die Details danach werden wir schon erfahren, davon träumt die Bibel in wunderbar poetischen Visionen. Wir werden eine große Überraschung erleben, „was Gott denen vorbereitet hat, die ihn lieben". Aber man soll nicht zu viel darüber spekulieren. Der barocke Priester-Poet Angelus Silesius gibt einen praktischen Rat in „Der cherubinische Wandersmann" (1657): *Der Weise, wenn er stirbt, / Begehrt den Himmel nicht; / Er ist zuvor darin, / Eh ihm das Herze bricht.*

## *Anmerkungen*

1   https://www.fr.de/kultur/literatur/schriftstellerin-daniela-krien-bei-zu-vielen-themen-ist-es-ein-eiertanz-geworden-darueber-zu-sprechen-90906455.html
2   Gertrud Leutenegger: *Das Klavier auf dem Schillerstein*. Prosa. Wädenswil 2017, Seite 31.
3   Bonaventura: *Itinerarium mentis in Deum*, VI2, V 310b.
4   Andrzej Stasiuk: *Die Welt hinter Dukla*. Berlin 2017, Seite 26.
5   Dietrich Bonhoeffer: *Von guten Mächten*. In: Wolfgang Huber: *Dietrich Bonhoeffer. Auf dem Weg zur Freiheit*. München 2020, Seite 300.
6   Lutherbibel: Matthäusevangelium, Kapitel 5, Vers 46.
7   Rainer Maria Rilke: *Briefe an einen jungen Dichter*. Aachen, Nr. 406, Seite 37.
8   Marie Cabaud Meaney: *Brücken zum Übernatürlichen. Simone Weil über das Böse, den Krieg und die Religion*, Berlin 2021, Seite 184.
9   W. G. Sebald: *Austerlitz*, Frankfurt/Main 2006, Seite 269.
10  P. Gabriel a S. Maria Magdalena: *Geheimnis der Gottesfreundschaft*, Bd II, Seite 127.
11  „Uke 43" handelt von Solveig, 33, die gerade eine Stelle als Literaturwissenschaftlerin an einer Provinzuniversität angetreten hat. Sie hat sich um diese Stelle beworben, um in der Nähe der Institutschefin Hilde sein zu können, zu der sie sich aufgrund von deren literarischer Grundhaltung, die besagt, dass Literatur echt und wahrhaftig sein soll, hingezogen fühlt. Diese ethische Haltung teilt Solveig voll und ganz, in der Literatur wie im Leben. Der Roman spielt in einer Woche im Herbst, als Hilde an die Uni zurückkehrt, die beiden Frauen einander zum ersten Mal begegnen und Solveig mit Hilde, ihren Mitstudenten, ihren eigenen Idealen und sich selbst konfrontiert wird. Der Roman endet damit, dass Solveig alles verlassen möchte – wegfahren, aber wohin, wozu? Der Roman endet so: „Sie hatte keine Antwort. Sie konnte nirgends hinzeigen und sagen: Dort, Solveig, sieh, dort musst du hin. Ich weiß es nicht, dachte sie. Ich weiß es nicht."
12  Liv ist 35 Jahre alt und lebt seit einem Jahr als Pastorin in einem kleinen Dorf in Nordnorwegen. Zuvor hat sie in Süddeutschland gelebt, hat ihre Stelle dort aber

verlassen, nachdem Christiane, eine Freundin von ihr, sich das Leben genommen hat. Der Roman folgt Liv durch eine Frühlingswoche, von dem Zeitpunkt, wo sie darüber informiert wird, dass ein junges Samenmädchen sich erhängt hat, und bis zur Beerdigung am Freitag darauf.

In Deutschland hat Liv in ihrer Doktorarbeit über den Samenaufstand von 1852 geschrieben, als die Bibel gerade ins Samische übersetzt und für alle zugänglich geworden war; plötzlich hatte es eine gemeinsame Sprache gegeben. Aber ist das, was über Verurteilen, Vergeben, Gleichwertigkeit in der Bibel steht, tatsächlich etwas Gemeinsames, Vereinendes? Nun ist Liv Pastorin in derselben Gemeinde, in der der Aufstand stattgefunden hat.

„Die Pastorin" ist ein Roman, der fragt: Wie leben, mit sich selbst leben, mit den anderen? Gibt es etwas, das uns wirklich halten kann? Sind es die Worte, sind es die Hände?

13 Dieses Gespräch erscheint parallel in dem Buch: Die Christus Trilogie zwischen Bibel, Traum und religiöser Erfahrung. Patrick Roth im Gespräch. Hrsg. von M. Kopp-Marx, M. W. Ramb, H. Zaborowski. Würzburg 2022.

14 http://www.ingeborg-arlt.de/pdf/Ingeborg%20Arlt_Kirchensprache.pdf

15 Ebd.

16 Ingeborg Arlt: *Mein Alleinsein verlassen*. In: *Frei und unverzagt. Gebete der Hoffnung*. Stuttgart 2017, Seite 159–161.

17 Die Zitate sind dem Interview von Stefan Seidel mit Tord Gustavsen entnommen, das unter dem Titel „Heiliger Jazz" in der Wochenzeitung DER SONNTAG erschienen ist (https://www.sonntag-sachsen.de/2017/09/heiliger-jazz)

18 https://www.merkur.de/kultur/herbert-blomstedt-interview-geburtstag-corona-lockdown-pandemie-zr-91207002.html

19 https://www.gve.de/blog-details/gespraech-mit-herbert-blomstedt-in-bamberg.html

20 https://www.gewandhausorchester.de/fileadmin/user_upload/05_medien/magazin/GhM_108_2020_Sept_S24-27_Interview.pdf

*Quellen*

Arlt, Ingeborg, Foto: © privat

Blomstedt, Herbert, Foto: © privat

Bodrožić, Marica, Foto: © Peter von Felbert/Wikipedia

Chung, Hyun Kyung, Foto: © Shanti Publishing Company, Seoul, Korea

Elze, Carl-Christian, Foto: © Hannah Beck

Gustavsen, Tord, Foto: © Hans Fredrik Asbjørnsen

Halík, Tomáš, Foto: © privat

Krien, Daniela, Foto: © privat

Lehnert, Christian, Foto: © Frank Höhler/Suhrkamp Verlag

Moltmann, Jürgen, Foto: © privat

Ørstavik, Hanne, Foto: © Baard Henriksen

Riedel, Ingrid, Foto: © privat

Roth, Patrick, Foto: Weini/Wikipedia

Schubert, Helga, Foto: © Isolde Ohlbaum

Seidel, Stefan, Foto: © Steffen Giersch

Steindl-Rast, David, Foto: © Verena Kessler/Wikipedia

Stutz, Pierre, Foto: © privat

Tamez, Elsa, Foto: © privat

Thompson, Deanna, Foto: © Zophia Dadlez

Wolff, Iris, Foto: © Andreas Thies

# SELBSTBEWUSST GLAUBEN

Stefan Seidel
**Nach der Leere**
Versuch über die Religiosität der Zukunft
ISBN 978-3532-62857-7

Nach der Verabschiedung der Religion aus unseren „entzauberten" modernen Zeiten scheinen religiöse Ressourcen nicht mehr zur Verfügung zu stehen. Wie kann eine zeitgemäße Religiosität aussehen, die die Freiheit des Menschen ebenso ernst nimmt wie sein Bedürfnis nach Transzendenz?

Das Buch spürt in der heutigen Dichtung, Malerei, Philosophie und ökologischen Achtsamkeit neue Formen von „Religiosität" auf, die auch heute tragen und trösten können. Davon könnten auch die Kirchen lernen.